民國文化與文學_{研究} 研究文叢

二 編

李 怡 主編

第 3 冊

「民國文學」的概念與文學史觀的反思

張 福 貴 著

國家圖書館出版品預行編目資料

「民國文學」的概念與文學史觀的反思／張福貴 著 — 初版 —
新北市：花木蘭文化出版社，2013〔民102〕
目 4+194 面：19×26 公分
（民國文化與文學研究文叢 二編：第 3 冊）
ISBN：978-986-322-306-1（精裝）
1. 中國文學　2. 中國文學史　3. 文學評論
541.26208　　　　　　　　　　　　　102012318

特邀編委（以姓氏筆畫為序）：

ISBN-978-986-322-306-1

丁　帆	王德威	宋如珊
岩佐昌暲	奚　密	張中良
張堂錡	張福貴	須文蔚
馮　鐵	劉秀美	

9 789863 223061

民國文化與文學研究文叢
二 編 第三冊　　　　　　ISBN：978-986-322-306-1

「民國文學」的概念與文學史觀的反思

作　　者	張福貴
主　　編	李　怡
企　　劃	四川大學現代中國文化與文學研究中心
	民國文學與海外漢學研究中心（籌）
	北京師範大學民國歷史文化與文學研究中心
總 編 輯	杜潔祥
印　　刷	普羅文化出版廣告事業
出　　版	花木蘭文化出版社
發 行 人	高小娟
聯絡地址	235 新北市中和區中安街七二號十三樓
	電話：02-2923-1455／傳眞：02-2923-1452
網　　址	http://www.huamulan.tw 信箱 sut81518@gmail.com
初　　版	2013 年 9 月
定　　價	二編 22 冊（精裝）新台幣 38,000 元

「民國文學」的概念與文學史觀的反思

張福貴　著

作者簡介

張福貴，1955 年出生，文學博士，中國吉林大學文學院教授。主要從事魯迅研究和 20 世紀中國文學、中日文學關係研究等。在《中國社會科學》、《文學評論》等發表論文 150 多篇，獨立或合作出版專著譯著 9 部。獲教育部人文社科優秀成果獎 3 項，主持國家社科基金重大專案及一般專案 3 項。

提　　要

　　本書是作者多年來有關中國 20 世紀文學史研究的學術思想積累，包含文學史命名與文學史發展歷程、文學史個案研究和文學史研究三個部分。

　　文學史命名是文學史研究的學科前提，作者最早提出用「民國文學史」和「共和國文學史」來取代「中國現代文學」和「中國當代文學」的概念，並在近年來引起學界的熱烈討論。本書在對這兩個概念進行進一步闡釋的同時，還對兩種文學時代的本質差異進行了辨析。在此基礎上，展開對「民國文學」與「共和國文學」發展的分期與歷程、文學史發展中的兩種反現代意識、「革命小說」的思想源流、「新世紀文學」與「八十年代文學」的歷史境遇等宏觀現象的研究。

　　文學史個案研究是對於文學史經典和焦點問題的反思和闡釋。其中包括對文學世界中知識份子形象的轉化評價、《在延安文藝座談會上的講話》價值的重新理解以及對於小說《潘先生在難中》、話劇《原野》等經典作品的「反論」等。

　　文學史學主要是有關中國 20 世紀文學史研究之研究，是一種學術史的總結。主要包括文學史寫作的「革命史」邏輯、經典文學史文本的書寫與學科的邊界、學術前提的反思和學科性的確認、文學史的研究範式與歷史心態等問題的研究。

就「民國機制」與民國文學答問
——《民國文化與文學研究文叢》第二輯引言

李　怡

文學的「民國機制」是什麼

周維東：我注意到，最近有一些學者提出了「民國文學史」研究的問題，例如張福貴先生、丁帆先生、湯溢澤先生等等。而在這些「文學史」重新書寫的呼聲中，您似乎更專注於一個新的概念的闡述和運用，這就是文學的「民國機制」，您能否說明一下，究竟什麼是文學的「民國機制」呢？

李怡：「民國機制」是近年來我在中國現代文學史研究中逐漸感受到並努力提煉出來的一個概念。形成這一概念大約是在 2009 年，爲了參加北京大學召開的紀念五四新文化運動 90 周年研討會，我重新考察了「五四文化圈」的問題，我感到，五四文化圈之所以有力量，有創造性，根本原因就在於當時形成了一個砥礪切磋、在差異中相互包容又彼此促進的場域，而這樣的場域所以能夠形成，又與「民國」的出現關係甚大，中國現代文學之有後來的發展壯大，在很大程度上得力於當時能夠形成這個場域。在那時，我嘗試著用「民國機制」來概括這一場域所表現出來的影響文學發展的特點。〔註1〕我將五四時期視作文學的「民國機制」的初步形成期，因爲，就是從這個時期開始，推動中國現代文化與文學健康穩定發展的基本因素已經出現並構成了較爲穩定的「結構」。〔註2〕

〔註 1〕 李怡：《誰的五四：論五四文化圈》，見《中國現代文學研究叢刊》2009 年 3 期。
〔註 2〕 李怡：《「五四」與現代文學「民國機制」的形成》，《鄭州大學學報》2009 年

　　2010 年，在進一步的研究中，我對文學的「民國機制」做出了初步的總結。我提出：「民國機制」就是從清王朝覆滅開始在新的社會體制下逐步形成的推動社會文化與文學發展的諸種社會力量的綜合，這裏有社會政治的結構性因素，有民國經濟方式的保證與限制，也有民國社會的文化環境的圍合，甚至還包括與民國社會所形成的獨特的精神導向，它們共同作用，彼此配合，決定了中國現代文學的特徵，包括它的優長，也牽連著它的局限和問題。為什麼叫做「民國機制」呢？就是因為形成這些生長因素的力量醞釀於民國時期，後來又隨著 1949 年的政權更迭而告改變或者結束。新中國成立以後，眾所周知的事實是，政治制度、經濟形態及社會文化氛圍及人的精神風貌都發生了重大改變，「民國」作為一個被終結的歷史從大陸中國消失了，以「民國」為資源的機制自然也就不復存在了，新中國文學在新的「機制」中轉換發展，雖然我們不能斷言這些新「機制」完全與舊機制無關，或許其中依然包含著數十年新文化新文學發展無法割斷的因素，但是從總體上看，這些因素即便存在，也無法形成固有的「結構」，對於文化和文學的發展而言，往往就是這些不同的「結構」在發生著關鍵性的作用，所以我主張將所謂的「百年中國文學」、「二十世紀中國文學」分段處理，不要籠統觀察和描述，它們實在大不相同，二十世紀下半葉的中國文學應該在新的「機制」中加以認識。〔註3〕

　　周維東：「民國機制」與同時期出現的「民國文學史」、「民國史視角」有什麼差別？

　　李怡：「民國文學史」提出來自當代學人對諸多「現代文學」概念的不滿，據我的統計，最早提出以「民國文學史」取代「現代文學史」設想的是上海的陳福康先生，陳福康先生長期致力於現代文獻史料的發掘勘定工作，他所接觸和處理的歷史如此具體，實在與抽象的「現代」有距離，所以更願意認同「民國」這一稱謂，其實這裏有一個值得注意的現象：真正投入歷史的現場，你就很容易發現文學的歷史更多的是一些具體的「故事」，抽象的「現代」之辨並不都那麼激動人心，所以在近現代史學界，以「民國史」定位自己工作者先前就存在，遠比我們觀念性強的「文學史」界為早。繼陳福康先生之後，又先後有張福貴、魏朝勇、趙步陽、楊丹丹、湯溢澤、丁帆等人繼續闡

---

4 期。

〔註 3〕 李怡：《民國機制：中國現代文學的一種闡釋框架》，《廣東社會科學》2010
　　　　年 6 期。

述和運用了「民國文學史」的概念，尤其是張福貴和丁帆先生，更以「國務院學位委員」特有的學科視野爲我們論述和規劃了這一新概念的重要意義與現實可能，我覺得他們的論述十分重要，需要引起國內現代文學同行的高度重視和認眞討論。在一開始，我也樂意在「民國文學史」的框架中討論現代文學的問題，因爲這一框架顯然能夠把我們帶入更爲具體更爲寬闊的歷史場景，而不必陷入糾纏不清的概念圈套之中，例如借助「民國文學史」的框架，我們就能夠更好地解釋「大後方文學」的複雜格局，包括它與延安文學的互動關係。〔註4〕

不過，「民國文學史」主要還是一個歷史敘述的框架，而不是具體的認知視角和研究範式，或者說他更像是一個宏闊的學科命名，而不是「進入」問題的角度，我們也不僅僅爲了「寫史」，在書寫整體的歷史進程之外，我們大量的工作還在對一個一個具體文學現象的理解和闡釋，而這就需要有更具體的解讀歷史的角度和方法，我們不僅要告訴人們這一段歷史「叫做」什麼，而且要回答它「爲什麼」是這樣，其中都有哪些值得注意的東西，對後者的深入挖掘可以爲我們的文學研究打開新的空間，「機制」的問題提出就來源於此。

周維東：我也意識到這一問題。「民國文學史」提出的學理依據和理論價值，在於它一時間化解了「中國現代文學史」框架中許多難以解決的難題，譬如中國現代文學的「起點」問題，中國現代文學的「包容度」問題，中國現代文學史寫作的價值立場問題等等。但「化解」並不等同於「解決」，當我們以「民國」的歷史來界分中國現代文學時，我們依舊需要追問「現代」的起源問題；當我們不在爲中國現代文學的包容度而爭議時，如何將民國文學錯綜複雜的文學現象統攝在同一個學術平臺上，又成了新的問題；我們可以不爲「現代」的本質而煩擾，但一代代中國現代知識份子的文化追求還是會引發我們思考：他們爲什麼要這樣而不是那樣？

李怡：還有一個概念也很有意思，這就是秦弓先生提出的「民國史視角」，〔註5〕「視角」的思路與我們對其中「機制」的關注和考察有彼此溝通之處，

〔註4〕 李怡：《「民國文學史」框架與「大後方文學」》，《重慶師範大學學報》2009年1期。

〔註5〕 秦弓先後發表《從民國史的角度看魯迅》（《廣東社會科學》2006年4期）、《現代文學的歷史還原與民國史視角》（《湖南社會科學》2010年1期）。

我們都傾向於通過對特定歷史文化的具體分析為文學現象的解釋找到根據。在我們的研究中，有時也使用「視角」一詞，只是，我更願意用「機制」，因為，它指涉的歷史意義可能更豐富，研究文學現象不僅需要「觀察點」，需要「角度」，更需要有對文化和文學的內在「結構性」因素的總結，最終，讓二十世紀中國文學上下半葉各自區分的也不是「角度」而是一系列實在內涵。

周維東：「民國機制」的研究許多都涉及社會文化的制度問題，這與前些年出現的「中國現當代文學制度研究」有什麼差別呢？

李怡：最近一些年出現的「中國現當代文學制度研究」為中國文學的發生發展尋找到了豐富的來自社會體制的解釋，這對過去機械唯物主義的「社會反映論」研究具有根本的差異，我們今天對「民國機制」的思考，當然也包含著對這些成果的肯定，不過，我認為，在兩個大的方面上，我們的「機制」論與之有著不同。首先，這些「制度研究」的理論資源依然主要來自西方學術界，這固然不必指責，但顯然他們更願意將現代中國的各種「制度現象」納入到更普遍的「制度理論」中予以認識，「民國」歷史的特殊性和諸多細節還沒有成為更主動的和主要的關注對象，「民國視角」也不夠清晰和明確，而這恰恰是我們所要格外強調的；其次，我們所謂的「機制」並不僅是外在的社會體制，它同時也包括現代知識份子對各種體制包圍下的生存選擇與精神狀態。例如民國時期知識份子所具有的某種推動文學創造的個性、氣質與精神追求，這些人的精神特徵與國家社會的特定環境相關，與社會氛圍相關，但也不是來自後者的簡單「決定」與「反映」，有時它恰恰表現出對當時國家政治、社會制度、生存習俗的突破與抗擊，只是突破與抗擊本身也是源於這個國家社會文化的另外一些因素。特別是較之於後來極左年代的「殘酷鬥爭、無情打擊」，較之於「知識份子靈魂改造」後的精神扭曲，或者較之於中國式市場經濟時代的信仰淪喪與虛無主義，作為傳統文化式微、新興文明待建過程中的民國知識份子，的確是相對穩健地行走在這條歷史的過渡年代，其中的姿態值得我們認真總結。

周維東：經過您的闡述，我可不可以這樣理解：「民國機制」包含了一種全新的文學理解方式，「民國」是靜態的歷史時空，而「機制」則是文化參與者與歷史時空動態互動中形成的秩序，兩者結合在一起，強調的是在文學活動中「人」與「歷史時空」的豐富的聯繫，這種聯繫可以形成一種類似「場域」的空間，它既是外在的又是內在的。通過對「文學機制」的發現，文學

研究可以獲得更大的彈性空間，從而減少了因爲理論機械性而造成的文學阻隔。單純使用「民國」或「制度」等概念，往往會將文學置於「被決定」的地位，它値得警惕的地方在於，我們既無法窮盡對「民國」或「制度」全部內容的描述，也無法確定在一定的歷史時空下就必然出現一定的文學現象。

李怡：可以這樣理解。

爲什麼是「民國機制」

周維東：應該說，目前中國現代文學研究已經相當成熟了，各種研究模式、方法、框架都取得了引人注目的成就，在這個時候，爲什麼還要提出這個新的闡述方式呢？

李怡：很簡單，就是因爲目前的種種既有研究框架存在一些明顯的問題，對進一步的研究形成了相當的阻力。我們最早是有「新文學」的概念，這源於晚清「新學」，「新文學」也是「新」之一種，顯然這一術語感性色彩過強，我們必須追問：「新」旗幟的如何永遠打下去而內涵不變？「現代」一詞從移入中國之日起就內涵駁雜，有歐洲文明的「現代觀」，也有前蘇聯的十月革命「現代觀」，後者影響了中國，而中國又獨出心裁地劃出一「當代」，與前蘇聯有所區別，到了新時期，所謂「與世界接軌」也就是與歐美學術看齊，但是我們的「現代」概念卻與人家接不了軌！到 1990 年代，「現代性」知識登陸中國，一陣恍然大悟之後，我們「奮起直追」，「現代性」概念漫天飛舞，但是新的問題也來了：如何證明中國文學的「現代」就是歐美的「現代」？如果證明不了，那麼這個概念就是有問題的，如果眞的證明了，那麼中國文學的獨立性與獨創性還有沒有？我們的現代文學研究眞的很尷尬！提出「民國機制」其實就是努力返回到我們自己的歷史語境之中，發現中國人在特定歷史中的自主選擇，這才是中國文學在現代最値得闡述的內容，也是中國文學之所以成爲中國文學的理由，或者說是中國自己的眞正的「現代」。

周維東：我在想一個問題，「民國機制」的提出在很大程度上來自對目前「現代」概念的質疑和反思，這是不是意味著，我們從此就確立了與「現代」無關的概念，或者說應該把「現代」之說驅除出去呢？

李怡：當然不是。「現代」概念既然可以從其知識的來源上加以追問，借助「知識考古」的手段釐清其中的歐美意義，但是，在另外一方面，「現代」

從日本移入中國語彙的那一天起，就已經自然構成了中國人想像、調遣和自我感性表達的有機組成部分，也就是說，中國人已經逐步習慣於在自己理解的「現代」概念中完成自己和發展自己，今天，我們依然需要對這方面的經驗加以梳理和追蹤，我們需要重新摸索中國自己的「現代經驗」與「現代思想」，而這一切並不是 1990 年代以後自西方輸入的「現代性知識體系」能夠解釋的，怎麼解釋呢？我覺得還是需要我們的民國框架，在我們「民國機制」的格局中加以分析。

周維東：也就是說，只有在「民國機制」中，我們才可以真正發現什麼是自己的「現代」。

李怡：就是這個意思，「現代」並不是已經被我們闡述清楚了，恰恰相反，我覺得很多東西才剛剛開始。

周維東：「民國」一詞是中性的，這是不是更方便納入那些豐富的文學現象呢？例如舊體詩詞、通俗小說等等。提出「民國機制」是否更有利於現代文學史的「擴軍」？也就是說將民國時期的一切文化文學現象統統包括進去？

李怡：從字面上看似乎有這樣的可能，實際上已經有學者提出了這個問題。但是，對於這個問題，我卻有些不同的看法，實際上，一部文學史絕對不會不斷「擴容」的，不然，數千年歷史的中國古典文學今天就無法閱讀了，不斷「減縮」是文學史寫作的常態，文學經典化的過程就在減縮中完成。這就為我們提出了一個問題：一種新的文學闡釋模式的出現從根本上講是為了「照亮」他人所遮蔽的部分而不是簡單的範圍擴大，「民國」概念的強調是為了突出這一特定歷史情景下被人遺忘或扭曲的文學現象，舊體詩詞、通俗小說等等直到今天也依然存在，不能說是民國文學的獨有現象，而且能夠進入文學史研究的一定是那些在歷史上產生了獨立作用和創造性貢獻的現象，舊體詩詞與通俗小說等等能不能成為這樣的現象大可質疑，與唐宋詩詞比較，我們現代的舊體詩詞成就幾何？與新文學對現代人生的揭示和追求比較，通俗小說的深度怎樣？這都是可以探討的。實際上，一直都由學者提出舊體詩詞與通俗小說進入「現代文學史」，與新文學並駕齊驅的問題，呼籲了很多年，文學史著作也越出越多，但仍然沒有發現有這麼一種新舊雜糅、並駕齊驅的著作問世，為什麼呢？因為兩者實在很難放在同一個平臺上討論，基礎不一樣，判斷標準不一樣。我認為，提出文學的「民國機制」還是為了更好地解

釋那些富有獨創性的文學現象，而不是爲了擴大我們的敘述範圍。

周維東：文學史研究從根本上講，就不可能是「中性」的。

李怡：當然，任何一種闡述本身就包含了判斷。

「民國機制」何爲

周維東：在文學的「民國機制」論述中，有哪些內容可以加以考察？或者說，我們可以爲現代中國文學研究開拓哪些新空間呢？

李怡：大體上可以區分爲兩大類：一是對「民國」各種社會文化制度、生存方式之於文學的「結構性力量」的考察、分析，二是對現代作家之於種種社會格局的精神互動現象的挖掘。前者可以展開的論題相當豐富，例如民國經濟形態所造就的文學機制。從 1913 年張謇擔任農商務部總長起，在大多數情形下，鼓勵民營經濟的發展已經成了民國的基本國策，中國近現代的出版傳播業就是在這樣的格局中發展起來的，這賦予了文學發展較大的空間；至少在法制的表面形態上，民國政府表現出了一系列「法治」的努力，以「三民主義」和西方法治思想爲基礎民國法律同樣也建構著保障民權的最後一道防線，雖然它本身充滿動搖和脆弱。這表層的「法治」形式無疑給了知識份子莫大的鼓勵，鼓勵他們以法律爲武器，對抗獨裁、捍衛言論自由；多種形態的教育模式營造了較大的精神空間，對國民黨試圖推進的「黨化」教育形成抵制。後者則可以深入挖掘現代知識份子如何通過自己的努力、抗爭調整社會文化格局，使之有利於自己的精神創造。

周維東：這些研究表面上看屬於社會體制的考察，其實卻是「體制考察與人的精神剖析」相互結合，最終是爲了闡發現代文學的創造機能而展開的研究。

李怡：對，尋找外在的社會文化體制與人的內部精神追求的歷史作用，就是我所謂的「機制」的研究。

周維東：這樣看來，民國機制的研究也就帶有鮮明的立場：爲中國現代文學的創造力尋求解釋，深入展示我們文學曾經有過的歷史貢獻，當然，也爲未來中國文學的發展挖掘出某些啓示。所以說，「民國機制」不是重新劃範圍的研究，不是「標籤」與「牌照」的更迭，更不是貌似客觀中性的研究，它無比明確地承擔著回答現代文學創造性奧秘的使命。

李怡：這樣的研究一開始就建立在「提問」的基礎上，是未來回答現代文學的諸多問題我們才引入了「民國機制」這樣的概念，因為「提問」，我想我們的研究無論是在文學思潮運動還是在具體的作家作品現象方面都會有一系列新的思維、新的結論。例如一般認為 1930 年代左翼作家的現實揭弊都來源於他們生活的困窘，其實認真的民國生活史考察可以告訴我們，但凡在上海等地略有名氣的作家（包括左翼作家）都逐步走上了較為穩定的生活，他們之所以堅持抗爭在很大程度上還是來自理想與信念。再如目前的文學史認為茅盾的《子夜》揭示了民族資產階級在現代中國沒有前途，但問題是民國的制度設計並非如此，其實民營經濟是有自己的生存空間的，尤其 1927～1937 被稱作民國經濟的黃金時代，這怎麼理解？顯然，在這個時候，茅盾作為左翼作家的批判性佔據了主導地位，而引導他如此寫作的也不是什麼「按照生活本來面目加以反映」的 19 世紀歐洲的「現實主義」原則，而是新進引入的馬克思主義的階級觀念。民國體制與作家實際追求的兩相對照，我們看到的恰恰是民國文學的獨特景象：這裏不是什麼遵循現實主義原則的問題，而是作家努力尋找精神資源，完成對社會的反抗和拒斥的問題，在這裏，文學創作本身的「思潮屬性」是次要的，構建更大的精神反抗的要求是第一位的。在這方面，是不是存在一種「民國氣質」呢？

周維東：根據您的闡述，我理解到「民國機制」所要研究的問題。過去我們研究文學史，也注重了歷史語境的問題，但從某個單一視角出發，就可能出現「臆斷」和「失度」的現象，這也就是俗話中的「只知其一不知其二」。「民國機制」研究民國「社會文化制度、生存方式之於文學的『結構性力量』」，實際還強調了歷史現場的全景考察。其次，「現代作家之於種種社會格局的精神互動現象」在過去常常被認為作家的個體想像，您在這裏特別強調這種互動的集體性和有序性，並試圖將之作為結構文學史的重要基礎。

李怡：是這樣的。過去我們都習慣用階級對抗在解釋民國時代的「左」、「中」、「右」，好像現代文學就是在不同階級的作家的屬性衝突中發展起來的，其實，就這些作家本身而言，分歧和衝突是一方面，而彼此的包容和配合也是不容忽視的一面，更重要的是，他們意見和趣味的分歧往往又在對抗國家專制統治方面統一了，在面對獨裁壓制的時候，都能夠同仇敵愾，共同捍衛自己的利益。當整個知識份子階層形成共同形成精神的對抗之時，即便是專制統治者也不得不有所忌憚，例如擔任國民黨中宣部部長的張道藩就在

1940 年代的「文學政策」論爭中無法施展壓制之術。民國文學創作的自由空間就是不同思想取向的知識份子共同造成的。

周維東：這樣看來，「民國機制」還有很多課題值得挖掘。譬如民國時期知識份子與大眾傳媒關係問題，過去我們基本從「稿費」和「經濟」的角度理解這一現象，不過如果我們注意到這一時期的「零稿費」現象、「虧本經營」現象，以及稿件類型與稿酬水平的關係問題等等，就可以從單純的經濟問題擴展到民國文人、民國傳媒的趣味和風尚問題，進而還能擴展到民國知識份子生存空間的細枝末節。這樣研究文學史，真可謂「別有洞天」呀！

作為方法的「民國機制」

周維東：我覺得，提出文學的「民國機制」不僅可以為我們的學術研究開闢空間，同時它也具有方法論的價值。

李怡：我以為這種方法論的意義至少有三個方面：一是倡導我們的現代文學學術研究應該進一步回到民國歷史的現場，而不是抽象空洞的「現代」，即便是中國作家的「現代」理念，也有必要在我們自己的歷史語境中獲得具體的內容；二是史料考證與思想研究相互深入結合，近年來，對現代文學史料的重視漸成共識，不過，究竟如何認識「史料」卻已然存在不同的思路，有人認為提倡史料價值，就是從根本上排除思想研究，努力做到「客觀」和「中性」，其實，沒有一種研究可以是「客觀」的，從來也不存在絕對的「中性」，最有意義的研究還是能夠回答問題，是具有強烈的問題意識的研究。如何將史料的考證和辨析與解答民國時期文學創造的奧秘相互結合，這在當前還亟待大家努力。第三，正如前面我們所強調的那樣，我們也努力將外部研究（體制考察）與內部研究（精神闡釋）結合起來，以「機制」的框架深入把握推動文學發展的「綜合性力量」，這對過去「內外分裂」的研究模式也是一種突破。

周維東：最近幾年，中國出現了「民國熱」，談論民國，想像民國，出版民國讀物，蔚為大觀，有人擔心是否過於美化了那一段歷史？

李怡：這個問題也要分兩重意義來說，首先是為什麼會出現這樣的「熱」？顯然是我們的歷史存在某種需要反省的東西，或者將那個時候的一切統統斥之為「萬惡的舊社會」，從來沒有正視過歷史的應有經驗，或者是對我們今天──市場經濟下虛無主義盛行，知識份子喪失理想和信仰的某種比照，在這

樣兩種背景上開掘「民國資源」，我覺得都有明顯的積極意義，因為它主要代表了我們的不滿足，求反思，重批判，至於是否「美化」那要具體分析，不過，在「民國」永遠不會「復辟」的前提下，某些美好的想像和誇張也無需過分擔憂，因為，「民國」資源本身包含「多元」性，左翼批判精神也是民國精神之一，換句話說，真正進入和理解「民國」，就會引發對民國的批判，何況今天分明還具有太多的從新體制出發抨擊民國的思想資源，學術思想的整體健康來自不同思想的相互抵消，而不是每一種思想傾向都四平八穩。

周維東：的確是這樣。所謂「美化」的背後其實是缺失和批判。學術史上又太多類似的「美化」，屈原、陶淵明、李白、杜甫等文化名人形成的光輝形象，不正是研究者「美化」的結果嗎？魯迅也曾經「美化」過魏晉。在研究者「美化」歷史人物和歷史時期時，我想他（她）不是諂媚也不是褒貶，而是在更大的文化空間上，揭示我們還缺少什麼，我們如何可以過的更好。

李怡：還有，也是更主要的一點，我們的「民國機制」研究與目前的「民國熱」在本質上沒有關係。我們要回答的是民國時期現代文學的創造秘密，這與是否「美化」民國統治者完全是兩回事，我們從來嚴重關切民國歷史的黑暗面，無意為它塗脂抹粉，恰恰相反，我們是要在正視這些黑暗的基礎上解答一個問題：現代知識份子如何通過自己的抗爭和奮鬥突破了思想的牢籠，贏得了民國時期的文學輝煌，我們把其中的創生力量歸結為「民國機制」，但是顯而易見，民國機制並不屬於那些專制獨裁者，而是根植於近代以來成長起來的現代知識份子群體，根植於這一群體對共和國文化環境與國家體制的種種開創和建設，根植於孫中山等民主革命先賢的現代理想。

周維東：「民國機制」不是民國統治者的慈善，不是政治家的恩賜，而是以知識份子為主體的社會力量主動爭取和奮鬥的結果，在這裏，需要自我反省的是知識份子自己。

李怡：「民國機制」的提出歸根結底是現代文學學術長期發展的結果，絕非當前的「風潮」鼓動（中國是一個充滿「風潮」的社會，實在值得警惕），近三十年來，中國現代文學研究一直在尋找一種更恰當的自我表達方式，從1980年代「二十世紀中國文學」在「走向世界」中抵消政治意識形態的干預到1990年代「現代性」旗幟的先廢後存，尷尷尬尬，我們的文學研究框架始終依靠外來文化賜予，那麼，我們研究的主體性何在？思想的主體性何在？我曾經倡導過文學研究的「生命體驗」，又集中梳理過中國現代文學批評的術

語演變，這一切的努力都不斷將我們牽引回中國歷史的本身，我們越來越眞切地感受到更完整地返回我們的歷史情境才有可能對文學的發展作進一步的追問。對於現代的中國文學而言，這一歷史情境就是「民國」，一個無所謂「美化」也無所謂「醜化」的實實在在的民國，回到民國，才是回到了現代中國作家的棲息之地，也才回到了中國文學自身。

周維東：最後一個問題，我們研究民國時期的文學，是否也應該考慮當時歷史狀況的複雜性，比如是不是民國時代的所有文學都從屬於「民國機制」？比如解放區文學、淪陷區文學？除了「民國機制」，當時還存在另外的文學機制沒有？

李怡：這樣的提問就將我們的問題引向深入了！我一向反對以本質主義的思維來概括歷史，社會文化的內在結構不會是一個而是多個，當然，在一定的歷史時期，肯定有主導性的也有非主導性的，有全局性的也有非全局性的。在「民國」的大框架中，也在特定條件下發展起了一些新的「機制」，但是民國沒有瓦解，這些「機制」的作用也還是局部的。延安文學機制是在蘇區文學機制的基礎上發展起來的，軍事性、鬥爭性和一元性是其主要特徵，但這一機制全面發揮作用是在「民國」瓦解之後，在民國當時，延安文學能夠在大的國家文化體系中存在，也與民國政治的特殊架構有關，在這個意義上，也可以說是民國機制在特殊的局部滋生了新的延安機制，並最終爲發展後的延安機制所取代。至於淪陷區則還應該仔細區分完全殖民地化的臺灣以及置身中國本土的東北淪陷區、華北淪陷區和上海孤島等，對於完全殖民地化的尚未光復的臺灣，可能基本置於「民國機制」之外，而對其他幾個地區，則可能是多種機制的摻雜，雖然摻雜的程度各不相同。但是，從總體上看，我並不主張抽象地籠統地地議論這些「機制」比例問題，我們提出「民國機制」最終還是爲了解決現代中國文學發生發展的若干具體問題，只有回到具體的文學現象當中，在分析解決具體的文學問題之時，「民國機制」才更能發揮「方法論」的作用，啓發我們如何在「體制與人」的交互聯繫中發掘創造的秘密。我們無需完成一部抽象的「民國機制發展史」，可能也完成不了，更迫切的任務是針對文學具體現象的新的符合中國歷史情境的闡述和分析。

周維東：對，我們的任務是進入具體的文學問題，將關注「民國機制」作爲內在的思想方法，引導對實際現象的感受和分析。

目

次

代序　新世紀「民國文學」研究述評

楊丹丹

　　歷史的改寫與歷史的創造完全是兩種不同的人的活動和思想運動。相對於創造歷史而言，改寫歷史有時候可能更加艱難。創造歷史往往是在不經意之間，是一種機遇中的行動，創造者也不知不覺成爲了歷史中的人。而改寫歷史則是一種有目的的思想運動，其中所需要的不僅是還原歷史的勞動，還需要判斷歷史的思想能力。而且，改寫歷史要承擔的重負和風險決不在創造歷史之下。

　　2000 年，張福貴在重慶的一次學術論壇上，對中國現代文學研究的文學史命名、文學史觀、研究範式、闡釋框架、邏輯結構和理論線索等在中國現代文學研究內部沉積已久，但始終沒有得到解決的一系列問題進行了反思和質疑，並極具前瞻性的提出了「中華民國文學」概念，主張以「中華民國文學」和「中華人民共和國文學」對「中國現代文學」和「中國當代文學」進行重新命名。此後他在不同的課堂和會場、網路上不斷地重複著這個話題。

　　2003 年，張福貴在海外學術刊物上發表長文《從意義概念返回時間概念——關於中國現代文學史的命名問題》〔註 1〕正式提出「民國文學史」概念，並進一步詳細闡釋了「民國文學史」的內涵和外延、必要性和可能性、價值和意義、有效性和限度等核心問題，初步構建了「民國文學」研究的觀念、框架、範式和路徑。同時，張福貴持續發表了《革命史體系與現代文學史寫作的邏輯缺失》〔註 2〕、《從「現代文學」到「民國文學」——再談中國現代

〔註 1〕 張福貴：《從意義概念返回時間概念——關於中國現代文學史的命名問題》，香港《文學世紀》，2003 年第 4 期。
〔註 2〕 張福貴：《革命史體系與現代文學史寫作的邏輯缺失》，《吉林大學社科學報》，2006 年 5 期。

文學的命名問題》〔註3〕、《兩種文學史：中國現當代文學的本質差異》〔註4〕
等文章，對「民國文學」研究體系進行了多維的探索、豐富和完善。雖然張
福貴提出的「民國文學」概念對解決中國現代文學研究中存在的一系列難以
解決和懸浮的問題具有理論的前沿性和穿透性，但並有沒在學術界形成延續
性和彌散性，沒有引起學術界的呼應和對話。直至新世紀第一個十年行將結
束，張福貴提出的「民國文學」概念開始持續發酵，丁帆、秦弓、李怡、陳
國恩、李光榮、溫儒敏、趙學勇、賈振勇、王學東、陳學祖、張桃洲、張堂
錡、湯溢澤、廖廣莉、楊丹丹等學者對「民國文學」命題展開了不同視角和
層次的探討，發出了「民國文學」的吶喊，並在「民國文學史」的外部宏觀
建構、「民國文學」的內部微觀挖掘和「民國文學研究」的本體反思三個向度
上對中國現代文學進行了新的解魅和袪魅，從而使「民國文學」成為中國現
代文學研究新的公共訴求、公共空間和公共話題。

1、「民國文學史」的時間和事件

　　「民國文學史」概念的提出緣起於中國現代文學研究中產生的始終纏繞
在一起但又無法清晰剝離的一系列問題，例如，中國現代文學性質的政治性
與現代性、研究視角的單一性與先驗性、文學史邊界的模糊性與不確定性、
價值觀的對立性與集體性等問題，這些問題始終成為中國現代文學研究中的
頑疾和症候。因此，重新修正和建構中國現代文學研究中的文學史觀念、文
學史闡釋框架、文學史結構和文學史邏輯就成為亟待解決和必然澄清的問
題。「對這一話題的熱議，並非緣自於思想環境的變化所帶來的學術觀念的開
放，而是人們在努力還原文學史的本來面目、還原歷史的本質屬性的過程中，
所面對的諸多學術難題經過積纍、沉澱之後自然形成的結果。這是一種建構
更科學、更合學術邏輯、更容易指認的文學史體系的學術要求，也是學者們
努力超越傳統學術規範，實現學術自覺的體現。」〔註5〕

　　毋庸置疑，最先對「中國現代文學」命名進行質疑，正式提出以「中華

〔註3〕 張福貴：《從「現代文學」到「民國文學」——再談中國現代文學的命名問題》，
　　　　《文藝爭鳴》，2011年7期。
〔註4〕 張福貴：《兩種文學史：中國現當代文學的本質差異》，《中國現代文學研究會
　　　　第十屆年會論文摘要彙編》，2010年10月。
〔註5〕 張福貴：《從「現代文學」到「民國文學」——再談中國現代文學的命名問題》，
　　　　《文藝爭鳴》，2011年7期。

民國文學」取代「中國現代文學」的學者為張福貴。張福貴在《從意義概念返回時間概念——關於中國現代文學史的命名問題》和《從「現代文學」到「民國文學」——再談中國現代文學的命名問題》中，對「中國現代文學」的稱謂進行了質疑和反思，認為「現代文學」體系涵納了「時間」和「意義」兩種運行規則和闡釋框架：「現代文學」的「時間」框架被確定在 1917 年至 1949 年；「現代文學」的「意義」範疇被指向與傳統「舊」文學相對的「新」文學，並在思想啓蒙和現代文藝形式兩個層面上指認「現代文學」的「現代」屬性，同時，在國家意識形態的誘導下逐漸滑向了「意義」概念而忽視和遮蔽了「時間」概念。但「意義」概念的凸顯卻呈現出文學史研究價值觀的二元對立性和政治立場的先驗性，「需要指出的是，這種被確定的標準基本上是非此即彼的二元對立的價值觀：「現代文學」最初的命名是「新文學」，「新」是相對於「舊」而言的，二者是相剋相生的關係，包含了典型的二元對立的文學史觀和文學價值觀。」〔註6〕而這種二元對立的思維價值觀直接導致了「現代文學」的政治先驗性，一切與中國新民主主義革命性質不相符的文學都無法進入到現代文學史範疇，致使中國現代文學史演變為中國新民主主義革命的文學注腳和審美論證，從而使中國現代文學生態和文學真相被掩蓋和隱藏，「使無比豐富的文學史單一化並由此導致文學史文本的片面性。」〔註7〕因此，重新建構中國現代文學的必要前提是將現代文學歸附到「時間」概念上來，並將中國現代文學的時間框架確認為1911 年至 1949 年，將「中國現代文學」更改為「中華民國文學」。因為，「時間」概念具有十分顯著的多元性、包容性、中間性、連貫性、獨立性和時代性特質。

時間的多元性和包容性可以將發生在民國時期的一切文學事件囊括其中，以此還原文學的多樣性和豐富性，一些被邊緣化的民國時期的通俗文學、舊體詩詞、文言散文，被忽略和壓抑的作家，被錯誤解讀的文藝政策和文學思潮都可以重新得到修正和還原；時間的中間性可以排除政治意識形態的喚詢，淡化文學史的政治傾向性、思想皈依性和評價的主觀性，國民黨所提倡的民族主義文學、三民主義文學就可以得到公正、客觀的闡述；時間連貫性

〔註 6〕張福貴：《從「現代文學」到「民國文學」——再談中國現代文學的命名問題》，《文藝爭鳴》，2011 年第 7 期。

〔註 7〕張福貴：《從「現代文學」到「民國文學」——再談中國現代文學的命名問題》，《文藝爭鳴》，2011 年第 7 期。

促使「民國文學」延續了中國文學按照大的政治時代或者政權朝代更疊爲順序的劃分方法，從而避免了「中國現代文學」和「中國當代文學」分期的模糊和混亂，更體現了二者之間的本質差異；時間的獨立性可以使一些個性的思想得到凸顯，眞正做到「文學史」與「人學史」的對照和互通，爲文學史寫作的完整性和個性化提供了一個更加廣闊的空間；時間的時代性彰顯了「民國文學」的時代特性，辛亥革命對「民國文學」的意義，各種政治勢力角逐對「民國文學」的影響，自由主義、民族主義、無政府主義等各種文化思潮對「民國文學」的滲透，都體現了「民國文學」的時代特性。因此，「「現代文學」的稱謂必然被取消而最終被定名爲「民國文學」，這是一種不言自明的未來事實。」〔註8〕

　　張福貴提出的「民國文學史」觀念對「民國文學」存在事實的認定、合理性和合法性的認同、價值和意義的提升、未來可能性的預設爲「民國文學」研究確定了原初的理論視域、研究框架和主體內容，新世紀關於「民國文學史」的研究基本沒有超出這一範疇。在此基礎上，丁帆、王學東、李怡等學者對「民國文學史」研究進行了進一步的延伸和拓展。丁帆相繼發表了《中國現當代文學史斷代談片》〔註9〕、《新舊文學的分水嶺——尋找被中國現代文學史遺忘和遮蔽了的七年（1912～1919）》〔註10〕、《給新文學史重新斷代的理由——關於「民國文學」構想及其它的幾點補充意見》〔註11〕、《「民國文學」風範的再度思考》〔註12〕、《關於建構民國文學史過程中難以迴避的幾個問題》〔註13〕等文章。在上述文章中，丁帆主張以「民國文學」取代「中國現代文學」，將「民國文學」的上限確定爲「具有歷史分水嶺意義」〔註14〕的1912年。這種劃分方法符合中國文學以朝代更替和

〔註8〕　張福貴：《從意義概念返回時間概念——關於中國現代文學史的命名問題》，香港《文學世紀》，2003年第4期。

〔註9〕　丁帆：《中國現當代文學史斷代談片》，《當代作家評論》，2010年第3期。

〔註10〕　丁帆：《新舊文學的分水嶺——尋找被中國現代文學史遺忘和遮蔽了的七年（1912～1919）》，《江蘇社會科學》，2011年第1期。

〔註11〕　丁帆：《給新文學史重新斷代的理由——關於「民國文學」構想及其它的幾點補充意見》，《中國現代文學研究叢刊》，2011年第3期。

〔註12〕　丁帆：《「民國文學」風範的再度思考》，《文藝爭鳴》，2011年第7期。

〔註13〕　丁帆：《關於建構民國文學史過程中難以迴避的幾個問題》，《當代作家評論》，2012年第9期。

〔註14〕　丁帆：《新舊文學的分水嶺——尋找被中國現代文學史遺忘和遮蔽了的七年（1912～1919）》，《江蘇社會科學》，2011年第1期。

政治更疊爲依據的邏輯慣性；突出民國時期「自由、平等、博愛」的核心
價值觀念和人文精神，爲新文學尋找到精神根源和思想譜系；擺脫新民主
主義革命政體對中國現代文學的規訓和鉗制，將資產階級民主共和政體的
意義推向前臺，爲新文學重新確定政治基礎和法律保障；爲通俗文學、舊
體詩詞、民族主義文學等「舊」文學重新安排公正、客觀的文學史位置。
同時，丁帆將「民國文學」的下限延伸到 1949 年之後的臺灣文學，民國時
期高壓化的文藝政策、文學與政治的糾葛、對「人的文學」的整體訴求，
並沒有隨著政權的更疊而終止，而是從大陸移植到臺灣，「1912 年至 1949
年以前民國文學的許多文學運動、文學鬥爭和文學論爭仍然在延續，只不
過是換了一個空間，從大陸轉移至臺灣而已。」〔註 15〕尤爲重要的是，丁
帆提出「民國文學風範」這一富有創見性的概念，認爲五四新文學傳統中
的啓蒙精神、「人」的文學等核心精神價值的理論背景和思想根基在民國時
期，並作爲一種文學觀念和文學思維方式始終或顯或隱的貫穿在 1949 年之
後的臺灣文學中，但在 1949 年之後的大陸文學中，「民國文學風範」卻不
斷的顛覆、取代和置換。同樣，王學東在《「民國文學」的理論維度及其文
學史編寫》〔註 16〕中認爲「民國文學」是對這一時期文學生態的客觀性還
原，將這一時期文學與政治、經濟、文化、教育等相關因素的牽扯眞實的
呈現出來，只有在民國時間框架下，我們才能眞切的觸摸到文學的眞實面
相，「在文學研究中，民國作家個體的體驗、文類的秩序、思潮集結流變、
社團的成長、文本的語言策略、象徵體系探尋等問題，只有在民國這一視
野之下才能清晰地呈現」〔註 17〕，展現文學自身內部的多重「張力」，並將
「民國文學」與嵌入到「中國文學」的整體鏈條中。苟強詩在《「民國文學」
的多副面孔》〔註 18〕中對如何還原「民國文學」原貌進行了闡釋，認爲對
上海租界的研究是進入「民國文學」的有效路徑，並進一步強調了「民國
文學」的本土經驗。陳學祖、廖廣莉、湯溢澤、郭彥妮等人的文章進一步

〔註 15〕　丁帆：《關於建構民國文學史過程中難以迴避的幾個問題》，《當代作家評論》，
　　　　　2012 年第 9 期。
〔註 16〕　王學東：《「民國文學」的理論維度及其文學史編寫》，《中國現代文學研究叢
　　　　　刊》，2011 年第 4 期。
〔註 17〕　王學東：《「民國文學」的理論維度及其文學史編寫》，《中國現代文學研究叢
　　　　　刊》，2011 年第 4 期。
〔註 18〕　苟強詩：《「民國文學」的多副面孔》，《當代文壇》，2012 年第 3 期。

闡釋了「民國文學」概念的穩定性、規範性、自由性和可能性。〔註19〕

　　張福貴、丁帆等學者對「民國文學」的概念闡釋和理論建構在本質上是對文學史的時間和事件的思考。在某種意義上，文學史的時間可以分爲兩種：一種是主要反映文學與其具體存在社會環境的關係，我們可以稱之爲「生態時間」，政治、經濟、教育、文化等所有構成一個社會生態環境的因子和要素，都與文學發生時間上的關聯，並且這種關聯不受任何外力的阻擾和干預，一切都自然的發生、演進又自然的轉換、結束和消亡；另一種是主要反映文學在社會結構中的位置和彼此之間的關係，我們可以稱之爲「結構時間」，文學在一個時期社會結構中是如何被安放的，處於何種位置，產生何種意義，按照何種方式運行，與社會結構中其它因素是如何互動等問題都可以在「結構時間」中尋找到答案。「生態時間」和「結構時間」並不先驗的產生相互對立和衝突，而是相互融合和支撐。但「中國現代文學」這一文學史命名卻將這兩種時間進行了意識形態性的割裂，單向度的將「結構時間」確定爲唯一的文學史時間，將新文學強行併入新民主主義革命場域中，文學在這一時期的社會結構中演變爲一種政治符號和工具，文學的「生態時間」被或略、壓抑和掩蓋。這樣就難免產生分歧和混亂，中國新文學的起點在哪裏，是「1912年」，還是「1915年」，或者是「1917年」，抑或是「1919年」，這種時間劃分的多義性根本原因是文學的「生態時間」被「結構時間」所取代，文學本身自然發展、演變過程被切斷，一些重要的政治事件、經濟因素和文化趨向被先驗的顧慮和刪除。因此，我們在「中國現代文學」的框架內所看到的文學是一種片面、單一的結構性文學，而不是全面、多樣的時間性文學。而「民國文學」卻能夠將兩種時間重新彌合在一起，在「民國文學」框架內，新文學與舊文學、現代性與反現代性、啓蒙與救亡、白話文與文言文、高雅文學與通俗文學、現實主義與浪漫主義、新民主主義與民族主義等在「中國現代文學」框架內相互排斥的話語都能夠在「民國文學」中並存。同時，作爲中國文學鏈條的自然衍生，文學與這一時期社會生態環境構成因素之間的關係也可以得到還原。

────────────

〔註19〕陳學祖：《重建文學史的概念譜系——以「民國文學史」概念爲例》，《學術界》，2009年第2期；廖廣莉：《中國文學史分期及命名問題——以1912年～1949年文學爲例》，《求索》，2011年第1期；湯溢澤、郭彥妮：《論開展「民國文學史」研究的必要性與可行性》，《當代教育理論與實踐》，2010年第6期。

文學史的事件可以分為三種：歷史事件、本體事件和個體事件。歷史事件在本質上屬於國家宏大敘事範疇，它所關注的是文學對於國家政治所起到的推動和抑製作用，注重的是文學對歷史的修補、更正、注釋和引導，它發生在文學本體之外，而且依賴同質性政治意識形態的持續介入和扶植；本體事件在本質上屬於文學自然屬性範疇，遵循文學自身發展規律，主要依賴線性時間推進所引起的社會變遷而導致的文學演化，並最終形成永恒性的文學社會實踐機制和持久性的文學歷史記憶，在本體事件中我們可以窺見和再現社會原貌；個體事件在本質上屬於個體精神範疇，它從個體的生活史、生命史和記憶史中生發，將個體對世界、社會、生活的獨特感受和特質性記憶灌注到文學中，從而形成一種只屬於自我的文學。一部完整的文學史往往是這三種事件的集合體，三種事件相互融合在一起形成一個完整的文學場。在「民國文學」框架內，我們就可以摒除「現代文學」視域形成的單一的歷史化的敘事規則，歷史事件、本體事件和個體事件都可以運用屬於自身的規則進行交流、協調，甚至是交鋒、對峙，還可以不斷的製造新的文學話題，從而達到修正、更新文學史的目的。例如，左翼文學與右翼文學，解放區文學與淪陷區文學，魯迅、郭沫若、茅盾與黃震遐、張資平、徐訏，新月詩派與七月詩派等相互對立的文學事件，我們完全可以從歷史事件、本體事件和個體事件出發，進行綜合性、多元化的考量，而不是以二元對立的思維方式進行解讀。當然，以「民國文學」取代「現代文學」並不意味著對「現代文學」進行徹底的否定，而是在雙向互動中保持合理的成分，修正偏頗的內容，補充被遺忘的事件，從而達到拓展新的研究空間、確立新的研究範式的目的。

2、「民國文學機制」的情境和敘事

新世紀「民國文學」研究除了聚集外在的宏觀文學史建構，還拓展到「民國文學」的內在微觀挖掘，在這一方面，李怡和秦弓取得了卓有成效的建樹。李怡相繼發表了《「民國文學史」框架與「大後方文學」》〔註20〕、《含混的「政策」與矛盾的「需要」——從張道藩〈我們所需要的文藝政策〉看文學的民

〔註20〕李怡：《「民國文學史」框架與「大後方文學」》，重慶師範大學學報（哲學社會科學版），2009 年第 1 期。

國機制》〔註 21〕、《民國機制：中國現代文學的一種闡釋框架》〔註 22〕、《中國文學的現代與當代：國家社會形態的全新認定——重審中國現當代文學的概念、性質與研究模式》〔註 23〕、《從歷史命名的辨正到文化機制的發掘——我們怎樣討論中國現代文學的「民國」意義》〔註 24〕、《民國經濟與文學》〔註 25〕、《中國現代文學史的敘述範式》〔註 26〕、《憲政理想與民國文學空間》〔註 27〕等文章。在上述文章中，李怡對「新文學」、「現當代文學」、「二十世紀中國文學」命名進行了質疑和反思，將「國家視角」引入到中國現代文學研究中，主張以國家形態為基礎的文學史敘事模式，在「民國文學」的框架內書寫中國作家獨特的人生際遇、生命體驗和生命情境，「對於 20 世紀上半葉的中國文學而言，「民國文學」的闡釋框架顯示了更具體的時空內容，因此值得我們加以特別的重視。」〔註 28〕在此基礎上，提出具有創見性的概念「民國機制」，「民國機制就是從清王朝覆滅開始，在新的社會體制下，逐步形成的，推動社會文化與文學發展的諸種社會力量的綜合，這裏有社會政治的結構性因素，有民國經濟方式的保證與限制，也有民國社會的文化環境的圍合，甚至還包括與民國社會所形成的獨特的精神導向，它們共同作用，彼此配合，決定了中國現代文學的特徵，包括它的優長，也牽連著它的局限和問題。」〔註 29〕具體而言，以往被忽略和遺忘的國家社會形態的歷史細節在「民國機制」的研究範式下將變得更為飽滿、充實和細膩，民國時期的政治制度、文藝政

〔註 21〕 李怡：《含混的「政策」與矛盾的「需要」——從張道藩《我們所需要的文藝政策》看文學的民國機制》，《中山大學學報》（社會科學版），2010 年第 5 期。

〔註 22〕 李怡：《民國機制：中國現代文學的一種闡釋框架》，《廣東社會科學》，2010 年第 6 期。

〔註 23〕 李怡：《中國文學的現代與當代：國家社會形態的全新認定——重審中國現當代文學的概念、性質與研究模式》，《中國現代文學研究會第十屆年會論文摘要彙編》，2010 年 9 月。

〔註 24〕 李怡：《從歷史命名的辨正到文化機制的發掘——我們怎樣討論中國現代文學的「民國」意義》，《文藝爭鳴》，2011 第 7 期。

〔註 25〕 李怡：《民國經濟與文學》，《文藝報》，2012 年 1 月 30 日。

〔註 26〕 李怡：《中國現代文學史的敘述範式》，《中國社會科學》，2012 年第 2 期。

〔註 27〕 李怡：《憲政理想與民國文學空間》，《鄭州大學學報》，（哲學社會科學版），2012 年 9 月。

〔註 28〕 李怡：《「民國文學史」框架與「大後方文學」》，重慶師範大學學報（哲學社會科學版），2009 年第 1 期。

〔註 29〕 李怡：《民國機制：中國現代文學的一種闡釋框架》，《廣東社會科學》，2010 年第 6 期。

策、教育體制、經濟結構、文化趨向、宗教信仰等國家社會形態因素，都可以成為進入這一時期文學的入口，這些因素與文學相互影響和支撐，共同構成「民國文學」的原生態。尤為重要的是，在這種原生態的文學場域中我們能夠捕捉到現代知識分子的精神律動，傳統文化的堅守、現代文明的訴求、啟蒙精神的追尋、自由理想的皈依等精神狀態和存在感悟都能夠在「民國機制」中生發出來。同時，「民國機制」也可以使中國文學研究從中西文化衝突模式中掙脫出來，進一步明晰文學研究的一系列基本概念，重組文學與社會結構性因素之間的關係，為文學研究提供新的研究空間和增長點。〔註 30〕近幾年，李怡始終致力於「民國文學」研究，組建了北京師範大學「民國文化與文學」研究中心，並主編了《民國文化與文學叢書》（第一輯），共 10 種 18 冊，在某種意義上，李怡的論著成為新世紀「民國文學」研究的助推器。

　　李怡提出的「民國機制」與秦弓提出的「民國視角」具有思維邏輯的同一性和研究模式的同質性。秦弓在《從民國史的視角看魯迅》〔註 31〕、《現代文學的歷史還原與民國史視角》〔註 32〕、《三論現代文學與民國史視角》〔註 33〕等文章中，主張對中國現代文學進行文學生態環境、生態結構和生態要素的還原，「所謂歷史還原，一是追溯現代文學的傳統根源；二是還原現代文學的歷史面貌與發展脈絡；三是探究現代文學的社會文化背景。」〔註 34〕尤其強調民主共和制度作為文學發展的基本政治保障所起的重要作用、民國時期的經濟發展對文學的推動作用、民國時期的教育制度為文學提供人才培養作用；力圖恢復民國時期文學的多樣性、多元性和多義性，將各種文學形態之間既相互衝突、對峙又相互交融、依賴的真實情景呈現出來；將文學作為一個開放性空間，將民國時期的政治生活、經濟生活、風俗場景與精神風貌放置在文學敘述中。

　　在「民國機制」和「民國視角」的框架下，衍生出各種理念、思路和方法來闡釋「民國文學」，主要集中在民國政治制度與文學和民國經濟與文學兩個方面。

〔註 30〕 李怡：《中國現代文學史的敘述範式》，《中國社會科學》，2012 年第 2 期。
〔註 31〕 秦弓：《從民國史的視角看魯迅》，《廣東社會科學》2006 年第 4 期。
〔註 32〕 秦弓：《現代文學的歷史還原與民國史視角》，《湖南社會科學》2010 年第 1 期。
〔註 33〕 秦弓：《三論現代文學與民國史視角》，《文藝爭鳴》，2012 年第 1 期。
〔註 34〕 秦弓：《現代文學的歷史還原與民國史視角》，《湖南社會科學》2010 年第 1 期。

　　民國政治制度與文學關係研究主要探討辛亥革命推翻封建政體，建立
資本主義民主共和政體，在法律制度、出版機制、傳播媒介、文藝政策等
方面與文學之間的內在關聯，進而提純出資本主義民主共和政體對文學發
展所起到的積極作用，修正以往文學史對資本主義民主共和政體的壓抑和
貶低，從而達到還原「民國文學」的真實性、完整性的目的。李怡認為辛
亥革命建立的資本主義民主共和政體對公民的出版權益、言論自由、寫作
自由、經濟效益進行了法律和政治層面上的保護，為作家創作提供了相對
寬泛的環境，使知識分子能夠相對真實的表達自己獨特的人生體驗和生命
感知。〔註 35〕同時，民國時期的知識分子都懷有一種「憲政理想」〔註 36〕，
憑藉著「憲政理想」現代作家以文學為武器在思想和身體兩個向度上發揮
自己的歷史功效，使中國文學發生了實質性的轉型。但民國時期，國民黨
制定的文藝政策也具有兩面性：一方面國家意識形態主動滲透到文學生產
過程中，對文學生產進行政治喚詢和思想鉗制；另一方面國家意識形態又
極力隱藏自己的痕迹，利用文學生產機制進行自我調節，呈現出「榨取性
體制」與「包容性體制」共存的局面。這種相互矛盾但又相互粘連在一起
的文藝政策正是民國文學的獨特性所在，也是民國文學能夠蓬勃生長的原
因所在。〔註 37〕但民國政府文藝政策的兩面性所產生的負面效應也無法規
避，政策的搖擺性使作家無法找準創作的方向，影響了作品的質量。〔註 38〕
除了李怡和秦弓的論述，羅維斯、張武軍等人對民國文化語境下的文藝民
族形式、左翼文學進行了闡述，重新確認了民國政府的文藝政策對通俗文
藝形式的推廣所起到的積極作用，以及民國政府制定的憲法為左翼文學提
供了制度保障。〔註 39〕

〔註 35〕 李怡：《辛亥革命與中國文學的「民國機制」》，《鄭州大學學報》（哲學社會科
　　　　 學版），2011 年第 9 期。
〔註 36〕 李怡：《憲政理想與民國文學空間》，《鄭州大學學報》，（哲學社會科學版），
　　　　 2012 年 9 月。
〔註 37〕 李怡：《含混的「政策」與矛盾的「需要」——從張道藩《我們所需要的文藝
　　　　 政策》看文學的民國機制》，《中山大學學報》（社會科學版），2010 年第 5 期。
〔註 38〕 秦弓：《抗戰時期民國政府文藝政策的兩面性》，《鄭州大學學報》（哲學社會
　　　　 科學版）2012 年 9 月。
〔註 39〕 羅維斯：《抗戰期間關於文藝民族形式的討論》，《鄭州大學學報》（哲學社會
　　　　 科學版）2012 年 9 月；張武軍：《民國語境下的左翼文學》，《鄭州大學學報》
　　　　 （哲學社會科學版）2012 年 9 月。

　　民國經濟與文學關係研究的主要路徑是將經濟與政治之間的關係進行重新確認，將民國經濟中的意識形態話語剝離出來，資本主義經濟對文學生產的積極作用，對人的「物」欲的滿足，對人性本身的證實和正視，各種經濟形態對個體精神的重構等命題重新浮出歷史地表。在這種研究路徑的指引性，中國現代文學中作家創作的經濟因素、作家的個體欲望、文學社團和文學流派的經濟背景、文學經典形成的經濟運作等一些未曾深入探討的問題就會得到有效的解決，「我們從經濟角度對之進行詳細的梳理、辨析與論證，解釋一些從以前的政治、文化角度切入時所無法解釋或者無法有效地解釋的問題。」〔註40〕鄔冬梅的《民國經濟危機與30年代經濟題材小說》〔註41〕對民國經濟危機歷史場景進行了還原，深入闡釋了民國經濟危機與30年代經濟小說興起之間的關係，並以茅盾的《子夜》為例分析了國家意識形態是如何指導、運作和生產經濟題材小說的，革命話語是如何進入和篡改經濟題材小說的主題，並確立了「經濟破產—剝削及反抗」敘事模式，最終遮蔽了經濟題材小說的豐富性。李哲的《經濟‧文學‧歷史——〈春蠶〉文本的三個維度》〔註42〕突破了「政治場域」和「鄉土文學」視域，將《春蠶》放在民國經濟範疇內進行分析，再現了民國經濟運行機制中都市、城鎮和鄉村所構成的社會全景，並對經濟如何在文本呈現，二者之間有著怎樣的複雜關係進行了透析，同時，通過對文本中革命道德與傳統宗法道德置換的情景再現，解答了經濟與革命之間的內在關聯。王永祥的《由文化商品到學術經典的轉化——以〈中國新文學大系〉（1917～1927）為例》〔註43〕以現代出版行業運作機制為切入點，探究了《大系》是如何從文化商品轉變為學術經典的過程，文化市場的自由開放、文化商品利益的角逐、文化消費的訴求、出版商的商業敏銳感、作家的經濟追究、文化商品的傳播途徑等經濟因素在《大系》確立經典的過程中產生了核心作用。與此同時，布小繼、任冬梅、顏同林、李直飛、

〔註40〕楊華麗：《現代文學研究的民國經濟視野：有效性及其限度》，《社會科學研究》，2012 年第 5 期。
〔註41〕鄔冬梅：《民國經濟危機與 30 年代經濟題材小說》，《文學評論》，2012 年第 5 期。
〔註42〕李哲：《經濟‧文學‧歷史——〈春蠶〉文本的三個維度》，《文學評論》，2012 年第 5 期。
〔註43〕王永祥：《由文化商品到學術經典的轉化——以〈中國新文學大系〉（1917～1927）為例》，《社會科學研究》，2012 年第 5 期。

張霞、李金鳳、王學東〔註 44〕等人的文章在國民經濟框架下從不同層面對左翼農村題材小說、《小說月報》、作家創作中的經濟因素進行了考察。

　　事實上，李怡提出的「民國機制」及其圍繞著這一研究範式所產生的一系列文章所關涉的是文學的情境性和敘事性問題。情境性是指文學經驗的本土化和歷史化，也就是說文學是在某一時段特定的具體社會歷史語境中產生的，雖然文學有著自身的發展機制，但文學問題永遠不只是單純的文學自身的問題，文學與政治、經濟和文化共同構成一個全方位、整體性的社會歷史，我們只有在「包容性」機制而非「榨取性」機制框架內來審視文學，才能夠觸摸到文學的本相和真相。毋庸質疑，中國新文學的產生與西方現代思想有著不可割裂的關係，「現代意義」也是一直橫亙在新文學脈絡中難以遮蔽的主線之一。但這並不意味著新文學就只是現代意識形態的統攝物，對新文學的研究就只能在「中國現代文學」的框架下展開，一切偏離「現代意義」的文學必須被排除文學史之外。如果按照這種「中國現代文學」的思維邏輯進行推演，我們就會發現實際上新文學的文學經驗與「現代意義」在某種程度上是分裂和割裂，一切複雜的文學現象、文學作品、文學思潮和作家創作被抽象化、簡單化、切割化和模糊化，「現代意義」成為衡量一切文學的根本和唯一標準。

　　如果我們在「民國機制」的框架下來勘察這一時期的文學，就會發現這一個更具包容性和提升性的研究範式，「現代意義」不再展現出令人恐懼的控制力，一些非現代意義和反現代意義的文學開始開拓自己的存在空間，一些長期被壓抑的作家也噴薄而出，一些根植在文學中的政治、經濟、文化等非文學性因素開始展現出自己對文學的效力。同樣，文學中存在的矛盾、對峙和衝突也真實的呈現出來。但這並不意味著「現代意義」將被廢棄，而是作

〔註44〕布小繼：《民國經濟下的左翼農村題材小說》，《文藝報》，2012 年 3 月 12 日；任冬梅：《民國一二十年代的農村經濟對文學創作的影響——從經濟角度探討駱駝祥子背棄鄉村的原因》，《成都大學學報》（社科版），2012 年第 3 期；顏同林：《經濟敘事與現代左翼小說的偏至》，《社會科學研究》，2012 年第 5 期；李直飛：《早期〈小說月報〉影響力中的經濟因素》，《海南師範大學學報》（社會科學版），2012 年第 4 期；張霞：《政治權力場域與民國左翼「自由撰稿人」作家》，《海南師範大學學報》（社會科學版），2012 年第 6 期；李金鳳：《郭沫若的經濟生活與他的文學創作——以早期創作（1918～1926 年）為例》，《海南師範大學學報》（社會科學版），2012 年第 4 期；王學東：《民國時期作家的「經濟意識」——以魯迅為例》，《中華讀書報》，2012 年 3 月 7 日。

為一個層面和維度與「民國機制」整合在一起，相對於純粹抽象性的概念推演，我們能夠在具體的時空限制中有更為具象、實在和真實的理解與把握，其實這是對中國社會轉型期文學複雜性可靠把握的一條有效路徑。既然「民國機制」有效的恢復了「民國文學」的複雜性和多樣性，那麼，我們又如何來有效的闡釋這種複雜性和多樣性呢，如何在對文學的情景和過程序的探討中去實現文學經驗與學理闡釋之間的對接呢？我認為「敘事」具有現實的可行性，也就是說，「民國機制」要具有敘事性，「敘事」可以成為表述「民國文學」複雜性的有效載體：一方面，通過對「民國文學」複雜性的深描，呈現出「民國文學」存在的特定性、情境性和具體性，闡釋「民國文學」中涵納的社會知識和生命體驗，並將「民國文學」與多種因素之間的複雜聯繫清晰的辨識出來，從歷史的塵埃中尋找出來，並以可理解和解釋性的話語敘事出來，從而使「民國文學」成為窺視民國社會歷史的入口；另一方面，「敘事」本身就隱含了研究者對「民國文學」進行組織、分析和表達的訴求，我們以何種姿態對「民國文學」進行敘事，選取哪種視角進入到「民國文學」的內部空間，運用何種理論對「民國文學」進行解讀等都關涉到我們對「民國文學」的再造，對「民國文學」的認知立場和觀點，而這些主體性因素最終決定了我們對「民國文學」歷史情境還原的程度。因此，敘事性就有可能將個體獨特的學術思想帶入其中，並在具體的實施過程中產生更為個性化的思想，以此來實現「民國文學研究」的建構、再造和提升。

3、「民國文學研究」的論爭與路徑

新世紀「民國文學」研究逐漸成為新的學術熱點和學術增長點，與此同時，對「民國文學研究」本體的反思和爭論也呈現出眾語喧嘩的態勢。張桃洲在《意義與限度——作為文學史視角的「民國文學」》〔註45〕中，對「民國文學」概念拓展現代文學史研究空間，更新現代文學史研究視野進行了肯定，同時也指出「民國文學」概念引入的目的不僅僅是在時間上確立一個更為寬泛的框架，恢復一些被遮蔽的文學史現象，填充新的史料，重評作家作品，更為重要的是重新尋找新的理論支點、研究方法、研究範式，以此來突破「民國文學」研究的困境和瓶頸，「當「民國文學」成為論者所期待的某種「可以

〔註45〕張桃洲：《意義與限度——作為文學史視角的「民國文學」》，《文藝爭鳴》，2012年第9期。

包羅萬象的時間容器」時，這個概念面臨的最大難題或許恰恰是，無法確定一個像「現代文學」的「現代」那樣的理論支撐點」〔註46〕，同時應該警惕和剔除「民國文學」研究主體以二元對立思維方式在整體上顛覆「中國現代文學史」的焦慮心態和功利性目的。臺灣學者張堂錡在《從「民國文學的現代性」到「現代文學的民國性」》〔註47〕中闡釋了「民國文學」的豐富性與延伸性，認同「民國文學」研究的跨學科和跨地域性，並進一步指出「民國文學」研究的關鍵點是如何在民國文學與民國歷史之間尋找到恰切的結合點和平衡點。「民國文學」研究的觸角不僅僅在大陸文學史游弋，更應該延伸到1949年之後的臺灣文學史，「作為歷史的概念「民國」並未在「共和國」之後消失。因此，在討論民國文學與文化之際，就會出現有異於臺灣的不同史觀。」〔註48〕而且，「民國文學」與「現代文學」之間並不存在先驗的衝突和對立，二者的關注點和訴求處於不同的層面，「民國文學」想表述的是文學中的「民國性」，「現代文學」注重的是民國文學的「現代性」。賈振勇的《追復歷史與自然原生態的「民國機制」——「民國文學史觀」的一種文學史哲學論證》〔註49〕是至今為止反思「民國文學研究」最具有學理深度和學術高度的一篇文章。賈振勇認為「民國文學研究」是在「中國現代文學研究」的內部產生的，是對「中國現代文學研究」原有的知識譜系、價值秩序和意義系統的突圍和爆破，具有歷史與現實的雙重意義。「民國文學研究」已經初步形成了從學理提升到現實實踐的研究態勢，「民國文學史」、「民國機制」、「民國風範」等概念的提出，體現了學者們自由、獨立的學術訴求，具有未來的可行性和操作性，「這是目前我們所能找到的最能逼真描述和解釋民國時代的文學的歷史屬性和自然屬性的述史概念，用這個概念及其衍生的各種理念、思路和方法闡釋民國時代的文學，不但可以使我們擺脫既有文學研究知識譜系和價值秩序的某種「坐井觀天」效應和「語言牢籠」效應，更有可能成為我們最接近歷史

〔註46〕張桃洲：《意義與限度——作為文學史視角的「民國文學」》，《文藝爭鳴》，2012年第9期。

〔註47〕張堂錡：《從「民國文學的現代性」到「現代文學的民國性」》，《文藝爭鳴》，2012年第9期。

〔註48〕張堂錡：《從「民國文學的現代性」到「現代文學的民國性」》，《文藝爭鳴》，2012年第9期。

〔註49〕賈振勇：《追復歷史與自然原生態的「民國機制」——「民國文學史觀」的一種文學史哲學論證》，《文藝爭鳴》，2012年第3期。

事實眞相和歷史精神眞相的一條佳徑。」〔註50〕但「民國文學研究」在文學史哲學及方法論層面的辯證與探究上仍舊存在某些薄弱的環節：如何在繁複紛雜的史料中還原出清晰、眞實的民國文學史，如何將研究主體的個體體驗、思想訴求和精神想像恰切的融合到文學史中，如何將文學史研究與政治史、社會史、思想史、文化史有效的對接等問題是「民國文學研究」亟待解決的問題，這就需要研究者「能夠充分協調翔實可靠的史學品質、悟性充盈的詩性品質和想像力活躍的哲學品質這三者之間的辯證張力。」〔註51〕這些薄弱環節的解決需要研究主體更新自己的知識譜系和價值坐標，直面文學本身的「自然性」和「自在性」，避免主觀性的想像、構建和過度闡釋，失去了文學的本眞。因此，選擇符合文學「自然性」和「自在性」的多元化的研究範式，就成爲「民國文學研究」的必然選擇。周維東的《中國現代文學研究中的「民國視野」述評》〔註52〕對「民國文學」、「民國機制」、「民國視角」概念進行了學理認同和價值分析，同時探析了「民國文學研究」在政治歷史還原、文學史「盲點」等方面存在的限度。呂黎的《文學、文學史、文學生產方式——從兩本劍橋文學史談文學的「民國機制」》〔註53〕以《劍橋文學史》中的文學史觀爲參照，勘察「民國機制」中的文學史觀和文學生產方式，分析二者之間的相似性，並對「民國機制」概念的適用性和如何對文學進行命名的問題提出了質疑。

　　上述對「民國文學研究」本體的論爭和反思都是以公正、客觀、辯證的理性認知爲前提，在認同中包含質疑，在擁護中指向反思，但同時也出現了根本否定的聲音。羅執廷在《「民國文學」及相關概念的學術論衡》〔註54〕中對「民國文學」進行了徹底否定，認爲「民國文學」及其相關概念對「現代文學」進行了人爲攻擊，對「現代文學」的價值和意義進行了打壓，「民國文

〔註50〕　貫振勇：《追復歷史與自然原生態的「民國機制」——「民國文學史觀」的一種文學史哲學論證》，《文藝爭鳴》，2012 年第 3 期。

〔註51〕　貫振勇：《追復歷史與自然原生態的「民國機制」——「民國文學史觀」的一種文學史哲學論證》，《文藝爭鳴》，2012 年第 3 期。

〔註52〕　周維東：《中國現代文學研究中的「民國視野」述評》，《文藝爭鳴》，2012 年第 5 期。

〔註53〕　呂黎：《文學、文學史、文學生產方式——從兩本劍橋文學史談文學的「民國機制」》，《文藝爭鳴》，2012 年第 5 期。

〔註54〕　羅執廷：《「民國文學」及相關概念的學術論衡》，《蘭州學刊》，2012 年第 6 期。

學史」缺乏一種大歷史觀和大文學史觀。「民國文學」概念的提出是一種學術炒作,「他們的主張和說法也並沒有多少陌生性與原創性,其價值和意義不應高估」,「這顯然是在開歷史的倒車,是學術史上的反動和逆流,應該堅決予以批判。」〔註55〕羅執廷的觀點包含一定的合理因素,但他並沒有真正的理解「民國文學」觀念的內涵和外延,仍然以二元對立的思維方式解讀「民國文學」。「民國文學」概念並沒有徹底否定「現代文學」而是對「現代文學」概念中不合理的因素進行重新辨識和考量,也沒有將「現代」意義從這一時期的文學中剔除,而是將「現代」意義作為一個因素而不是唯一主導放置在文學史中,從而不斷的延伸、拓展和豐富文學空間。「民國文學」概念的提出也不是一次學術炒作,如果將每一次具有變革意義概念的提出都作為一次學術炒作,那麼,「重寫文學史」範疇內的概念都可以認為是學術炒作。我們應該以一種創造性和可能性的思維來看待「民國文學」概念,在某種程度上,「民國文學」概念的意義就是在學術論爭中產生的。

「民國文學研究」要想從一個新的學術熱點和增長點轉變為真正具有學術統治力和公信力,成為中國現代文學研究的核心價值觀,在實質上突破中國現代文學研究的困境,需要解決三個問題:一、如何確立「民國文學」研究合理的理論支撐點和發展路徑;二、如何彌補和修正「中國現代文學」研究中出現的問題;三、如何使「民國文學」個案研究呈現出宏觀效果。我想在「民國文學」研究中應該把握住「轉型」、「差序」、「場域」這三個思維方式和研究範式。

「轉型」是指「民國文學」發生的社會歷史語境始終處於疾速轉變過程中,民國時期中國社會結構發生了巨大的轉變,政治體制、經濟結構、文化趨向都發生了實質性的變革。雖然「民國文學」並沒有因為社會歷史的轉變而放棄自身的發展規律,依然在中國文學整體鏈條上滑行,但「民國文學」難以避免的被捲入這場變革中,並愈加強勢的參與其中,「民國文學」已經不是一個獨立的文學空間,而是一個歷史性的雜糅概念,既是外部力量的推動又是內部力量的重組。因此,「民國文學研究」的理論支撐點不可能是類似於「現代意義」這樣單一的理論預設,而是政治學、經濟學、社會學、文化學等多元化的理論提取,從而使「民國文學研究」顯現出豐富多彩的意義系統,

---

〔註55〕羅執廷:《「民國文學」及相關概念的學術論衡》,《蘭州學刊》,2012 年第 6期。

並注重突出轉型的特質和意義。但這並不意味文學史研究成爲其它社會研究的注腳,而是通過文學史研究探討在社會轉型期人與人、人與自然、人與政治、人與經濟、人與社會之間的關係,圍繞著「民國文學研究」產生的是一部「事件史」和「生命史」,「人」在文學研究中被重新定義和整合。

「差序」作爲中國傳統文化中關於等級觀的一個概念,將其引入到「民國文學」研究中,但並不是強調文學史中的等級尊卑和權力分配,而是突出文學在發展中形成的內在差異性。雖然「民國文學」處於公共的歷史社會背景中,分享著共同文化資源,但不同的文學思潮、文學現象、作家作品在政治、經濟、文化體系中所處的位置和產生的作用卻不盡相同,呈現出衝突、對抗、依附、融合等不同的狀態,並始終處於流動的態勢。因此,我們要在研究中突出這種內在的差異性:「民國文學」由於時間的推演和空間的位移,在不同歷史時段具有不同的文學面相;不同文學作品在主題話語、人物形象、語言修辭、敘事模式等方面具有差異性,但這種差異並不是單純的審美差異,而在獨特的歷史文化情境中呈現出來的審美選擇;「民國文學」在作家主體意識的參與下,已經演變成爲特定的精神現象,並呈現出鮮明的差異性敘述,這些差異性一方面體現著作家的某種選擇,另一方面它們聯繫著 20 世紀中國知識分子的文化性格和精神特徵,以及中國轉型期社會思想的變遷和分化。在這種「差序」視域中一些在「中國現代文學」框架中的被壓抑的作家可以得到重新評價,一些被邊緣的文學思潮可以重新安放位置,一些被淹沒的文學作品可以得到客觀的評價。

「場域」與李怡提出的「民國機制」具有同質性,但這裏強調的「民國文學」的公共性和介入性。民國時期的政治、經濟和文化的共同構建使「民國文學」成爲一個公共空間,我們在「民國文學」中可以還原民國社會歷史風貌,但同時「民國文學」也介入到政治、經濟和文化當中,形成相互交流、調節和協商機制。因此,我們要通過「民國文學」個案研究產生一種宏觀效果,使文學研究突破自身局限,突出文學研究的汲取能力和開放姿態。實際上,在社會整體結構中文學研究本身就不是一個自給自足的單位,在功能意義上,文學研究有著更爲廣泛的意義,文學研究是在「自我」與「他者」的相互闡釋中界定自己存在的意義,沒有「他者」的參照文學研究並不能進行自我確認,同樣如果沒有文學研究的介入「他者」也不能產生自我敘述和闡釋,文學研究包含了文學之外的世界、規則和人,文學之外的一切關係都可

以化約爲文學內容，生命意義、價值秩序、生存體驗等文學以外的內容可以在文學中尋找到。因此，「民國文學研究」本身就是一種敞開和介入，是主動打破文學研究的封閉空間，以積極的姿態加入到社會整體進程中來。雖然「民國文學研究」還處於起始階段，但我似乎已經看見也必然看見它豐滿的未來。

一、「民國文學」：從意義概念返回到時間概念

　　如何對 30 年的中國現代文學稱謂實質上是一種文學史的命名。命名雖然也包含某種性質判斷，但不是具體研究，只是爲了對研究對象內涵和外延的共同確認，是獲得一種研究的共名。因此，這也是中國現代文學研究的一個前提。在這樣一種前提的確認下，中國現代文學史的命名就應該從意義的概念重新回到時間概念上來。

1、意義概念的含義：「現代」的文學

　　一般說來，「現代文學」這一學科命名具有兩種含義：時間的概念和意義的概念。時間概念是指 1917 年至 1949 年這一期間發生的文學現象。這一概念並不十分嚴密，因爲現代文學不僅是一種歷史的時空存在，而且是一種性質、一種意義。隨之而提出了一種意義概念：與傳統文學相對而言，具有「現代意義」的新文學。現代意義包含內容與形式的兩個層次。第一，內容上表現爲思想啓蒙與政治救亡相互交替的文學主題，其中特別值得珍重的是思想啓蒙主題；第二，形式上表現爲對傳統文學既定形態的突破，從文藝復興近代現實主義文學到 20 世紀初現代主義文學，都湧入中國。中國作家對此進行了超越時空的選擇，從而使中國文學的文學類型、敘述方式、文體形式等都發生了本質的變化。中國文學從文學觀念到藝術形式，從作家流派到出版物，都進行了全面變革。一句話，現代文學要有現代性。

　　關於現代文學的現代性是近年來現代文學界討論的熱門話題之一。現代

文學不僅僅是指一種歷史上時間的界限，也是指文化思想上的界限。通常從歷史階段的角度所說的「現代文學」，往往不注意文學本身的現代性，而只是關注創作的時間從歷史階段的角度，由此而分為「近代文學」、「現代文學」和「當代文學」。就文學作品來說，時間的差異雖然表現出性質的差異，但是，時間並沒有絕對性，彼時和此時的界限並沒有帶來太大的本質差異。只有在既定的時間背景下，對作品本身進行性質判斷，才有比較準確的把握。

毫無疑問，文學現代性首先是思想的現代性。中國現代文學的變革實質上是人的精神世界變革，文學的思想內容主要表達了這一變革。這一認識表現出半個世紀以來人們注重思想革命的一貫性評價尺度。近年來，人們關於中國現代文學現代性的討論，實質上也是對中國現代文學的現代性本質的深刻認識。但是，文學的形式也是具有傳統與現代之分的。因此對於文學形式的判斷也必須納入到現代文學的性質判斷之中去。現代文學的性質界定應該包括從內容的判斷到形式的判斷。

形式的現代性是一個過去曾經被強烈關注過，而現在又被相對忽略的問題。特別是在近年來文學和文化上的復古主義興盛，使這種關注甚至走向了反面。在傳統的思想被賦予現代化的理解的同時，傳統的形式也被賦予了新的價值。現代詩的產生，在內容和形式上都使文學發生了現代化的轉化。自由的形式並不僅僅是單純的詩歌形式變革，而且也是意義是變革。例如，五四時期的白話詩運動，說到底是一個思想運動，思想的思想往往需要自由的形式來配合。過去，中國的古體詩的嚴格的格律本身就是對自由思想的嚴格的限制，白話詩的努力就是要在思想和藝術上都獲得自由。郭沫若的《女神》如果改用古體詩的形式就不能充分表達詩人的那種激情澎湃、沖決一切的情感，就不能充分表達出破壞與創造的時代精神。詩中那排山倒海式的鋪排的句式，特別適合詩人那自由奔放，隨意性極大的精神氣質。而到了晚年，郭沫若一改初衷，作詩多採用了古體詩的形式，無論怎樣與時代乃至時事緊密相連，無論怎樣「革命」，都消失了青年郭沫若的新銳氣質，給人以古舊之感。而郁達夫的舊體詩在現代文學作家中是負有盛名的，但是這些詩所表達的多是個人的情懷，而且再加以舊的形式，成為了傳統色彩遠遠濃於現代色彩的文本。

當然，形式的現代性與內容的現代性不可同日而語，形式具有超越性，可以承載不同的思想內容。而且形式具有脫離思想內容的繼承性，所以，文

學形式的現代性不同於內容的現代性。後者的繼承性較前者的繼承性明顯，它甚至可以是橫移的，可以沒有縱的關聯；而形式的過渡性性要比思想的過渡性要長。從這一角度來說，又必須看到古體詩的舊形式與現代的新思想之間的一定和諧性。由此可見，中國現代文學在藝術形式上對西方文學的引入，使中國文學與世界文學發生了聯繫，促進了傳統文學的演變。

現代文學作為一種意義概念已經得到人們的普遍認同。無論是對現代文學的整體界定還是具體的思潮、作品的評價，實質上都是以意義概念為著眼點的。

2、時間概念的本質：「民國時期」的文學

我過去一直堅持認為，中國現代文學史不是單純的藝術史和學術史，首先是一種思想史、政治史和革命史，現代文學也首先是一種具有現代意義的文學。一切不具有現代意義的文學如鴛鴦蝴蝶派等，均不屬於現代文學。其實，這是使用了一種單一的價值尺度，或者說是一種主流價值尺度來定位文學史。主流價值尺度雖然也是一種尺度，但實質上也是對時代文學的豐富性、對於多數讀者群的否定和輕視。一種具有現代意義的文學首先應該是多元的和寬容意識的文學。這是一種文學觀念，也是一種文學史觀念。文學史的判斷和命名不可要求惟一性，對象可有多種理解，個別性的理解是規範性理解確立的基礎和前提，學術規範的確立不應以思想個性的喪失為代價。意義的概念應該僅僅是對現代文學的具體思潮傾向、作家意識和作品主題的價值判斷，而不能成為現代文學存在空間的外延界定。

時間概念具有多元性，其內涵遠遠比意義概念的涵蓋要寬廣，而且經過歷史的證明，以時間為界限，確定斷代的文學史外延。只有時間的概念能包含一切，正像時間可以證明一切一樣。一切生命和存在最終都要以時間來界定。站在歷史長河的一個個終點，反觀百年文學史，一切新論點、新概念的發生和爭論，包括 20 世紀中國文學等都只是歷史的一瞬，都可能是沒有意義的。

文學史的命名，不同於文學評論，也不同於文學史本身，應該獲得最大限度的認同。從這一點上來說，作為一種存在事實的陳述，文學史應該盡量淡化命名的傾向性，而突出中間性。而時間概念就具有中間性，不包含思想傾向，沒有過於強烈的主觀性，不限定任何的意義評價，只為研究者提供了

一個研究的時空邊界。當我們說「新文學」時,實質上是與舊文學相對而言的,其本身就具有既定的文化價值取向;而我們對五四以來文學性質作出「反帝反封建的新民主主義文學」的界定時,就更有了明確而單一的政治傾向性;而近年來,關於「20 世紀中國文學」的命名和討論,也是立足於文學的整體性,著眼於文學觀念和文學主題的一貫性而有意發生的。所以說,現在已有的關於百年文學的所有命名和界定,都已有了傾向性。文學史命名的中間性並不妨礙文學史研究和評價傾向性,在時間的框架下,一切主體意識都可以發生。

時間概念具有歷史的慣性,是最無爭議的命名。縱觀中國文學發展史,對於文學史的分期都是以朝代和時代為分界點的。「先秦文學」、「兩漢文學」、「魏晉南北朝文學」、「唐代文學」、「宋代文學」、「元代文學」、「明清文學」等等,都已經被廣泛認同。在這種概念的慣性作用下,現代文學也絕不會例外。「現代文學」作為一種時間概念是缺少恒定性的,「現代文學」區區 30 年,其實僅僅是當事人的命名和感覺,僅僅是對當代人有意義。如果把「現代」作為一個永遠沒有窮盡的命名,試想過幾百年、幾千年之後,「現代」就會又有不斷更新的時間界定。因為它是一個可以被無限延伸的概念,在這種認識的基礎上,「現代文學」的概念必定是一個短命的概念,最後必將被定名為民國文學。

確定了以「民國文學」為現代文學的時間概念之後,就可以明確無誤地把一直並稱,並且近年來被學者們努力將其一體化的當代文學從現代文學中剝離出去,而稱之為「中華人民共和國文學」。這樣,一方面可以免去關於二者關係的許多爭論,另一方面,可以更加準確地把握二者之間的異同。其實,即使是從意義概念的角度來看,二者之間也具有本質的差異性。文學的性質和觀念以及思想體制、作品的主題傾向、作家的組織機制、文藝運動的形式、出版機構和出版物的存在形態、作家作品的評價模式等等,在主流文學形態上都存在著根本的不同。

在中國現當代文學發展過程中,每一類型的文學在這段或那段時間內的存在都被納入了一個總的歷史進程,每種文學在一定的條件下都對文學進步都作出了自己的貢獻。但每一時代都有體現其時代精神的作品,即「標準作品」。標準作品的發展形態便是文學史區分的主要依據。文學史的規律(因果關係)就集中表現在這種顯示社會時代本質的典型或標準作品中。「魯迅風」

的雜文在兩種不同政治時代的不同功能和命運，就是一個歷史的證明。面對紛紜變化的文學史，不能僅僅從某種文學思潮或意識形態出發而認定現當代文學之間的整體聯繫。當然，一種思想的提出，都必然有一個線性的思想積累過程。但是，思想到達一個關鍵點時就必然發生轉折。20 世紀中期，中國兩種國家政體或政治時代的更疊，無論是對中國社會還是中國文學來說都是這樣一個質變的關鍵點。

以政治時代作爲標準來對現當代文學進行區分，不僅具有時間的明晰性，而且適應中國現代歷史的發展軌迹並且符合中國文學發展的本質規律。文學史的時間界定，是爲了更好的把握文學史發展過程中的連續性和整體性。一種文學時代實質上是相互聯繫的社會現象的一個獨立的綜合體，文學史劃分的基本思想應該是尋找文學與時代關係的因果律。

毋庸置疑，以兩個政權——中華民國和中華人民共和國的時空存在作爲兩種文學史的命名，其本身就不可迴避地包含有政治性因素。過去，我們對於「民國文學」稱謂的迴避，除了學術理念的原因外，也包含有政治上的忌諱。中國文學史的分期與西方文學有所不同，它具有自己的價值標準。對於中國現當代文學的分期，過去一般都是以政治時代的交替來劃分的，到了 20 世紀 80 年代，隨著對重寫文學史的認識，人們提出了以文學發展的自身規律爲標準來劃分文學史發展階段的觀點，而且這一觀點在理論上被廣泛接受。毫無疑問，這種劃分方法對過去單一的政治史標準是一種糾正或者補充。但是文學史的命名和分期除了依據一種普遍的理論原則之外，還應根據具體的文學發展過程和特徵來作具體的分析。以政治時代爲標準，來對中國現當代文學發展歷史進行分別命名，雖說可能淡化了文學史自身的特徵和規律，但卻把握住了中國文學的本質特徵。中國文學先天的與政治密不可分，渾然一體，所以以政治時代爲分期標準是一種預定的事實存在。

文學史的命名本來不是一個很複雜的問題，而且學術的有時並不需要高深的理論和複雜的論證，少一些學理之外的忌諱和限制，回歸於簡單和直接，可能會更接近於事實本身。以「民國文學」來命名現代文學，也許就是這樣一種簡單。

（原文發表於 2003 年 4 期香港《文學世紀》）

二、文化轉型與政治分野：從「民國文學」到「共和國文學」的發展歷程

　　從單純的時間性概念來看，百年中國文學又叫做中國現當代文學，是指1911年至現在的文學，近年來人們一般又把它稱爲中國20世紀文學。而我在新世紀之初將其稱之爲「民國文學」和「共和國文學」。

　　百年中國文學在它的誕生之初被叫做中國「新文學」，稍後被叫做「現代文學」。無論在當時還是在其後的理解，這一稱謂不僅是一個單純的時間性概念，而且是中國文學史乃至思想史上一種革命意義的顯示。其發展過程既是中國文學本身現代化的過程，又是中國社會現代化過程的藝術顯示。因此，中國「現代文學」長期以來被界定爲一種具有「現代意義」的文學。這種「意義概念」的文學史觀是對於世紀之初中國文學本質的一種概括，但是也正是這種概括導致了近百年來中國文學史觀的偏狹和單一。風也好雨也好，百年中國文學就這樣走過來了，歷史總是後人寫的，越來越多的人對於這個世紀的中國文化與文學的理解，有了越來越多的不同感受和評價，這本身就是一種歷史主義的姿態，眞實的歷史可能就存在於這多種多樣的敘事之中。

　　從文學發展的多樣性、主題的走向以及與中國社會的關係來看，百年中國文學可以分爲「民國文學」與「共和國文學」兩大不同時代，在此之中，又可以大致分爲五個時期：

　　（一）1911年～1927年　傳統文化的整體批判時期
　　（二）1927年～1937年　政治分野與文化批判時期
　　（三）1937年～1949年　政治分野與文化反思時期

（四）1949 年～1978 年　政治與文學一體化時期
（五）1978 年～2000 年　政治變革與文化轉型時期

1、文化整體批判時期的文學（1911～1927）

　　無論是名稱的最早使用還是中國社會發展的實際，都應該承認「新中國」的起點是從 1011 年的辛亥革命開始的。辛亥革命並不是單純的中國政治變革而是中國社會的整體轉型。在以政治倫理爲本位的中國社會中，政治一變全部都變，只是變的時間早晚、變革的程度深淺而已。在中國傳統社會，傳統政治是傳統文化和思想的最有力的保護層。反對和違背傳統道德，不僅在世俗社會無從立足，而且要受到法律的制裁。而辛亥革命打破了這一保護層，暫時終止了中國政治和文化一體化的歷史慣性。因此，新文化運動和新文學思潮得以發生。雖說從 1911 年到 1916 年這段時間裏，中國文學的變革訴求並不如政治變革訴求那樣強烈，成就並不明顯。因爲正如魯迅所言，在革命激蕩的時刻是沒有詩的。

　　民國文學源頭的政治背景是辛亥革命，而作爲一種新的文學時代的全面呈現，是在新文化運動之後，特別是五四時期的文學。五四文學是中國文學發展史上一次前所未有的本質性變異，它劃定了從傳統文學到現代文學的不同歷史時代，也是民國文學的構成主體。如果從意義概念的角度來看，確實屬於「現代性」的文學。然而，它的發生與發展有著複雜的傳統文化外來文化的深刻背景。

　　首先，五四文學的誕生有著深刻的外來文化背景。從作品的翻譯介紹開始，到文學觀念的倡導、文學創作的出現和文學思潮的形成，都與外來文化的影響有著直接的關係。

　　對外國文學和文化的譯介中，民國之前的嚴復和林紓的貢獻功不可沒。胡適稱「嚴復是介紹西洋近世思想的第一人，林紓是介紹西洋近世文學的第一人」。胡適認爲，過去中國學者「總是想西洋的槍炮固然屬害，但文藝哲理自然遠不如我們這五千年的古國了。」而嚴復和林紓的大功勞在於補救了這一大缺欠。〔註1〕嚴復翻譯了赫胥黎的《天演論》等西方近代社會科學的名著，對近代中國的知識界產生了巨大的影響。林紓在五四之前，共譯介西方文學

〔註1〕胡適：《五十年來中國之文學》，歐陽哲生編《胡適文集（3）》，第 211 頁，北京大學出版社 1998 年 11 月。

名著 170 多種，1200 餘萬字。在此之後，王國維、蔡元培、魯迅等人介紹和引入了西方文學和美學理論。而對中國新文學發生具有本質性影響的還是西方人道主義、個性主義的思想主題和寫實主義、浪漫主義、現代主義文藝思潮，這使中國新文學具備了真正的反封建的「現代意義」，成為中國文化大系統現代化轉化的先期完成形態。與思想主題、文學思潮的進入相一致，在外來文學的示範下，各種與傳統文學相異的文學樣式應運而生，極大地豐富了中國文學的歷史。詩歌從古典走向現代白話詩；小說由章回體的故事小說走向多樣的性格小說和心理小說；戲劇從傳統戲曲經「文明新戲」走向現代話劇；散文由文言文走向白話雜文和美文，各種文學流派和社團迅速叢生和更疊。

其次，傳統文學和文化對新文學的誕生有著複雜的影響。從五四文學的發生前提來看，傳統文學和文化的影響在表層上是一種相反的刺激，新文學以現代意識為尺度，以傳統為批判對象，形成了新的文學觀念和思想主題。而其積極的影響則是潛層的，並且後來逐漸顯現和加強的。作為傳統文學的組成部分，對於新文學的形成而產生積極影響的是中國近代文學。黃遵憲倡導的「詩界革命」和梁啟超所主張的「小說界革命」和「新文體」運動等，從文學觀念、文體語言等諸方面對新文學的初生構成了重要的影響。

1917 年 1 月，胡適在《新青年》雜誌上發表了《文學改良芻議》一文，首次提出文學變革的主張。2 月，陳獨秀在同一雜誌上發表了更激烈的呼應文章《文學革命論》。這兩篇文章標誌著民國文學史中文學革命運動開始和新文學的發生。文學革命的主要內容就是廢除文言文、建立白話文，反對「非人」的文學而建立「人的文學」。應該看到，新文學創立伊始，就具有強烈的排他性：無論從思想上還是藝術上都以否定和取代舊文學為目的。實事求是地講，不是新舊文學之間展開了激烈的論爭，而是新文學向舊文學進行了不留餘地的挑戰。新文化運動初期，新文學陣營通過與以林紓等人為代表的國粹派、以梅光迪、吳宓等人為代表的「學衡派」、以章士釗為代表的「甲寅派」的多次論爭，最終確立了主流地位。

1921 年 1 月，民國文學史上的第一個有影響的文學社團文學研究會成立，主要成員有周作人、沈雁冰、葉聖陶等人。7 月，另一個有影響的文學社團創造社成立，發起人為郭沫若、郁達夫、成仿吾等人。稍後，新月社、語絲社、莽原社等相繼成立。

　　五四文學以西方現代人道主義和個性主義思想為構成基礎，對舊文學和舊文化進行了整體的批判，表現出了初生的活力與幼稚。受傳統社會的專制政治的壓制和封建禮教的影響，人道主義和個性主義一直是中國思想文化中所欠缺的，以儒家文化為主體的中國思想史基本上是宗法觀念對個人意識制約的歷史，而關於人的本體價值的認識過程不過是那部浩瀚倫理巨著的簡短序言。民國文學史上第一代新文學作家通過自己的創作表現出對人道主義和個性主義主題的追求，呼喚「人的解放」。最早發出這一聲音的是以胡適、沈尹默、周作人等人的創作為代表的初期白話詩。胡適的詩集《嘗試集》（1920年）被稱為中國現代文學史上的第一部白話新詩集。而稍後魯迅的創作則是這一主題的最強音，他的小說《狂人日記》（1918年）作為中國現代文學史上的第一篇現代白話小說，把中國歷史概括為「吃人」的歷史，這是前所未有的發現。

　　以葉聖陶、冰心、王統照、許地山等文研會作家為主體而形成的寫實主義「問題小說」作家群，與魯迅的思考相一致，從更廣闊的視角提出了「人的主題」；與此同時，受近代日本文學和歐美文學的影響，以郭沫若、郁達夫、張資平等創造社作家為主體而形成的浪漫主義「身邊小說」作家群，從個人的生活感受出發，強化了個性解放的思想主題。20年代初，王魯彥、許欽文、許傑、臺靜農等一些流寓都市的作家，以現代意識為尺度，描寫故鄉農村自然的美麗和社會的黑暗，被後人稱之為鄉土文學，其思想內容成為五四文學主題的繼續。過去文學史教科書中，多對這一時期文學的抽象人學思想做了過於苛刻的評價，認為是對於社會問題是「只談病症，不開藥方」，沒有找到中國社會變革的正確道路。至於後來的尋找是否正確另當別論，僅從作家與生活與社會的關係來看，一般藝術家並不承擔政治家的責任，可以從自己的理解和感受去表現生活，能夠呈現社會的諸種問題已經是難能可貴了，如何改變社會是另外一種話題。何況當時作家對於社會現實的批判本身，就是在人道主義和個性主義思想下進行的，無論是在個人生活還是在社會變革中都不可缺少抽象的人學理想。這就是人類社會發展過程中最具有普遍適應性的「良方」，正是由於政治文化後來對於這種具有普世價值的人學理想的否定，才導致了整個社會的人性的泯滅和喪失，出現了後來人們才意識到的「人道主義災難」。

　　1915年《新青年》雜誌創刊後，陳獨秀、李大釗、錢玄同、魯迅、周作

人等人先後以「雜感」的形式在《新青年》上發表文化批判和社會批評文章。這不僅成爲五四新文化運動的主流思想，而且也爲中國新文學創造了一種新的文體──雜文。其後的朱自清、冰心、豐子愷、周作人等人，以優美的抒情見長，提供了另一種現代文體──「美文」。這兩種散文文體就其作品的內容來說，可能是五四新文學中對比比較鮮明的兩極。雜文是新文學中時代意識和批判意識最爲強烈的文體，而美文則可能是新文學中批判意識最爲淡漠的文體。這可能是由於兩種文體的審美原則的本來原則所致，在體現五四文學的成就和特色上，二者的價值都是不可忽視並且是不可替代的。

1926 年，徐志摩主編北京《晨報》副刊《詩鎸》，以此爲陣地，形成了以聞一多、徐志摩、朱湘、饒孟侃等爲主體的新月詩派。這個詩人群體在思想上表現爲一種抽象的西方現代人文精神和中國傳統士大夫精神的融合，而在藝術上亦表現出東西方詩美原則的融合。繼承了五四文學的人文精神，並以新的格律詩的主張和實踐彌補了中國新詩過於散漫的不足。這是一個具有傳統士大夫氣質和浪漫的現代主義藝術氣息的文人團體，由於與暴戾激進的左翼文學不一致，導致了文學史對其評價的偏頗。

無論是從思想上還是從藝術上看，民國文學中的五四新文學是一種與傳統文學迥異的現代文學，是中國文學史上名副其實的革命。它存在的前提便是對傳統文化和傳統文學的反叛，它在反傳統的過程中獲得生命並確立本質。當然，不可否認的是，由於對於其他思想素質和藝術形態的文學的排斥，也使中國文學在思想和形式上遠離了傳統，並與同爲民國文學構成部分的舊體文學形成尖銳對立。

2、文學的政治分野與文化批判（1927～1937）

1927 年 4 月，由於政黨利益訴求之間發生不可調和的矛盾衝突，在多方勢力的支持下，蔣介石政治集團進行了殘酷的「清黨」行動，國共第一次合作破裂。這一政治事件迅速激化了中國社會的階級矛盾，改變了中國社會的政治結構。政治立場迅速轉化爲藝術立場，現代作家也隨之發生明顯的分化；政治邏輯也迅速演化爲藝術邏輯，文學主題和創作傾向也發生劇烈的轉化。這一時期的文學被稱爲「30 年代文學」。民國文學在「民國」的體制下發生了政治分裂。

1928 年初，成仿吾、李初梨、馮乃超等後期創造社成員以及錢杏邨等太

陽社（1928 年成立）成員，在蘇俄文學和日本左翼文學的影響下，主張建設「革命文學」，提出由「文學革命」向「革命文學」轉化。「革命文學」的主張是以否定五四文學爲前提的，因此，倡導者們從一開始就把批判的矛頭指向了魯迅、茅盾、葉聖陶、郁達夫等第一代著名作家。於是，雙方展開了激烈論爭。在中共領導階層的直接介入下，雙方暫時停止論爭，於 1930 年 3 月 2 日成立了中國左翼作家聯盟。

馬克思主義文藝理論的傳播和「革命小說」的創作是左翼文學運動中影響最大的兩個活動。左聯以《拓荒者》、《萌芽》等刊物爲主要陣地，宣傳和介紹蘇俄、日本等國的無產階級文學理論和馬克思主義經典作家的論著。在此之中，魯迅、瞿秋白、馮雪峰等人的譯介工作引人注目。與此同時，左聯還與新月派、「民族主義文藝運動」以及「自由人」、「第三種人」等進行了不無偏頗的論爭。而這些論爭也並不是像傳統教科書所書寫的那樣，都是以左聯一方的勝利而告終的。並且由於政治上的否定，導致了對於論爭對方在藝術和思想上的成就與貢獻的否定，包括對像「自由人」胡秋原和「第三種人」蘇汶等對於蘇俄和日本無產階級文藝譯介工作的否定。

從整體說來，左聯在文藝理論上的影響要遠遠大於其文學創作本身。在有限的創作中，革命小說的影響和爭議最大。蔣光慈是革命小說的始作俑者，1925 年便創作了日記體小說《少年飄泊者》，其後又有《短褲黨》、《田野上的風》等問世。其社會影響很大，以至於出現了冒名的作品。革命小說在題材和主題的選擇上無疑是具有開創性的，成爲了中國社會革命的證據。而且，其受人指責的「革命加戀愛」的模式，也表現出了五四文學個性解放的主題向 30 年代階級解放主題過渡的形態以及知識分子人生歷程的眞實狀態。但是，革命小說在藝術上總體說來是不成功的，公式化的構思，主觀化空洞的敘述，使作品缺少藝術感染力。眞正獲得藝術上成功的左翼文學還是後來張天翼、艾蕪和沙汀以及後來茅盾的小說創作。

左聯的詩歌創作也有一定的影響。殷夫和「中國詩歌會」（1931 年成立）蒲風等人的紅色鼓動詩作爲時代政治的反映，成爲歷史的記錄。而洪深的話劇也具有同樣的意義。但是從整個民國文學狀況來看，藝術水準是不高的。

左聯的理論主張和藝術實踐在民國文學史上的價值是複雜的。總體上說，其政治意義遠遠大於文學的意義。而其組織活動也存在著政治的盲動性和思想的宗派性，特別是其文藝價值觀和審美追求都極大地影響了後來文學的發展。

　　與左聯比較靠近，亦可以稱之為左翼小說的東北作家群的創作，在這一時期也是值得重視的。東北作家群是指「九‧一八」事變後流亡內地的東北文學青年群體。其中，蕭紅、蕭軍、駱賓基、端木蕻良等人以深沉的筆調描寫東北民眾的不幸生活和抗日情緒，作品具有濃鬱的地方色彩和懷舊思鄉情愫。

　　與左翼文學相對的有「民族主義文藝運動」的一批所謂右翼作家，如黃震遐等人。他們的創作具有鮮明的民族主義色彩，適應了當時的時代需要，同時具有一定的官方色彩，因此具有很大的影響。其中，不乏十分優秀的作品。

　　最能代表「30 年代文學」成就的是自由主義作家群。所謂自由主義作家群是指左聯作家和官方色彩濃重的「三民主義文藝」、「民族主義文學」之外的作家的創作。在這一作家群中，除了巴金、老舍、曹禺等著名作家之外，還有京派小說、海派小說、現代派詩歌、「論語」派小品文等作家及作品。

　　巴金是五四人文精神的真正傳人，他繼承了魯迅等人文化批判的思想，《家》等小說所表達的仍是一個「人的解放」的時代主題；老舍的小說《駱駝祥子》等作為現代市民小說的代表，表現出一種平民意識和複雜的文化觀念；曹禺的成名作《雷雨》是中國現代話劇藝術成熟的標誌。

　　現代派詩歌是繼 20 年代初以李金髮、穆木天、王獨清為代表的象徵詩之後，中國新文學中現代主義藝術的一個典範。現代派詩人除戴望舒以外，還有「漢園三詩人」（何其芳、卞之林、李廣田）、廢名等人。他們改變了早期象徵詩單純模仿法國象徵主義詩歌的傾向，吸收了中國傳統詩詞的藝術手段，使外來詩歌藝術中國化。

　　京派作家是 20 年代後期民國新文學中心南移之後，活躍在北京一帶的作家沈從文、廢名（馮文炳）、蕭乾、蘆焚等人以《水星》、《現代評論》、《大公報‧文藝副刊》等為陣地而形成的一個北方作家群。京派的存在，具有以下兩種意義：第一，以對鄉村中國的深情敘述表現出對於中國傳統文化價值的反思。這是京派作家與新文學的第一代作家的最大不同。這種反思既是對五四文學的承繼，又是對五四文學的批判。沈從文等人一般都有一個自己情之所繫的鄉村境界，這是他們所認同的人生世界，也是他們所創造的藝術世界。在他們的作品中，文化的價值判斷再也不像五四文學那樣明確、單一，而是有著某種程度的傳統和鄉村回歸意識。通過鄉村文明與都市文明、傳統文明與現代文明的對比，使中國新文學的主題變得更加豐富，更加複雜。京派作家的創作把魯迅等民國第一代作家所開拓的改造國民性的思想主題加以簡

化，更加注重民族道德人格的反思和重塑。而其中鄉村社會的人性美和自然美大多成了他們最終的理想境界。第二，確立了一種抒情性的寫實主義風格。京派文學是作家的一種人生體驗，也是一種主觀想像；是一種浪漫又是一種實在。純情的鄉間少女和睿智的山野老人，常常成為京派作家筆下的形象系列。自然化的性情和民間性的意識使作品長於抒情也長於敘事，創造了一種與當時革命小說和海派小說迥異的審美風格。

海派小說是指 30 年代前後以上海為中心、以《無軌列車》、《現代》等刊物為陣地，具有濃鬱的都市風格和現代主義色彩的一個文學流派。由於這一流派的形成與日本新感覺派小說的影響有直接的關係，因此，當時被左翼人士稱之為新感覺派文學。主要代表作家有施蟄存、劉吶鷗、穆時英等。新感覺派作家多以上海大都市的現代生活環境為場景，著重描寫都市社會的人們對現代生活的複雜感受，表現現代物質文明與人性的衝突。施蟄存的《梅雨之夕》、劉吶鷗的《都市風景線》、穆時英的《上海的狐步舞》等作品所表達的都是這種現代場景和現代感受。通過他們的小說，使人真正認識了都市社會和現代文明，表現了一種「民國風尚」。從小說藝術的角度來看，新感覺派可能給民國文學帶來的的意義要比思想的意義要大。作為現代主義藝術流派，新感覺派在描寫生活時不注重寫實而強調人物對環境的主觀感受，在敘述中常常打破生活的邏輯，注重表現幻覺和下意識。作品的場面轉換迅速，節奏加快，具有現代心理小說的一般特徵。必須指出的是，無論是思想意識還是審美風格，新感覺派與同時期的京派小說都形成了鮮明的對比，甚至也由此帶來了對立。儘管京派小說以其鄉村場景、平民意識以及抒情性的寫實主義風格，為中國讀者帶來先天的親和感而為至今深得人們的厚愛，但是，新感覺派小說為中國文學提供的新異素質，為中國讀者提供的現代都市觀念，則更有意義。

自由主義文學無論其自身還是人們對其評價，都是一個很複雜的問題。他們大多在政治上嚮往西方民主，反對政治專制統治，又與當時中國最前沿的政治力量和思想保持一定的距離，表明了思想與藝術的某種自由和中間狀態。總之，是對民國文學史的一種豐富和發展。

3、政治的分合與文化的復興（1937～1949）

1937 年 7 月的盧溝橋事變又一次改變了民國社會的政治結構，也改變了中國文化和文學發展的歷史進程。

在民族危亡之際，國共兩黨實現了第二次合作，而文學界也出現了五四之後未曾有過的大團結、大統一，這是整個 20 世紀中國社會和中國文學少有的同仇敵愾崇高正義的時代。標誌這一新局面形成的便是 1938 年 3 月 27 日成立的「中華文藝界抗敵協會」。「文協」集合了中國文藝界左、中、右各方面的文藝家，它不但超越了社團、流派的界限，而且超越了新舊文學、文化的界限，更重要的是它超越了 30 年代以來最為尖銳、鮮明的階級、黨派的陣營。中國的政治和文化至少在形態上都納入到了民國政府的統一領導之下。而必須承認的是，民國文學從時間意義上的存在顯示出轉向空間意義上的存在的傾向，思想與藝術都具有結構的完整性。

「文協」創辦了會刊《抗戰文藝》，提出了「文章下鄉，文章入伍」的口號，救亡成為這一時期文學的最大主題。

民族意識的強化，帶來了政治的統一和文學的統一。最終，也帶來了文化意識的復興，向傳統回歸成為當時一種時代潮流。抗日戰爭整合了全民族的政治、文學和社會心理，「統一」成為抗戰前期救亡文學的基本面貌。這裏有統一的主題：歌頌抗日志士的英勇，控訴敵人的殘暴，揭露漢奸的卑鄙；有統一的的形式：短小、通俗；有統一的風格：昂揚、熱烈。這種「統一」來自於當時社會普遍的民族凝聚力和民族國家的向心力，也來自於人們對抗戰認識的普遍簡單化和反應的急促化，這亦是作家面對巨大事變所必然作出的表現姿態。

在抗戰前期救亡文學運動中重大收穫之一就是小型化、紀實性作品的大量湧現。短劇、詩歌、報告文學、短篇小說等成為當時主要的文藝樣式。為了適應這一時代的需要，作家們不僅暫時放棄了自己的思想個性，而且也真誠地放棄了自己的藝術個性。因為那是一個需要統一也就出現了統一的時代。但也許正是如此，公式化、模仿化也便成為一種普遍性的傾向。

在民族危亡的時候，對於民族意識的強化，歷史的肯定性回顧成為社會的一種思想潮流，也是時代所確定的一般作家心理和社會心理的需要。因為民族意識和傳統文化的高揚是人們獲得精神支持的最重要的手段。所以，抗戰文學的文化價值取向與五四文學有很大的不同：由反叛傳統到向傳統認同，由現代性訴求轉向古典性訴求。這種文化意識到了抗日戰爭進入相持階段的 40 年代前後表現得更加強烈。這便是以反映春秋戰國、晚明和太平天國歷史為中心的歷史劇創作高潮的出現。如郭沫若的《屈原》、《虎符》，陽翰笙

的《李秀成之死》，阿英的《明末遺恨》（又名《碧血花》），歐陽予倩的《忠王李秀成》等。

抗日戰爭是全民戰爭，而為了取得這一戰爭的勝利必須動員最廣大的民眾參加。因此，啟發農民的政治覺悟，積極參加抗戰便成為政治家和文藝家的當務之急。為了適應農民的文化程度和審美需要，以回歸傳統文學和民間文學為目的的文藝大眾化運動，成為三四十年代民國文學發展過程中的主要潮流。歌謠體詩歌、章回體小說、街頭劇、秧歌劇等形式格外活躍。特別是以趙樹理的小說創作為中心的中共管轄區即所謂「解放區」文學在此方面表現得最為突出。

可以看出，從內容到形式，在抗戰時期整個民國文學界出現了一個傳統文化和文學復興或回歸運動。

三四十年代的民國政治區域呈現出一種十分複雜的狀態。國統區、淪陷區和解放區三分天下，而文學狀況也有所不同。進入 40 年代後，這種差異在國統區和解放區之間則更加明顯。歌頌性的主題和暴露性的主題的差異表明了民國文學此時在政治主題上的進一步分離。這種分離應該說是表面的，因為歌頌光明和暴露黑暗在本質上是一致的。

國統區文學代表著這一時期民國文學的最高成就，至少在藝術價值上是如此。其中，尤以回顧性長篇小說創作成就最為提出。抗戰後期，許多作家從亢奮的激情中平靜下來，從動蕩的生活中安定下來，進入較為純淨、深刻的創作狀態。

40 年代國統區的文學發展特徵明顯，突出表現為以下幾點。

第一，暴露性的作品成為創作的主潮之一

隨著戰爭的延續和對國統區政治統治認識的加深，抗戰初期歌頌性的主題很快轉入暴露性的主題。在國統區早期的暴露性作品中，影響最大的應該說是張天翼的《華威先生》。作品刻畫了一個沽名釣譽借抗戰而排斥異己的小政客的形象。華威先生是一個被納入政治機器而又被世俗化了的官僚，他具有很高的概括性。沙汀作為左聯陣營中的一個優秀的文學新人，此時他創作了著名的「三記」：《淘金記》、《困獸記》、《還鄉記》，還有著名的暴露性小說《在其香居茶館裏》，批判了當局兵役制度的黑暗和鄉俗的醜陋。暴露和批判成為國統區作家的創作時尚，連言情小說作家張恨水也創作了批判政治腐敗的《八十一夢》和《五子登科》。

諷刺詩創作也是國統區暴露性文學中格外發達的種類。30 年代的鄉土詩人臧克家此時一改往日詩風，出版了諷刺詩集《寶貝兒》等。而最著名的諷刺詩人還是馬凡陀（袁水拍）及其《馬凡陀的山歌》。詩歌採用民謠的形式，以普通市民的日常生活為內容，對國統區末期社會的一切反常現象進行了辛辣而形象的諷刺，成為民眾心理的生動反映。

諷刺性的創作在戲劇方面亦有所表現。陳白塵的諷刺喜劇代表著這一創作潮流中的最高成就，他的《亂世男女》、《陞官圖》、《禁止小便》等屬於政治諷刺劇。其中，《陞官圖》最為著名，勘稱現代諷刺喜劇的經典之作。作品以兩個強盜的一場陞官夢為內容，諷刺了官場的醜惡和荒誕。作品在構思上明顯受到果戈里的《欽差大臣》的影響，風格辛辣，劇情凝練，笑過之後令人深思。

這種暴露和批判文學思潮的出現，一方面表明中國作家對於傳統知識分子品格的堅守，另一方面也說明社會思想的分裂日趨明顯，民國末日狀態全面顯現。當然，深層裏也反映出新的政治力量對於社會的感召力量以及國民黨當局對於思想多元化狀態的容忍或者無奈。

第二，回顧性作品和描寫知識分子生活的作品大量湧現

關注現實應該說一直是國統區文學創作的主潮，但是，進入 40 年代後，回顧性和知識分子題材的作品急劇增多，這和作家的創作心態和生活環境的變化有關。抗戰後期，許多作家從亢奮的激情中平靜下來，從動蕩的生活中安定下來，進入較為純淨、深刻的創作狀態。必須看到，集體性懷舊是一種時代情緒，而這一情緒的整體性出現表明人們對於現實的不滿，也表明社會的末日至少政治的末日為期不遠了。

在懷舊和回顧性的文學作品中，尤以回顧性長篇小說創作成就最為突出。巴金的長篇小說《春》、《秋》、《憩園》是回顧性作品中的經典之作，而他的《寒夜》則是獨具特色的暴露性作品。林語堂此時用英文創作的長篇小說《京華煙雲》，以大家族的歷史為內容，充滿了文化風俗史的色彩，小說在後來得到較高的評價。也許是久在異鄉而更加懷念故鄉和童年生活的緣故，回顧性作品在東北作家群此時的創作中表現得最為突出。蕭紅的《呼蘭河傳》、蕭軍的《第三代》、端木蕻良的《科爾沁旗草原》（第二部）、駱賓基的《姜步畏家史》等。回顧性的創作，無疑是一種更深入的思考。回顧中不僅有懷念，更有批判，表現出對於五四文學主題的繼承。蕭紅的《呼蘭河傳》

是回顧性作品中的藝術精品。作者以女作家特有的細膩的情感和婉約的敘述為人們描述了東北山村的淳樸而愚昧的生活，濃烈的抒情和自由的結構為民國小說世界增添了一種散文體式。

知識分子題材的創作的引人注目除了是因為與前期的激情的抗戰文學形成的比較之外，更重要的原因大概是與知識分子的現實生存狀態以及作家的創作習慣有關。

沙汀的《困獸記》、師陀的《結婚》、蕭乾的《夢之谷》等小說從不同的角度描寫了知識分子的現實生活和精神狀態。而錢鍾書的長篇小說《圍城》是這一時期的代表性作品，它恰好集中了諷刺文學和知識分子題材作品的全部特徵。從而 40 年代的中國文學做了一個完滿的結束。除了小說之外，表現知識分子生活的題材在戲劇創作中也為數不少。夏衍在抗戰之初創作的話劇《法西斯細菌》是其中的代表作。劇作把知識分子的人生追求和時代政治通過真實可信的生活細節深刻地表現出來，在當時具有重要的啟示意義。

在三四十年代國統區文學中，「七月」派是值得重視的一個作家群。全面抗戰開始，胡風主持《七月》、《希望》雜誌，團結了一批青年作者，形成了一個非常有影響的文學派別。七月派包括七月派詩歌和七月派小說。前者主要有艾青、田間、牛漢、綠原、阿壠等 30 餘位青年詩人；後者主要有路翎、丘東平、彭柏山、賈植芳等青年作家。路翎的代表作《財主的兒女們》是 20 世紀中國文學中表現中國知識分子命運和價值的最深刻的作品。七月派作家群受胡風的理論影響較大，因此在 50 年代初的政治運動中均受到殘酷迫害，作為一個文學流派而完全消失。

40 年代，在國統區文壇出現了徐訏、無名氏兩位具有特殊意義的作家。其特殊意義就在於他們的創作把奇特神秘的故事情節和對生命價值的嚴肅探討結合起來，使作品既有大眾化的通俗性，又有貴族化的先鋒性。因此，他們的作品非常流行，擁有大量的讀者。徐訏的代表作《鬼戀》、《風蕭蕭》和無名氏的代表作《北極風情畫》、《露西亞之戀》，都把當代政治內容和力氣浪漫的愛情故事相融合，在當時風行一時。

40 年代後期，在國統區還活躍著一個以校園詩人為主的青年詩人群體，這就是被後人命名的「九葉詩人」。這是繼現代派詩人之後現代主義詩歌藝術在中國的餘響。九葉詩人包括穆旦、新笛、袁可嘉、杭約赫、陳敬容、唐湜、

唐祈、鄭敏、杜運燮。他們在中國新詩史上的最大貢獻是對於詩的一種綜合：自我意識與群體意識的綜合、東西方詩美原則的綜合。可以說，九葉詩人的追求在 40 年代具有總結性的意義。

　　淪陷區是一個極其特殊的地域，文化與文學都表現為複雜的矛盾性。但是，無論是東北淪陷區還是華北、上海及其它淪陷區，都有真正的現代文學存在，是民國文學的重要組成部分。身陷上海淪陷區的張愛玲創作的小說《傾城之戀》、《金鎖記》等作品，把傳統的故事和現代的手法結合起來，成為雅俗共賞的流行小說。東北淪陷區的梅娘在《蚌》、《魚》、《蟹》等小說中，揭示大家庭中女性的不同命運，具有現代性和可讀性。由於中國社會的政治倫理本位價值觀的影響，無論是批評界還是廣大讀者，都極其自然地拒絕和遺忘了這些作家作品。直到 1980 年代以後在海外學者的影響下，才迅速被大陸學界和讀者認同。

　　「解放區」文學從內容上看，似乎是一種全新的文學。但是本質上說來，解放區文學卻是屬於民間文化系統的，政治性追求和民間性追求是解放區文學的最大特徵。對於解放區文學發展起決定作用的是毛澤東《在延安文藝座談會上的講話》的發表。這使百年中國文學政治化訴求達到了空前的高度，其影響力不只在於對於「政治標準第一」的尊奉，更在於其對於所謂非「政治標準第一」的全面否定。因此，解放區文學已經確定了後來共和國文學發展的基本方向，共和國文學發展過程中的一切波峰浪谷，都與此相關。

　　比較而言，小說創作在解放區文學中的藝術價值算是最高的，也體現著解放區文學的基本特徵。趙樹理的影響之下，形成了以山西作家群為主的「山藥蛋」派，包括馬烽、西戎等。這個作家群的創作和影響直至 60 年代。除此之外，創作了《荷花澱》、《蘆花蕩》等名篇的孫犁以一種詩體小說影響了河北的一些文學青年，如劉紹棠、韓映山等，在 1950 年代形成了荷花澱派。這個文學群體是藝術性不高的「解放區」文學中最具藝術性的群體。但是，由於政治上的迫害，1957 年這個作家群解體。

　　1950 年代前後，一批以土改鬥爭為內容的小說問世，成為中國最具時代特色的文學作品。其中，丁鈴的長篇小說《太陽照在桑乾河上》、周立波的長篇小說《暴風驟雨》等。雖然這些作品一定程度上寫出了轟轟烈烈的土改運動中複雜性，但是與血雨腥風而翻天覆地的實際行為相比，仍然是和風細雨冰山一角，沒能充分展示出時代進程中的深刻與激烈，特別是其中人性的善惡真偽。

　　解放區的詩歌創作表現出更加明顯的回歸傳統的特徵。民歌體長篇敘事詩興盛一時，公木的《十里鹽灣》、李季的《王貴與李香香》、阮章竟的《漳河水》、張志民的《王九訴苦》等影響較大。解放區與國統區文學的最大區別，是文學人物身份和文學形式的變化。就前者來說，由知識分子轉向勞動民眾特別是農民；就後者來說，對外來文學的接受範圍明顯縮小，向民族化、民間化轉化。這一傾向與中國政治和文化的確定有直接的關係，而且愈來愈明顯。

　　在解放區的戲劇創作中，賀敬之、丁毅的新歌劇《百毛女》把革命的主題與西方化、民族化、民間化融為一體，成為一定意義的革命文藝成功的標本。在進行革命動員和思想改造過程中，發揮了難以想像的巨大作用和藝術影響。這是與學民眾的思想教育和欣賞水平分不開的。

4、政治與文學的一體化時期（1949～1978）

　　中華人民共和國的建立不僅是國家制度的改變，而且是文化與文學的改變。從此，百年中國文學進入到了「共和國文學」的時代。1949 年 7 月 2 日，全國第一次文藝工作者代表大會在北京召開。這次大會是作家從組織上到思想上時下了前所未有的統一，毛澤東的《講話》作為當代文學的基本綱領被進一步確認和強化，民國文學發生了本質的變化。政治家們對文藝工作、作家思想的高度重視和直接領導、管理，使文藝事業迅速而極端的政治化了。此後的絕大多數文藝運動和論證都是由政治家發動、介入並用政治運動的方式和行政手段來進行和解決的。包括 1951 年的「關於電影《武訓傳》的討論」、1952 年「對於《紅樓夢》研究中資產階級唯心主義傾向」的批判、1953 年批判胡風「反革命集團」、1957 年文藝界「反右派」的鬥爭、1965 年批判新編歷史劇《海瑞罷官》，直至 1966 年發生的「文化大革命」。

　　也許是因為在時間上與剛剛過去的歷史太接近的緣故，反映革命歷史和階級鬥爭題材的作品成為 20 世紀五六十年代小說特別是長篇小說創作的熱點。杜鵬程的《保衛延安》、梁斌的《紅旗譜》、楊沫的《青春之歌》、吳強的《紅日》、羅廣斌、楊益言的《紅岩》、高雲覽的《小城春秋》等具有廣泛的社會影響。短篇小說創作上有王願堅的《黨費》、峻青的《黎明的河邊》等。這類小說有著鮮明的共同特徵：在思想上具有革命的英雄主義色彩和階級鬥爭的普遍邏輯；在藝術上體現為所謂「革命的浪漫主義與革命的現實主義相

結合」──「兩結合」的創作方法，具有濃厚的浪漫氣息。其中所表現出英雄人物的人格境界和思想信仰具有很強的感染力，並且有超越性的人類價值。茹志鵑的短篇小說《百合花》在藝術表現上獨具特色，在此類小說創作中堪稱佳作。

1956 年在共和國政治上出現了「百花齊放，百家爭鳴」的短暫局面，這對文學的發展產生了極大的影響。一批對現實生活有比較獨到而深刻認識、藝術上比較成熟的所謂「干預生活」的作品問世，受到了人們的歡迎。然而，很快在其後的「反右鬥爭」中被定為「毒草」，作者們被打成右派，受到殘酷迫害。

詩歌創作在 1950 年代初經歷了一陣「新華之歌」的大合唱之後，到了 50 年代中期以後，出現了賀敬之、郭小川的創作為代表的「政治抒情詩」。政治抒情詩多以當時社會的重大事件為內容，多採用政治性的術語，感情豪邁、熱烈，與當時的時代精神共鳴，富有鼓動性。賀敬之的《放聲歌唱》、郭小川的「致青年公民」組詩，在當時社會反響強烈，並且對共和國後來的詩歌創作產生了非常大的影響。應該說，那份情感和思想在當時還是有廣泛的社會基礎的，人們對於新政權的政治期待和一時的社會變化，都為「頌歌」和「戰歌」的產生提供了可能。與此同時，聞捷發表了抒情組詩《天山牧歌》一舉成名。他歌唱愛情與勞動，並以西北邊疆的少數民族的風俗畫和草原的風光畫，為中國當代詩壇吹進了一股清新之風。但是，詩人把勞動作為產生愛情和選擇愛人的標準，是對人性的一種顛倒性認識。而可悲的是，詩人本身在「文革」中因愛而死。而名躁一時的 1958 年「大躍進新民歌」運動，則是浮誇、冒進的時代政治的形象寫照。但是卻被冠以「兩結合」的典範而受到高度追捧。

50 年代開始後，是一個需要歌唱也就產生了頌歌的時代，這在散文創作中表現得也比較突出。楊朔、秦牧、劉白羽、魏巍的散文影響最大。楊朔以詩的意境和詩的語言，誇飾性地歌唱中國現實社會。他的《雪浪花》、《茶花賦》、《荔枝蜜》等以藝術上的精緻和思想上的時尚，成為當代散文史上的名篇。但是存在著十分明顯的模式化特徵，影響了幾代人的文風。秦牧的散文以思想性、知識性和趣味性見長，藝術風格上明顯受到過周作人小品文的影響，在當代文學界別樹一幟。劉白羽是一個用政治說教代替思想啟示，把自然風光轉為社會倫理的文化幹部，其散文的走紅與真正的藝術實在關係不

大。**魏巍**作爲一個軍隊作家，在戰地通訊中能捕捉細節，善於把「階級情感」人性化，渲染得比較細膩和生動，「最可愛的人」成了當時一個激動人心的稱呼，因此得到了官方和民眾的肯定，但是，由於政治色彩過重，不會超越性的長久生命力。共和國五六十年代的戲劇創作是一個熱鬧而缺少精品的領域。與其它文學部類一樣，歌頌性的作品成爲主流。影響較大的有老舍的《龍鬚溝》、《茶館》等。即使是在 1980 年代之後，其劇作仍然受到主流批評界的高度肯定，但是與其戲劇藝術感染力來比，明顯是不相稱的。過於明顯的主題預定，缺少曲折集中的戲劇衝突，人物性格弱化，都使其劇作與傳統戲劇精神相悖，成爲一種時代政治的語言解讀。

1966 年至 1976 年是「文化大革命」的 10 年，這段時間是百年中國文學被極端政治化的時代，也是五四文學傳統被徹底割斷的時期。而且連「文革」前十七年的共和國文學也都被否定，解放區文學中形成的「工農兵方向」被強調到了極端的境地。適應這一潮流，出現了群眾性創作的高潮，也出現了不無可取之處的文人創作，如浩然的《金光大道》、姚雪垠的《李自成》（第一部）、李心田的《閃閃的紅星》等。而作爲「文革文學」中最具代表性的作品是「革命樣板戲」。「三突出」原則（在所有人物中突出正面人物，在正面人物中突出英雄人物，英雄人物中突出主要英雄人物。）成爲文學創作的一般法則。無論近年來一些人如何爲「文革」時代張目和辯護，其瘋狂和荒誕也是不可否認的，也是不可「再來一次」的。相反，當下最急需的恰恰是「再來一次」最徹底的否定，否則，中國的政治改革和文化轉型憑空又多了一重歷史的障礙。

「文革」期間，最有價值的是所謂「地下文學」。如張揚的手抄本長篇小說《第二次握手》、地下「知青文學」、1976 年春天出現的「天安門詩歌」等。「天安門詩歌運動」是一個預言：中國政治和文學的春天就要來了。雖說是一個短暫的寒春。

5、政治變革與文化轉型期的文學（1978～2000）

「文革」結束後共和國文學的發展歷程再一次的證明了政治決定文學的定律。「文革」結束之初的文學是一種改換和恢復的文學。「改換文學」是文革文學的翻版和繼續，只不過是將文學的主題的政治傾向和人物身份進行一下改換而已；恢復的文學是恢覆文革前 17 年文學的評價。此時的文學還沒有眞正變革。

1978 年中共中央「十一屆三中全會」的召開和關於「實踐是檢驗真理的唯一標準」的討論，這一政治變革的慣性終於把共和國文學帶到了一個歷史的新時期。因此，這一時期的文學被稱之為「新時期文學」。

新時期文學的第一步，是「傷痕文學」的出現。傷痕文學以小說創作為主，著重表現的是「文革」10 年給人們肉體上和精神上帶來的創傷，具有濃重的感傷情緒。主要作家作品有：劉心武的《班主任》、盧新華的《傷痕》、鄭義的《楓》等。痛定思痛，稍後出現的文學把思考的線索進一步延伸到文革以前的政治生活之中，痛感於極左政治給國家和人們帶來的災難和傷害，因而對過去的政治進行反思。這些文學作品被稱為「反思文學」。主要作家作品有：高曉聲的《李順大造屋》、茹志鵑的《剪輯錯了的故事》等。

從傷痕文學和反思文學的主題來看，對於政治的控訴和反思從一開始就不是直接去審判過去的政治，而是通過人性的善惡對比而重提「人的問題」。因此，新時期文學在一定程度上重複著五四文學的主題。文革 10 年，人性退化而神性和獸性膨脹。在覺醒的時代，人們有理由要求「人的解放」，所以新時期文學也就是恢復人性的時代。

在傷痕文學和反思文學中，值得注意的是「知青文學」和「大牆文學」。

知青文學是中國文學歷史中一種特殊的現象。知識青年上山下鄉作為一種極端化的政治運動，它給青年人身心上帶來的傷害是極為深重的。因此，知青文學最初成為最本質的傷痕文學，如前面所提到的小說《傷痕》。此外，梁曉聲的《這是一片神奇的土地》、《今夜有暴風雪》、葉辛的《蹉跎歲月》、張賢亮的《靈與肉》等也是對於這一時代的傷痕記憶。知青文學是具有很大的感染力的，因為這一文學創作是普遍的體驗性創作，寫作者都是故事的親歷者。同時，上山下鄉作為一種政治運動雖然已被否定，但是作為人的生命中最寶貴的一段人生和情感歷程，仍然留有難忘的青春記憶。因此，稍後的知青文學在控訴中又多了一種留戀和懷念，表述對難忘的愛情、鄉情和自然的苦澀而甜蜜的回憶。如史鐵生的《我遙遠的清平灣》、孔捷生的《南方的岸》等。

「大牆文學」是指以勞改農場和監獄生活為內容的創作，這一文學現象是人類文學史上共有的，也都產生過一些優秀的作品。因為這些作品多是作者經歷的親身體驗，而犯人身份和大牆內人生的神秘和恐怖都為此類文學先天的增加了一種傳奇性。如叢維熙的《大牆下的紅玉蘭》、張賢亮的《土牢情

話》、《綠化樹》、《男人的一半是女人》、張一弓的《犯人呂銅鐘的故事》等。

由於作家政治性思維的慣性，也是由於社會的發展，在 1980 年代前後，出現了一股「改革文學」的熱潮。改革文學是作家按照對當代中國改革的政策，努力對經濟體制改革進行表現和理解而創作的主流文學。率先之作是蔣子龍的小說《喬廠長上任記》、張契的《改革者》、李國文的《花園街五號》、張潔的《沉重的翅膀》等。改革文學具有嚴重的公式化和概念化的傾向，留有濃重的「清官意識」，而且缺少現實深度，因而，與現實中的改革一樣很快陷入困境。

文革 10 年的悲劇是政治的悲劇，更是人性的悲劇、文化的悲劇。因此，反思政治和人性成為 80 年代初中國文壇的一種熱潮。這一思潮是在 1979 年開始的關於人道主義和人的異化問題的討論中形成的。戴厚英的《人啊，人！》、張笑天的《離離原上草》、雨媒的《啊，人……》、張潔的《愛，是不能忘記的》、孫步康的《感情危機》等小說以及電影《苦戀》（白樺）等衝破了原有的政治概念和倫理概念，提出了一些令人深思的問題。其實，這些作品表達的都是世界文學史上最常識性的思想，只不過由於時間的差異，成為中華人民共和國文壇上振聾發聵而又離經叛道的思想宣言。然而，對當下政治的反思總是有限度的，1983 年春，一場「清除資產階級精神污染」的運動在思想文化界展開，文革之後共和國文學對於人性問題的更深一步的探討被終止。

現實政治的制約以及對歷史和現實問題的深層思考，人們對於政治和歷史的反思從 80 年代中期轉向了一種文化批判和文化反思。這就是新時期文學中影響極大的「尋根文學」熱潮的出現。這一文學思潮的出現，表明共和國文學努力走出政治化時代的開始。

尋根文學又稱文化尋根小說，它是有著明確的理論主張和目的的一種文學思潮。尋根文學與學術界文化問題的大討論殊途同歸，他們重新審視中國傳統文化和民族根性，力圖用自己的理解來重鑄民族精神。嚴格意義上說，尋根文學的作品主題的價值取向一般比較複雜。既有「斷根」性的文化批判，又有真正意義的文化尋根。主要作家作品有：鄭義的《老井》、王安億的《小鮑莊》、阿城的《棋王》、韓少功的《爸爸爸》、朱曉平的《桑樹坪紀事》等。很多作品的背景往往都選擇缺少明確時間性的鄉村社會，從中顯示出歷史的恒古與混沌。尋根文學是新時期文學中成就最高、影響最大的文學思潮。

1980 年代後期，小說創作出現一種新的傾向，即淡化作品的社會意義而追求表現方式的個性。其中，現代派小說、先鋒小說和新寫實小說都有這一傾向。

現代派小說以劉索拉的《你別無選擇》、徐星的《無主題變奏》為代表，以形式的變幻、意識的荒誕而引人注意。但是，創作上的對形式的刻意追求和移植性，並未能深入人心。先鋒小說是繼現代派小說之後出現的又一個現代主義小說思潮，主要作家作品有蘇童的《妻妾成群》、北村的《施禮的河》、余華的《呼喊與細雨》、《十八歲出門遠行》等。由於注重故事的傳奇性，先鋒小說的影響範圍較此前的現代派小說有所擴大。

新寫實小說應該說是繼尋根文學之後成就較大的文學潮流，既具有現代派小說和先鋒小說的現代意味，又有傳統小說的敘事元素，並形成了新的藝術特徵。新寫實小說注重表現平民生活，主張寫作的「無傾向」即所謂「零度寫作」。與先鋒小說不同，新寫實小說追求作品的可讀性。代表作家和作品是池莉的《煩惱人生》、方方的《風景》、劉恒的《伏羲伏羲》等。但是，隨著文學的通俗化，新寫實小說發生轉向，進一步向傳統寫實主義進行回歸。

1980 年代中期開始，受大眾文化勃興的影響，共和國文學創作出現了通俗化的普遍傾向，1985 年甚至被稱之為「通俗文學年」。其標誌除了上面提到的先鋒的轉向之外，是臺港武俠、言情小說的流行和「王朔現象」的出現。

以金庸、梁羽生、古龍三大家為首的臺港武俠小說在 80 年代前期進入大陸，很快走紅，掀起了一場前所未有的武俠小說熱。其中，金庸作品的印數在短時間內超過了本世紀任何一位中國作家。他的讀者中包括許多高級知識分子，而對於金庸的研究亦隨之成為一門顯學。在 1994 年，北京大學破例聘任金庸為客座教授，而關於金庸小說的研究亦進入了大學的課堂。以瓊瑤、三毛、席慕容等女作家為主的臺港抒情文學也在大陸湧起陣陣熱潮。臺港文學熱就其外在原因來說，是社會和文化的商品化的需求；而就其內在原因來說，是臺港文學的人情味和理想境界適應了大陸讀者的精神需要。

幾乎與臺港文學熱的同時，大陸文壇出現了著名的「痞子作家」王朔。王朔是新時期共和國文壇影響最大，爭議也最大的一位作家。王朔的《一半是海水，一半是火焰》、《頑主》等小說為文壇帶來的最大特色是平民意識和被稱之為「京味兒」的地方色彩。王朔通過新的市民人物形象的塑造，表達出與以往不同的平民意識，嘲笑權威和神聖，貶損知識分子。具有不無偏激

的平民「思想起義」的特徵。他用文學手段參與了新時期思想解放運動，其重要價值是不可否認的。

新時期文學的俗化傾向是共和國文學的文化結構趨於完整的一種標誌，也是對大眾文化權利的尊重。但是，同樣，通俗文學也不能取代精英文化和文學而存在和發展。

新時期詩歌的發展最初詩朦朧詩運動開始的。朦朧詩是一個青年詩人群體，主要代表詩人由北島、顧城、舒婷、徐敬亞等人。朦朧詩是一種藝術運動，也是一種思想運動。作為藝術運動，朦朧詩受中外現代主義詩歌的影響，豐富了中國詩歌美學的內容；作為一種思想運動，朦朧詩表達了明確的自我意識，成為思想解放的先聲。圍繞著朦朧詩的價值和意義，文學界曾發生過激烈的爭論。

除朦朧詩之外，還出現了以楊牧、周濤等人為中心的「新邊塞詩」，以艾青、流沙河、牛漢等老一代詩人為主而形成的「歸來的詩人」的創作，以及第二代朦朧詩人──「新生代」詩人。「新生代」詩人是 80 年代後期議論最多的詩歌現象。這個群體以校園詩人為主，口號是「打倒北島」，聲稱不追求詩歌的社會意義，在藝術上模仿西方意象派詩歌，主題比朦朧詩更加隱晦。也就是從這時起，新時期中國詩歌遠離了社會，也遠離了讀者，最終失去了影響力。與其把詩歌的衰落視為社會商品化緣故的「他殺」，還不如把它視為自我封閉的「自殺」。

劫後餘生，文革中被迫害致死的老一代政治家的後代，在文革後所寫的回憶性散文是新時期散文創作的最初成果，此類散文的代表作是陶斯亮的《一封終於發出的信》。抒情性散文在新時期是最不景氣的，人們對於楊朔式的散文失去興趣之後，而未能有更為優秀的創作來代替，因此，散文的冷落與小說和詩歌的形式成為強烈的反差。然而，散文的另一部類報告文學則一直處於比較興盛的狀態。除最早問世的徐遲的《歌德巴赫猜想》之外，80 年代初還出現了一批有影響的關於重大社會問題的「問題報告文學」作品。其中，劉賓雁的《人妖之間》等影響較大。

1990 年代，以復興周作人、林語堂等人的散文為起點，抒情言志散文熱突然興起。幾乎所有作家、詩人乃至學者都寫作散文，臺港及海外作家的一些散文作品也被引入。其中，余秋雨的散文成為當代散文商業化成功的典範。這些散文與文革前的散文相比，最大的不同便是個人化寫作，社會功能淡化。

　　與散文創作一樣，新時期的戲劇創作也明顯遜於小說和詩歌。1978 年，宗福先創作的話劇《於無聲處》以其超前性的政治的內容而風行全國。此後，同類作品爲數不少，但今天看來，都沒有重要的藝術價值。而眞正在藝術上進行探索的是高行健等人的具有現代派色彩的《絕對信號》、《車站》。戲劇的不景氣主要是來自於影視業的發達，如果把電影和電視劇創作也視爲戲劇創作的話，新時期的舞臺則是格外繁榮的。

　　進入 90 年代之後，共和國文學表現爲一種無序、無主潮的時期。文學的個人化、多元化傾向明顯。這，也許是文學回歸爲文學的表現。雖說文學的整體水平高於五四時期，但是，對於人性的思想本質和人類的終極關懷的缺失，思想啓蒙的退化乃至消失卻不及五四文學。這也是中國文學始終與世界文學拉開距離的重要原因。當然，主要責任不能由中國作家自身來承擔。

三、「民國文學」與「共和國文學」：兩種「文學時代」的差異

　　這是一個本不複雜的命題：用「中華民國文學」和「中人民共和國文學」的概念，對「中國現代文學」和「中國當代文學」進行重新命名。但這又不只是概念的重新界定，而是對於兩種不同文學時代的劃分。這才是我們提出這一概念的最終目的。

1、文學史分期的邏輯與事實

　　當下關於「民國文學」的討論，主要還是對於概念成立與否進行闡釋和爭論，較少涉及文學史屬性的探討。其實，概念界定本身具有兩種意義：第一，使人們對於悖邏輯的「中國現代文學」的稱謂進行可能的反思和質疑，爲歷史書寫提供一種新的視角和空間；第二，使人們對於「中國現當代文學」和「20 世紀中國文學」的稱謂有一種新的理解，發現時間性概念中的意義性差異，區分兩種不同的文學時代。因爲確定了以「民國文學」爲現代文學的概念之後，就可以把已經法規化並且近年來被學者們努力將其一體化的「當代文學」剝離出去，而稱之爲「中華人民共和國文學」。

　　文學的性質和觀念以及思想體制、作品的主題傾向、作家的組織機制、文藝運動的形式、出版機構和出版物的存在形態、作家作品的評價模式等等，在主流文學形態上都存在著根本的不同。而從政治所屬來看，以 1949 年爲界，作爲一種通常認爲的複雜現象——臺港澳文學也應該屬於「中華人民共和國文學」這一大的範疇，其本質上是主體與部分的關係，也是一體多元的文學關係。

在百年中國文學發展過程中，不斷的文藝論爭和政治運動本身就表明文學發展與文學理想之間的矛盾衝突。歷史事實總與歷史邏輯有著不一致之處，是否合乎邏輯主要體現在歷史文本的書寫之中，因爲所謂邏輯最後就是書寫者的邏輯。文學史的因果邏輯大多集中表現在顯示社會時代本質的典型或標準作品中，而對於這些作品的如何評價往往又與時代主流價值觀直接關聯。魯迅風的雜文在兩種不同政治時代的不同功能和命運就體現了這一點。前幾年，人們曾經強烈關注過教育問題的「錢學森之問」，而忽略和迴避了對於文學思想問題的「羅輯南之問」〔註1〕。

面對紛紜變化的中國 20 世紀文學史，無論是個人邏輯還是藝術邏輯，最終都得服從於政治邏輯，抽象判斷和藝術規律就像用來判斷中國股市的一般經濟技術指標一樣，都會出現指標的「鈍化」──失效。再說一次，1949 年的滄桑巨變，中國兩種國家政體或政治時代的更疊，無論是對中國社會還是中國文學來說都是這樣一個質變的點。我們講了那麼多年的唯物辯證法，任何事物都有一個由量變到質變的過程，當由政治制度和政治權力變化帶來了全社會的變化時，爲什麼就不能承認文學發展中的根本變化？以政治時代作爲標準來對百年來的中國文學史進行區分，不僅具有時間的明晰性，而且適應中國現代歷史的發展軌迹並且符合中國文學發展的本質規律。

文學史的分期，不只是爲了區別歷史，而是爲了更好的把握文學史發展過程中的連續性和整體性，從而盡可能接近眞實的還原歷史。

2、兩種文學時代的本質差異

由於研究對象存在的歷史時限，中國現代文學研究的學術空間日漸狹小，困惑與困境的焦慮在學界日漸顯現。2000 年 6 月在西南師大召開的中國現代文學研究會理事會上，探討現代文學研究的學術「生長點」，表明學界同仁探尋新的學術空間的努力。同時，也或多或少的流露出對於學術困境的焦慮。在此次會議上，作爲走出困境的一種形而上思考，我提出以「中華民國文學」作爲現代文學的命名，以「中華人民共和國文學」爲當代文學命名的

〔註 1〕 見周海嬰《我與魯迅七十年》，南海出版社 2001 年 9 月。意爲當時羅輯南問毛澤東魯迅活著會怎樣，而毛稱要麼他識大體不作聲，要麼關在監獄裡還要寫作。

主張〔註2〕。我認爲學術空間的拓展必須從學科的命名開始，因爲命名也包含某種性質判斷。如何爲「中國現當代文學」的命名實質上也是一種文學史觀和評價立場的表述。

「中華民國文學」概念的提出，除了是爲了更準確客觀地使一段文學史獲得長久的身份，爲20世紀中國文學研究提供一個更大的空間之外，也是爲了區分一直並稱的現當代文學的界限，指明其存在的本質差異性。當「中國現當代文學」名稱的法規化和「20世紀中國文學」的概念提出之後，兩種文學時代的一體化認知得到了進一步的強化：「當代文學並未與現代文學有質的差別，只是文學在發展的不同時代背景下的不同表現而已」〔註3〕。其實，任何形態都是本質的某種程度的反映，形式的差異來自於內容的差異。更何況，中國現當代文學絕不僅僅是時間上的差異。當我們一再強調二者的時間性差異的時候，除了規避學術研究的政治風險策略之外，就可能是對於本質的忽略。

歷史邏輯是不可能間斷的，即使歷史事實大相徑庭之中也包含有既定的邏輯，只是這個邏輯不在當下過程中反映，而是在歷史的終點處反映。發現二者之間的整體性和連續性元素並不等於二者在本質上是一體的，沒有沒有聯繫的歷史過程。指明差異並不是割裂和失眞，而是一種本質認知。有的學者富有創見地「提出將中國現代文學與中國當代文學合而爲一，統稱之爲中國現代文學」，其目的在於「打破長期以來形成的現代與當代的割裂狀態、研究的分裂狀態，以整體的發展的變化的視角觀照研究自「五四」前後以來的中國文學。」〔註4〕但是，文學史研究是否分離還是統一是學者的學術興致和學術能力問題，與現當代文學關係的如何認識關聯並不是很大。

文學史觀的確立並不等於文學史教學方式的設置，更不等於教學科研組織的機構設置和劃分。就像古代文學一樣，從先秦到晚清，文學史的差異有多大，但是終究還是屬於古代文學專業範圍，在教育體制上還是屬於一個教研室或組織機構。但是，並不等於文學史性質的一致。

洪子誠在《中國當代文學史·前言》中指出：「建國以來」的文學與以前的文學性質的區別，以及「建國以來」文學是一個更高的文學階段的判斷，

〔註2〕 實質上近年已有學者提出「中華人民共和國文學」這一概念。如楊匡漢、孟繁華的著作《共和國文學五十年》（中國社會科學出版社1999年出版）等。

〔註3〕 林國紅：《疏離與回歸——也談現代文學與當代文學的學科性差異》，《安徽文學》2009年1期。

〔註4〕 楊劍龍《爲何要割裂中國現當代文學？》，《文匯報》2008年1月6日。

在 50 年代已成爲不容質疑的觀點。「當代文學」這一文學時間，是「五四」以後的新文學「一體化」趨向的全面實現，到這種「一體化」的解體的文學時期〔註5〕。這種觀點在學界長期以來具有廣泛的共識，也具有相當程度的歷史眞實性。因爲「左翼文學」──「解放區文學」──「十七年文學」乃至到「文革文學」，都是一個具有高度一致性的文學發展過程，這裏不只是時間上的連續性，更重要的是具有連續的歷史邏輯運作。然而應該看到的是，在共和國文學誕生之前，也就是在中國政治制度根本改變之前，這種高度政治化的文學只是思潮而非全部，甚至連主潮都不是。上個世紀四五十年代之交，中國社會格局發生了重大的「結構性變化」，文學也不例外。作家、作家群的大規模更替和位置上的轉移，是這個時期的一個重要事實。

以毛澤東《在延安文藝座談會上的講話》的影響力，作爲中國現當代文學的一致性或一體性的主要依據，是學術界比較普遍的觀點。但是，這是中國歷史書寫的慣性邏輯使然：「爲聖人立言」，對於被後世推崇與需要的人和事做歷史的「追封」。《講話》毫無疑問對於當時中共管轄區文藝政治功能的理解和發揮產生了巨大的影響，但是對於國統區文藝的影響並不如後來的文學史教科書所說的那樣大。周揚在共和國第一次文代會上的報告中指出，「毛主席的《在延安文藝座談會上的講話》規定了新中國的文藝的方向，解放區文藝工作者自覺地堅決地實踐了這個方向，並以自己的全部經驗證明了這個方向的完全正確，深信除此之外再沒有第二個方向了，如果有，那就是錯誤的方向」〔註6〕。結合當時會上來自於國統區的作家包括郭沫若在內，都表示對自己過去的文學活動進行反思和檢討的情況，說明周揚的報告既是對於共和國文學發展的一種規定，也是對於過去國統區作家的一種警示和評定。新中國創建伊始所表現出來的這一徵兆已經十分明確的劃開了兩個不同的文學時代。兩種文學時代的本質差異主要表現在以下幾個方面：

第一，文學觀念與功能的變化：由多元走向同一、由豐富走向簡單

新文學從最初就表現爲「爲人生」和「爲藝術」兩大對立的價值觀，表面看來這是倡導者本身特別是創造社同仁所有意爲之的結果，但實質上更是文學發展的歷史慣性與自然邏輯作用的結果。其後出現了以各個社團流派爲代表的唯美主義、現代主義、古典主義、民族主義、民間本位主義和「第三

〔註5〕洪子誠：《中國當代文學史・前言》，北京大學出版社 2007 年版。
〔註6〕周揚：《新的人民的文藝》。

種道路」等各種思想與藝術主張。各種各樣的文學觀相剋相生，生生不息，構成了 20 世紀上半期中國文學的繁興。而 1950 年代之後，「團結人民教育人民，打擊敵人的有力武器」的戰時文藝觀進一步高度統一和強化爲全面文藝觀，政黨文藝思想成爲國家文藝政策。「批判敵人，歌唱人民」，於是成爲文學的一種普遍的基調。應該說，這一觀念在延安時期僅是作爲局部的觀念，而隨著新的政治體制和思想體制的建立，「文藝爲政治服務，文藝爲工農兵服務」的基本原則決定了當代文學與現代文學的本質差異。政治的功利性和審美的大眾化得到了空前的強化，雖說這種觀念在中國傳統文學和五四新文學中已有思想流脈。五四新文學之所以被確認爲中國現代文學的眞正起點，就是因爲與傳統文學「文以載道」的文學觀有了根本的疏離，而當代文學又將這被淡化了的傳統文學觀加以接續和強化，從而最大地實現文學的社會性功能。

文學觀的高度統一也促使文學流派的思想屬性和存在狀態發生根本改變。眞正的文學流派其實本質上都是思想的流派，往往都是依據於某一時代的思想潮流而生成，其背後都有一定的哲學基礎和理論背景。辛亥革命之後，特別是五四時期中國文學的流派的繁多便是包含有這一因素的。而從繁多到單一的變化，又是在思想基礎和文學觀念改變的前提下發生的。當代文學流派在相當長的時間裏，其個性特徵已經由思想藝術的整體差異變爲審美風格的差異。除了 1950 年代遺存的「山藥蛋派」和「荷花澱派」之外，1980 年代以前，甚至連純粹藝術風格上的文學流派都不復存在。

第二，文學主題的變化：由批判轉向歌唱

作品構成因素是多樣的，而最能體現時代特徵的是文學主題。兩種文學時代的本質差異就突出表現爲作品主題傾向的轉換——由批判走向歌頌、由自我回歸群體、由現代回歸傳統。其中批判的主題轉向歌頌的主題是一個最大的全局性的轉換。其實，我們稍加注意就會發現，這一轉換早在 1940 年代解放區有關暴露與批判問題的討論就已經開始了，而且結論就已經被確認了：以歌頌爲主。總體上說來，晚清以及五四以來的文學多屬於「批判的文學」。中國知識分子心憂天下的傳統和國家內憂外患的現實，都促成這一批判主題的形成。無論是文學研究會「爲人生」的文學還是創造社「爲藝術」的文學，都是從批判的主題表現出來的。其後的「問題小說」、「鄉土文學」、「革命小說」、魯迅文學、「暴露文學」等都屬於「批判的文學」。並且由道德批判

轉向政治批判，由「個人」批判轉向「階級」批判。這一批判主題的連續與普及表明了中國社會亟待變革的時代需求。

應該說，解放區和新中國的社會現實為中國民眾與知識分子展示了一種前所未有的新的生活，前面說過，那是一個值得歌頌因此就產生了頌歌的時代，而作家的個人人生體驗和感受使這種歌唱的主題成為一種由衷的心聲。因此，1950 年前後中國絕大多數作家，都不約而同地寫出許多歌唱新中國和共產黨以及領袖的詩作。這種歌唱是一種新時代到來之際的序曲，也成為其後文學創作主題的主旋律。到 1956 年賀敬之著名政治抒情詩《放聲歌唱》和聞捷的組詩《天山牧歌》的發表，這種由衷的歌唱達到了一個藝術和思想的高峰。

事實上，在新的環境下許多社會人生問題都具有了解決的可能性，從而為這種批判意識淡化和模式化提供了相當的生活基礎。因此，這種歌唱也就具有了一定的真實性，至少是情感的真實。

夏衍在《懶尋舊夢錄》中回憶道：「十月革命之後，俄國的大作家如蒲寧、小托爾斯泰，以及不少演員都跑到西歐和美國，連高爾基也在國外呆了十年。而中國呢，1949 年新中國成立，不僅沒有文藝工作者「外流」，連當時正在美國講學的老舍、曹禺，也很快回到了剛解放的祖國。當然，這不只限於文藝界，科學家也是如此。被美國人扣住了的大科學家錢學森，不是經過艱苦的鬥爭，而回到了祖國嗎？在上海解放初期，我接觸過許多國內外有聲譽的專家、學者，如吳有訓、周予同、徐森玉、傅雷、錢鍾書、茅以升、馮德培，以及梅蘭芳、周信芳、袁雪芬等等，不僅拒絕了國民黨的拉攏，不去臺灣，堅守崗位，而且真心實意地擁護共產黨的領導」。有人統計，「1948 年選出的八十一位中央研究院院士中，有二十四位選擇了出走，占全部院士的近三成。」胡適稱「在 1949 年來臨前夕，國民黨當局曾有過將北京大學、清華大學、北平藝專等高校南遷的打算，後來也有遷移浙大、復旦等大學的企圖，不過都遭到了抵制」〔註7〕。

應該說，這是一種個人人生的選擇，也是一種歷史的選擇。作為個人人生選擇的依據仍然是知識分子的政治理想主義和個人功名意識。

歌頌是共和國文藝的主要功能，這一功能來自於主流的文學價值觀：文

〔註7〕見傅國湧《1949 年：中國現代知識分子的私人記錄》，長江文藝出版社 2005 年 1 月版。

學要反映生活的本質，社會主義生活的本質是光明的，所以文學就要歌唱現
實。後來的許多文藝批判和論爭的起因和結論都是由此而發的。這種歌唱的
主題有時是以對不歌唱或者不熱烈歌唱的批判表現出來的，如共和國成立伊
始，文藝界對於蕭也牧的小說《我們夫婦之間》的批判就是不允許不歌唱或
者不熱烈歌唱的先例。其後，在否定和鼓勵的雙重作用下，歌唱的主題至今
仍然是國家主導的文藝觀。在這樣一種國家文藝觀的制約下，作品出現了悲
劇意識淡化和大團圓結局的普遍模式，這與民國文學有著明顯的不同。

　　直到世紀末，這種文學觀依然具有批判的合法性和思想的殺傷力。1980
年代末，劉慶邦的小說《家屬房》發表，有人發表文章批評小說沒有反映社
會的「本質」：「真實」，是指能反映生活主流與本質的、在實際生活中客觀存
在或可能存在的人和事，而不是實際生活中任意一件真實的事，任意一個真
實的人。不是生活中每一個具體的真人真事都能反映生活的主流與本質，有
的恰恰反映的是支流、濁流甚至逆流。「暴露是必要的，問題在於要在暴露的
同時顯示出正面的健康的力量，這不是強加於作家的清規戒律，而是由社會
主義文學的本質特徵所決定的，這一點也正是社會主義文學與封建主義文學
及資本主義文學重要區別點之一。」「社會主義社會中有大量光明美好的東
西，它們是社會主義制度本質的體現」〔註8〕。我們至今不明白：親眼見到或
親自經歷的事實怎麼就不是「生活的本質」？作家如實對其進行描寫怎麼就
成了虛假的描寫？

　　文學的主要功能是反映生活的本質，文學要以歌頌為主始終佔據著共和
國文學理論的主導地位，這是政治邏輯所決定的。中國共產黨十六屆六中全
會《關於構建社會主義和諧社會若干重大問題的決定》中指出「社會和諧是
社會主義的本質屬性」。

　　在「文藝為政治服務，文藝為工農兵服務」的文學觀和歌唱主題的統攝下，
作品形象系列的置換和塑造上也發生了根本的變化，即知識分子英雄主體轉變
為工農兵英雄主體。五四新文化運動是一種思想革命，所以最初的主體必然以
知識分子為主，而政治革命和經濟變革的主體必然由工農民眾來承擔。知識分
子地位的滑落與工農民眾地位的上昇，是歷史的缺憾但也是社會實踐的必然，
形象的落差和轉換成為共和國文學世界中人物塑造的一種明顯的藝術特徵。

〔註8〕沈成：《是生活事實，還不是本質真實──從中篇小說〈家屬房〉談起》，《北
　　　京文學》1989 年 5 期。

第三，作家身份及組織機制的變化：由自由職業者轉向「國家幹部」

具體的生存狀態對一個社會人來說是最大的制約。作家作爲社會人，從思想到生活都必然受制於社會體制。民國時期的作家身份大致可以分爲三類：專業作家、教師、記者。無論是哪一種身份都是相對比較自由的職業，自由的思想最可能產生於自由的職業。

在全國第一次文代會上，周揚總結了解放區文藝工作經驗，其中之一就是建立黨領導的統一的文藝家組織：「除了思想領導之外，還必須加強對文藝工作的組織領導」。而郭沫若也將很快就要成立「專管文化藝術部門」的組織機構，稱爲這次大會取得的成功之一。第一次文代會後成立了全國性的文藝界組織——中華全國文學藝術界聯合會，「它全國文聯下屬的各協會，也都先後成立。」文聯與作協「是國家和執政黨對作家、藝術家進行控制和組織領導的機構。「這些機構的性質、形式、功能，既承接了 30 年代「左聯」的經驗，也直接從蘇聯作家協會取得借鑒。在 50 至 70 年代的中國，作家的文學活動，包括作家自身，被高度組織化」〔註9〕。

中國文聯和作協成立和運轉具有兩個重大的意義和影響：

首先，作爲政府組織和黨的部門，文聯與作協爲中國作家提供了制度性的生活保障。雖說文聯與作協在章程和國家機關序列中稱之爲「群眾團體」，但是大家都知道其絕不是一般意義的民間組織，更不是民國時期的作家同仁團體，而是具有全部的統治權力和完整的制度功能的國家組織。不僅掌握著共和國文藝界的政治資源，也掌握著作家的生活資源。作家的思想和生活都被高度的組織化，個人的辱毀譽乃至身家性命都受制於自身與組織之間關係調整的程度。人類的生存需要和文人的名利需求都決定了作家對於這一組織的順從與依賴。如果一旦與組織要求出現背離或者被認定爲背離，就要受到從政治到生活全方位的一系列的懲罰，特別是在個人尊嚴和精神的傷害。而且社會本身又是一個嚴密的「大組織」，這種懲罰就立即變成爲全社會的懲罰。「組織」成爲了作家的生命線，作家群體也爲獲得組織內的地位而出現越來越激烈複雜的矛盾鬥爭。

其次，文藝運動、文藝論爭的發生機制和結果形態發生了根本的變化。民國時期的文藝運動和文藝論爭雖說後來有組織性的參與，但其發生發展大多還是自在的而非自爲的，多限於作家群體之間的文學觀念和文學立場的衝

〔註9〕洪子誠：《中國當代文學史》北京大學出版社 2005 年版。

突。而最後的結果也極少出現對於作家的組織和生活處理的現象，雖說「左聯」和邊區文藝界出現過罕見案例。但是，共和國成立後，「在中共中央、毛澤東的領導和直接介入下，發起、推進了一系列的文學運動和批判鬥爭，並在各個時期，對作家、批評家提出應予遵循的思想藝術路線。在五六十年代，中國文聯、作協對作家作品和文學問題，常以「決議」的方式，做出政治裁決性質的結論」〔註10〕。這種機制和結果對於文學的正常發展無疑是具有巨大的消極性影響的。

我們看到，作家身份由個人自由職業轉化爲「在黨」或者「在組織」的「國家幹部」，作家生活由稿費制轉化爲工資制，作家團體由民間同仁式的鬆散文學組織轉化爲官方系統的行政機構，這種變化給文學生產機制所帶來的結果是十分複雜的。雖然使作家的生活有了保障，「知遇之恩」的普遍心理使作家的積極性有了空前的提高，進而文學的歌唱性的社會功能得到空前強化。但是這種變化也使作家從身份的組織化發展到思想的組織化，形成了極強的組織意識和「單位」意識，又制約了文學的批判性功能的發揮。苛刻一點說，擔任了省作協主席以上領導職務的作家，大多不再有經典性的優秀作品問世。說到底，這是自古而然的中國知識分子政治歸屬意識的集中體現，又是作家切身感受新舊生活對比之後的自然選擇。作家的組織化生存影響了其整個思想與生活，「首先是一個黨員然後才是一個作家」或者「首先是一個戰士然後才是一個詩人」之類的宣言，幾乎是每一個「在黨」、「在組織」的作家的表態。

不只是黨內作家如此，黨外作家也是如此。從共和國成立前後同一個作家思想的不同變化甚至前後不同的作品修改版中，也可以看到兩個文學時代的差異。

國共兩黨政治鬥爭接近尾聲之際，在中國思想界出現了一股強大的思想潮流，這就是「中間道路」或者「第三種力量」。嚴格說來，這不是一種眞正的政治派別，而是一種政治思想路線，準確地說，是知識分子由於政治上的天生無知所產生的政治理想主義。當時《觀察》、《時與文》、《周報》、《時代批評》、《大公報》、《新路》周刊等許多報刊上，都發表文章宣傳這一思想主張，從而受到中共和左翼作家的猛烈批判。然而，主張這種思想的多數人都留在了大陸，他們眞誠的否定自己過去的思想，眞誠的參與新的共和國的建

〔註10〕 洪子誠：《中國當代文學史》北京大學出版社 2005 年版。

設。文學界「第三條道路」的主要倡導者之一的朱光潛，在發表相關「第三條道路」的文章不久，就在 1949 年 11 月的《人民日報》上發表《自我檢討》一文，對自己的思想作了基本的否定。吳宓 1952 年 7 月 8 日也在重慶《新華日報》發表了題為《改造思想，站穩立場，勉為人民教師》的文章，檢討自己過去的思想。梁漱溟同年在《光明日報》發表文章，不無真誠的表示：「我過去雖對於共產黨的朋友有好感，乃至在政治上行動有配合，但在思想見解上卻一直有很大距離，就直到 1949 年全國解放前夕，我還是自信我的對。等待最近親眼看到共產黨在建國上種種成功，夙昔我的見解多已站不住，乃始生極大慚愧心，檢討自己錯誤所在，而後恍然於中共之所以對」〔註 11〕。這不是個別知識分子和作家的看法，而是絕大多數人的看法。這也是他們選擇留在大陸認同中共政權的思想動力。

第四，作品審美風尚的變化：悲劇意識的淡化與大團圓的結局

中國傳統文學的悲劇性是十分明顯的，即使往往是表面的和過程的悲劇。從屈原的《離騷》到關漢卿的戲劇，人物命運的坎坷和風格的悲愴彌漫於其中。但是即使如此，中國傳統文學是沒有真正的悲劇的，所有的悲劇都不是徹底的悲劇，總要用「大團圓」的結局來作為「光明的尾巴」。《竇娥冤》的冤魂託夢和《牡丹亭》的因愛而生的結局，都是這一大團圓審美原則的形象再現。其實，「大團圓」結局本質上不是審美風格的追求，而是中國人傳統的道德理想的追求。

悲劇文學傳統和悲劇意識的形成都與現實生活的不幸相關，悲劇永遠存在，但是悲劇文學並不一定總是存在的。真正的悲劇文學必須以悲劇意識為主旨，而悲劇意識來自於自我意識的覺醒。因此，悲劇文學最終包含對於環境的否定和批判。不包含有批判性的悲劇不是真正的悲劇，只是悲哀而已。以個性自由和社會解放為主題的民國文學，是在西方近代文學思潮影響下而發生和發展的，因此其誕生伊始就通過個人的悲劇過程對傳統文化和現實社會進行激烈的批判。魯迅的小說、鄉土文學、曹禺的話劇等都是一種真正的悲劇文學，是建立在個性解放和社會批判基礎之上的悲劇意識的表徵。發生悲劇並不一定產生反抗，但是悲劇意識是反抗的思想前提。

現實環境的改善必然減少悲劇，共和國文學悲劇意識的淡化有著真實的

〔註 11〕梁漱溟：《兩年來我有了哪些轉變？》，《光明日報》1951 年 10 月 5 日。

生活依據，這是共和國初生期文學的時代風尚。因為新生政權相對清明的作風和理想的政治承諾，都為這種文學風尚形成的思想基礎。魯迅的愛情小說《傷逝》為了深化個性解放的悲劇主題，憑空編造了一個愛情的悲劇；而趙樹理的婚愛小說《小二黑結婚》為了強調解放區政治環境的完善，而把一個現實中的愛情悲劇美化為一個婚姻喜劇。因為在魯迅那裏的疑問到了趙樹理這裏已經變成了一個暫時的答案。但是，當環境變得不是那麼美好時，如果淡化悲劇或者掩飾悲劇，那至少是對現實環境的一種美化和思想的麻木。

此外，像出版機構和出版物的存在形態、作家作品的評價機制等，民國文學和共和國文學之間也都有著明顯的差異。

對於中國文學來說，政治時代也是文學時代，政治傾向決定文學風貌。一種文學時代的劃分或者差異的認定，最主要的是看其整體風貌和具體文本的內在差異。很明顯，現代文學與當代文學的藝術生產機制和產品在主體形態上都存在著根本的不同。當文學的發展從宏觀到微觀，從整體到局部都發生了根本變化時，那就不是同一個文學時代而是兩個文學時代了。此外，現當代文學的本質差異性並不會因作家個人自然生命和藝術生涯的延續而消失或者淡化，相反，甚至由於在同一個作家身上，前後思想和創作的差異性表現得更加突出，亦或更能成為劃分兩個文學時代的依據之一。

主張現當代文學一體化的學者認為，至少從《講話》開始，中國文學的面貌和性質發生了根本的改變，而且這一改變奠定了中國當代文學的基礎，後來文學的發展基本上是《講話》之後解放區文學的延續。還有人將此進一步向前推進，認為中國當代文學的屬性和傳統在三十年代「革命文學」思潮中就被確立了。毫無疑問，這一見解在相當大的程度上符合中國文學發展的實際。

周揚在共和國第一次文代會所做的報告《新的人民的文藝》中，總結了1942 年《毛澤東在延安文藝座談會上的講話》發表以來解放區的文藝的發展過程及其成就和經驗，認為是新的人民文藝的「偉大的開始」。這是當代文學始於 1940 年代的主要思想依據。《講話》思想正式傳達到國統區是在 1943 年之後。《新華日報》報導了文藝座談會的情況，並隨後摘要刊發了《講話》的主要內容。「1944 年 5 月，中共中央派何其芳、劉白羽到重慶介紹、貫徹文藝座談會和《講話》的精神。延安的文藝思想和方針，逐步為國統區的左翼作

家所瞭解,並爲其中的許多人所認同,並成爲他們分析文學界情勢,確立工作步驟和方法的基準。」〔註12〕

以郭沫若、茅盾等爲首的左翼作家也開始高度評介《講話》影響下的解放區文藝創作。解放區文學的代表作品,如歌劇《白毛女》、趙樹理的小說《李有才板話》、《李家莊的變遷》等,受到郭沫若、茅盾、邵荃麟等的熱烈讚揚。〔註13〕

無論是從國共政治較量的大趨勢來看,還是從中國作家固有的政治取向來看,這些事件都具有歷史的眞實性和歷史的可能性。但是我們應該注意這樣一個問題:具有當代文學屬性的革命文學和延安解放區文學在當時中國文學的格局中,究竟佔據著什麼樣的位置?毛澤東的《講話》對於當時中國文學全局和作家創作究竟影響有多大?中國學術研究總有這樣一種傳統:用某一思想和觀點的後天的權威性來理解、闡釋以往最初思想狀態,其中必然包含有誇大理解和主觀選擇。偉大和神聖原本普通,是在後天的發展中實現的,眞理和偉大來自於歷史的選擇和實踐的檢驗,甚至來自於對於錯誤的自我糾正,絕不是生而偉大。按照這一思想邏輯,我們必須重新思考以上兩個問題。

以政治時代作爲標準來對現當代文學進行區分,不僅具有時間的明晰性,而且適應中國現代歷史的發展軌迹並且符合中國文學發展的本質規律。

以中華民國和中華人民共和國的時空存在作爲兩種文學史的命名,其本身就不可迴避地包含有重要的政治因素。中國文學史的分期從來就具有自己一貫的政治化的價值取向,政治的影響比其它國家的文學都來得強烈。對於中國現當代文學的分期,過去一般也都是以政治時代的交替來劃分的,即每一個文學分期都是以一個或兩個重大的政治事件爲起始的。1911 年的辛亥革命、1917 年的五四新文化運動、1927 年的「四・一二」國共合作破裂、1937 年的抗戰全面爆發、1949 年的新中國成立、1966 年的「文化大革命」爆發、1979 年的改革開放的實施和 1989 年的「政治風波」等,不僅僅是中國政治時代的更疊,更是中國社會和文學一個個質變的關鍵點,20 世紀中國文學由此劃分出了一個個相對獨異的文學時代。考察近代以來中國社會重大政治事件或者時代轉折之際的文學狀態,就會發現這樣一個普遍的規律:文學隨著社

〔註12〕見《新華日報》1943 年 3 月 24 日的《中共中央召開文藝工作者會議》、1944 年 1 月 1 日的《毛澤東同志對文藝問題的意見》。
〔註13〕洪子誠:《中國當代文學史》,北京大學出版社 1999 年 8 月版。

會政治的改變而立即出現一個新的思潮，往往也包括文學樣式的變化。如政治小說、白話文學（反封建文學）、「革命文學」、「抗戰文學」、「工農兵文學」、「文革文學」、「新時期文學」等。到了 1980 年代，隨著重寫文學史的討論，人們提出了以文學發展的自身規律爲標準來劃分文學史發展階段的觀點，而且這一觀點在理論上被廣泛接受。毫無疑問，這種劃分方法是對過去單一的政治史標準的一種糾正或者補充，但是文學史的命名和分期除了依據一種普遍的理論原則之外，還應根據具體的文學發展過程和特徵來做具體的分析。以政治時代爲標準，來對中國現當代文學發展歷史進行分別命名，雖說可能淡化了文學史自身的特徵和規律，但卻把握住了中國文學發展歷史的本質特徵。中國文學先天的與政治密不可分，渾然一體，所以以政治時代爲分期標準是一種既定的事實存在，是一種歷史過程的總結。

當我們提出用「中華人民共和國文學」來代替「中國當代文學」之後，會遇到一個人人都可能想到的問題，那就是臺港澳文學的歸屬和稱謂的問題。而從政治所屬來看，以 1949 年爲界，作爲一種通常認爲的複雜現象——臺港澳文學也應該屬於「中華人民共和國文學」這一大的範疇，其本質上是主體與部分的關係，也是一體多元的文學關係。因爲即使是稱之爲「中國當代文學」，誰又能在這一大框架下，把大陸文學和臺灣文學寫成「中華人民共和國文學」和「中華民國文學」？相反，二者統稱爲「中華人民共和國文學」更符合主流政治標準，即使這個標準缺少學理性。

我始終不理解，爲什麼可有《民國經濟史》、《民國教育史》而不能有「民國文學史」？文學史的命名本來不是一個很複雜的問題，而且學術判斷有時並不需要高深的理論和複雜的論證，少一些學理之外的忌諱和限制，回歸於簡單和直接，可能會更接近於事實本身。以「民國文學」來命名現代文學，以「中華人民共和國」來命名當代文學，也許就是這樣一種簡單。因爲這已經成爲一種事實。

有人認爲，1979 年之後的文學屬於另外一個文學時代。毫無疑問，新時期文學與此前文學相比的確發生了很大的變化，但是對於主流文學來說，這種變化不是本質性的，變化的只是作品主題的相對豐富和審美風格的相對多樣。無論是主流的文藝思想體系和「主旋律」創作，還是文藝運動的發生機制和作家組織功能都沒有發生根本的變化。再說一次，對於文化和文學影響

最大的是系統的政治機制，當基本機制沒有發生改變時，努力想證明文學時代的變化是得不償失的。因爲歷史事實就擺在那裏。

四、革命史體系與現代文學史寫作中的邏輯缺失

　　歷史是一種無可挽回的過去，無論怎樣深刻和睿智，歷史學家也不能還原歷史。但是，歷史學家可以參與歷史的構成，因為歷史是一種事實與觀念的綜合，歷史的最終形態要通過歷史文本的形式固定下來，歷史文本的寫作也就成了理解和構築歷史的過程。在寫作過程中，單純的敘述不過是事件的羅列，而純粹的自我評價又只是史家心靈的再現，歷史是過去與現在的綜合。歷史具有時間的順序（事件實際發生的過程）與邏輯的順序（事件的因果關係或對於事件發生過程的個別理解），二者在本質上應該是一致的，但是在發生過程中二者往往並不一致，只有在歷史進程的某一個階段性的終點時才可能一致，所以說，歷史都是後人寫的；因為二者只有在相應的解釋者那裏才可能一致，所以說，一切歷史又都是個人史。在歷史的共名之下，包含有無數的個別理解。

　　發生的歷史是一種事實，評價的歷史是一種文本，歷史文本實質上是不斷變化著的事實評價的價值體系，因此，每一種歷史無時不在改寫和重寫的過程中。如果承認這樣一種歷史邏輯，我們就能夠發現中國現代文學研究和文學史寫作面臨著一個根本性的任務，那就是在歷史與邏輯的關係辨析中，對學科的學科本體的重新確認和方法論的進一步總結，應將文學史寫作納入到人類思想史的分析之中，在一般思維邏輯上確立一種歷史哲學觀念，從而把文學史學上昇為文學史哲學。

我曾經說過，對於中國現當代文學史的評價，從來就不只是一種文學史、學術史的評價，而是關於中國革命史乃至中共黨史的評價。這為中國現當代文學史的寫作和評價的政治屬性，提供了一個不可迴避的前提，當然也是對歷史事實的一種真實描述。革命史或者黨史作為政治史的典範文本，鮮明的階級性應該成為它的生命。它的政治屬性和黨派性具有理所當然的倫理基礎和學理基礎。甚至說，政治本身就是它的全部倫理。

1、革命史體系文學史觀：單一的階級性與黨派性

文學與政治的關係對於中國文學家來說，是一個難以說清楚而又難以擺脫的本原性的問題。毫無疑問，以政治為本位的文學史觀相對於中國文學特別是近代以來的中國文學的本質來說，具有獨特而有效的解釋權，這種解釋權是中國社會的傳統和現實所賦予中國文學和中國作家的。脫離了政治性的解釋，就不可能把握中國文學的本質。

長期以來，在這樣的一種歷史與邏輯的前提下，幾乎所有的現當代中國文學史文本都確立了革命史體系的基本評價尺度，這也體現了文學史的某種真實。但是，革命史的合理性和合法性，並不一定能成為文學史和學術史的全部法則，應該在政治的合理性和合法性之內去尋找和確立學理性、人類性尺度，對作家作品和文學現象作出新的理解，對既定文學史觀進行反思。而這種理解和反思的結果最終仍然可以擴大和昇華革命史的內容。然而，在長期的單一的政治尺度下，過去中國現代文學史大多成為了革命史體系的翻版和袖珍版，而缺少一般歷史哲學的邏輯。正如孟繁華和程光煒在其重要的文學史著作《中國當代文學發展史》中所說的那樣，中國文學的歷史敘述，「通常是以重大的政治事件作為重要標示的，這一敘事方式本身就意味著政治與文學的等級關係或主從關係。但這種敘述方式卻難以客觀地揭示當代文學發展中的真正問題」。〔註 1〕具體說來，文學史觀應該在革命史體系的單純階級觀的基礎之上，加入民族觀與人類觀。這是文學史區別於政治史的根本標誌之一。

革命史體系是建立在政治性原則的立場上的，價值尺度是絕對的和單一的。鮮明的階級性和黨派性是其思想的本質，也是其文本的社會功能之所在。

〔註 1〕 孟繁華、程光煒：《中國當代文學發展史》，第 6 頁，人民文學出版社 2004 年 1 月版。

然而，政治對於個人來說總是片面的和一時的，而文化和人類性才往往是整體的和永久的。從邏輯和事實兩方面來說，傳統文學史觀都存在著歷史的缺憾和當代意義的局限。近代以來中國社會的政治變革給作家帶來了不可擺脫的影響，從而使文學與政治一體化，文學史與政治史出現了同構現象——兩種歷史過程一種文本解釋。政治需要——文學創作——文學史，成為一以貫之的思想流程，複雜的人生過程和創作過程取得了既定而單一的解釋。政治要求作家的陳述要與歷史之間做直接的聯繫，但是，文學史哲學要求文學史家不一定按照作家的陳述去理解作品和歷史，要有超越性的理解。因為作家是文學史的當事人，而文學史家則是事後的評判者與辯護人。後者與前者相比，評價的合理性的最大依據就在於時間上的優勢。作為後人，文學史家就必然是也應該是「事後諸葛亮」。面對經過時間淘洗和歷史積澱的事實，他們往往具有比一般歷史當事人更超越的心態和判斷力。因此，文學史的當事人成為文學史家並不一定是件好事，很容易成為歷史是非的近親辯護者。

從邏輯上看，由於時間的間隔和空間的變換，文學史當事人的某些觀點和思想的前提已發生變化，在一種新的歷史條件下，文學史觀也必然改變。歷史的價值和當代的價值並不是等同的，不是一成不變的。

五四新文化運動的主題是科學與民主。作為民主的口號被做了充分的理解，而對於科學的口號並沒有給予完整的理解。科學包括科學技術和科學精神，對於前者我們已經認識到極致——科學主義的程度，但是對於科學精神則還遠遠不夠。科學無論是作為一種精神存在還是作為一種方法存在，都與單純的信仰和權威有本質性的差異。科學精神是與民主機制一脈相承的，沒有民主機制就不會承認科學精神。應該用科學精神去理解中國現當代文學史，使文學史成為「民國文學史」與「共和國文學史」。

如果把《毛澤東在延安文藝座談會上的講話》及毛澤東文藝思想，不僅作為一種政治原則而是作為一種學術對象的話，那就不會只有一種評價視角和尺度，也可能由此獲得對其更全面和豐富的認識。例如，就中國知識分子與工農大眾的關係來說，如果從文化社會學的視角看，二者更多地應該表現為鄉村文明與都市文明、傳統文化與現代文化之間的差異和衝突。那麼，對於知識分子是否與工農大眾結合的判定也就不會只有「革命」和「反革命」兩種結論。因為一個青年、一個作家即使在政治變革上與工農大眾存在著認識差距，但在文化變革上卻同樣表現出對中國社會進步的支持。甚至有時在文化觀念上恰恰與

工農大眾保持了差異和距離，才更具有進步意義。知識分子無疑要向廣大的工農民眾學習，而廣大的工農民眾更要向知識分子學習，而這後一種要求在現代化轉型期的社會中更爲重要和迫切。因此，我還是重複前面的一句話：政治對於一個人來說總是片面的，而文化則往往是完整的。我們敢不敢斷言，半個世紀以來的中國文學史在文化性質的定位上就是大眾文學的演變史。

同樣，必須看到，毛澤東《在延安文藝座談會上的講話》中對「文藝的基本出發點是愛，是人類之愛」的觀點的批判，是具有單一的時代政治尺度的。在階級和民族矛盾空前激烈，敵對雙方你死我活的生存衝突中，單一的政治尺度不僅是必然的，而且也是必要的。在民族的和階級的生存危機面前，抽象地倡導人類之愛，對於感同身受的作家來說，不僅是不眞實的，而且也使作家模糊了自己的政治陣線，淡化了自己的歷史責任；然而在世界政治、文化格局發生了巨大變化，人類社會趨同傾向日益明顯的今天，這種「人類之愛」是確實存在而且是確實需要的，中國文學所缺少的就恰恰是這種超越血親意識、階級意識和民族意識的人類性的主題。至少，應該在階級的和民族的主題之上，加入人類的主題，使中國文學的思想更加豐富。

2、文學史觀的擴大與超越：人類觀與人性論的建立

文學史觀的擴展本質上就是超越革命史體系的一元價值觀，建立文學史的人類觀與人性論，即文學史的「人類文化」觀。當我們以人類文化觀而不是以單一政治觀來看待中西方文化衝突時，我們就不僅要看到中西文化的差異性，而且要從文化哲學的高度看到二者的同一性，從而超越一般的人類文化異質觀和人類生理的同一觀，而把它上昇爲一種人類文化的同一性意識。在相當多的時候，階級的倫理和人類的倫理並不是完全一致的。

「全球化是一個整體性的歷史發展過程，各國在經濟上的日益同質化或一體化，一方面要求不同的國家遵守共同的遊戲規則和制度安排，另一方面它反過來也勢必要影響世界範圍內的政治生活和文化價值。」〔註2〕人類的情感和思想都具有同一性，在全球化的背景下，這種人類精神文明的同一性趨勢表現得越來越明顯，也愈來愈需要我們建立一種「人類文化」意識。這既是在「人類文化」觀之下的一種文化心態轉化，又是現代文化建設的具體內

〔註 2〕劉中樹：《在世界文化中創造中國現代先進的民族文化》，《清華大學學報（哲學社會科學版）》2002 年 4 期。

容。在「人類文化」觀之下，沒有異己文化，都屬於自己的文化。在此基礎上，文化的時間性（傳統與現代）、文化的空間性（民族與地域），都具有了新的意義。而就是在這一認識的前提下，東西方文化才具有了互補性、可容性的基礎，才能儘快而充分的融彙成新的文化。〔註3〕

當我們超越革命史體系的單一政治觀，而採用文化觀來評價《在延安文藝座談會上的講話》前後解放區文藝界的「鬥爭」時，就會發現這種鬥爭本質上反映爲鄉村中國與都市中國、傳統文明與現代文明的衝突，並不是簡單敵對的階級鬥爭和政治思想鬥爭，是接受過現代思想和化影響的中國都市知識分子與經濟政治上已獲得初步翻身解放，但傳統思想仍然濃重的中國鄉村農民及其代表——工農幹部之間，在思想、情感乃至生活方式上的矛盾。如果我們理解這一點，就可能會對過去一般文學史文本中對知識分子的單一批評做新的思考，從而對延安整風運動的思想本質作出更接近眞實的歷史評價。同樣，當我們使用整體的文化標準而不是使用單一的政治標準，重新評價徐志摩在《西窗》和《秋蟲》等詩中對於無產階級運動的攻擊時，就可能發現他的批評並不是出自於資產階級的立場，而是來自於人類性的立場。聯繫到他同時在其他的詩篇中對國民黨當局更爲激烈的批判時，就會更進一步地增強我們對上面結論的支持。雖然這樣一種人類性意識與當時社會的政治氣氛有較大的間隔，但是我們卻不能對其本身所具有的形而上的合理性進行完全的否定。因爲我們是後來人。

「現代以來的中國文學史從來被看成是中華民族精神歷程活生生的展示，那些偉大的作品如同前行的火炬，引導中華民族走向新生。那些傑出的作家，總是被稱之爲「闖將」、「鬥士」、「民族的脊梁」。而「啓蒙」、「救亡」之類的革命主體，「喚醒」、「抨擊」、「揭露」和「歌頌」一類的說法，經常構成現代以來的文學史敘事中的點睛之筆。」〔註4〕長期以來，我們的文學史都不是一種個人化書寫。這種個人化並不只是指書寫者角色，而更重要的是書寫者的立場。也就是說，文學史觀是階級的和民族的，不是個人的，更不是人類的。這是中國文學史學的一種傳統價值觀。在戰爭文學的書寫和評價中可以更清晰地看到這一點。

〔註3〕 張福貴：《全球化時代與中國現代公民意識的確立》，《粵海風》2004 年 4 期。
〔註4〕 陳曉明：《無邊的挑戰——中國先鋒文學的後現代性》，第 45 頁，廣西師範大學出版社 2004 年 1 月版。

3、「戰爭文學」的書寫：「愛國主義」與「英雄主義」辨析

在一般文學史文本中，我們對於戰爭文學的評價一直採用階級的和民族的尺度──民族的「愛國主義」和階級的「革命英雄主義」的評價貫穿始終。對於近代以來中國特別的境遇來說，這是一種歷史的必然選擇和道德的崇高要求，也是苦難深重的中國人面對屈辱和屠殺所必然做出的反應。但是，對於戰爭文學的評價，應該在民族、政治的尺度之外再加上道德的和人類的尺度。我們應該承認，抽象地說來，任何戰爭對於個人生命都是一種傷害，對於人類社會都是一種破壞。當這一行為被賦予政治上的依據時，殺戮便成為一種正義的倫理。於是，雙方的殺戮也就愈加殘酷，怎樣最快最多地虐殺對手最後就可能成為一種智慧和快樂。當殺戮成為正義、智慧和快樂時，殘酷或者罪惡也就成了美麗的詩，成了政治上的榮譽。在這種意識之下，「聞雞起舞」、「十步殺百人」、「渴飲匈奴血，饑餐胡虜肉」、「苦練殺敵本領」之類的行為，便成為歷代英雄志士的存在價值和生活內容，成為歷史的光榮和後世的楷模。中國古典文學「四大名著」中有三部是有關殺戮和暴力描寫的。人類的生存和發展需要暴力也不可避免暴力，但不應該形而上的欣賞和歌唱暴力。

本來是一個安分、順從甚至有時還有些奴性的群體，卻願意欣賞暴力和殘酷，文學史中的中國人往往被塑造成了一個個具有暴力傾向（確切地說是具有欣賞暴力的傾向）的形象。戰爭是最大最普遍的暴力，因此，我們雖然有著比其它國家更長的戰爭歷史和更多的戰爭事件，但是卻沒有一部獲得世界聲譽的戰爭名著，這與俄羅斯、美國等歐美國家的同類文學相比，有著較大的差距。我們的當代戰爭文學不能只有描寫戰鬥英雄的《烈火金剛》、《保衛延安》、《紅日》，而也應該有表現人類意識的《永別了，武器》、《西線無戰事》，至少應該有表現戰爭與人性的複雜關係的《這裏的黎明靜悄悄》、《第四十一》那樣的作品。作為每一個具體的作者，誰都可以有自己的個別性的戰爭視角，但是作為一個國家的文學則應該有多種多樣的戰爭作品。同樣，作為文學史家也應該有超越性的人類視角的戰爭文學評價。

戰爭的殘酷場面的背後實質上是政治、經濟、文化以及包括宗教信仰在內的意識形態的對抗。我們的作家在描寫戰爭的時候，往往把場面與意識之間的對抗做了過於直接的聯繫，沒有看到或體驗到那些滲透在其中的人的思想感情和心理狀態的複雜性，不能超越戰爭的階級觀和民族觀以透視到與此

相關的更深層的意蘊。例如共和國戰爭文學作品對於反面人物及敵對陣營的人物形象描寫中,不能從人性的角度作更深入、細緻的刻畫,沒有將敵人也同樣作爲一個「人」來認識。因此,至今能給讀者留下一點印象的「敵人」形象似乎只有一個張靈甫。有時候,敵人的殘酷和罪惡,並不一定是因爲他是「敵人」──政治或民族的對立的緣故,可能來自於人性的弱點和罪惡。因爲有時在同一陣營中的人身上仍然可以看到這一點。遺憾的是,我們的作家受制於傳統的人性觀和戰爭觀,未能達到應有的深度。我們是否應該建立這樣一種意識:作爲作家個人,對於戰爭的理解,應該允許有與政治家和軍事家完全不同的理解,正像戰爭中的人會有各種各樣的表現一樣。

無論是古代國家還是現代國家,在戰爭宣言或軍隊條例上都無不鼓吹精神力量或英雄主義,英雄主義的描寫應該獲得一種穩定的倫理解釋,也是符合人性的自然邏輯和倫理邏輯的。但是,在以往的戰爭文學中,英雄主義的描寫往往被神化、單一化和極端化。英雄主義的描寫不只是戰爭文學的內容,也是表現人性的一種途徑,因爲英雄主義的描寫最終是要表現人的。如果說戰爭是政治的一種繼續,那麼,戰爭的目的就不是製造英雄,而是維護或者獲得利益。所以英雄主義便成爲戰爭的過程而並非本質,至多只是戰爭倫理的副產品。用戰爭消滅戰爭的說法,最後所帶來的結果是戰爭的循環而不是和平。戰爭是一種無可奈何的歷史存在。戰爭中,無論是哪一方都說自己不希望戰爭而是希望和平的。一般意義上講,戰爭是必須譴責的,任何戰爭最終都是對人類社會的傷害。戰爭的本質是罪惡。

歷史上,人類確實既反對戰爭又擁護戰爭,因爲存在著正義戰爭與非正義戰爭的區別。然而,從形而上的層次來說,戰爭本體是應該否定的。我們不希望也不會出現那種情況:所有的戰爭文學都表現出對於戰爭的拒絕和否定。特別是當我們的戰爭價值觀處於一種英雄主義單一化狀態時,對於戰爭本體的否定就有了別樣的意義。於是有了一種對於戰爭生活的新的理解方式。

對於戰爭的理解,應該有實時評價和過時評價。實時的評價是當下的評價,而且往往是身在其中的當事人評價。要對當下戰爭作出形而上的否定,是很困難的,因爲當下的戰爭評價不是評價,而是感受、是參與。評價者是感受者甚至是戰爭中敵對方的受害者,所以不可能超脫於戰爭之外。這就是歷史的參與者和歷史的評價者可能有的差別。反對戰爭體現了人類的基本理性,但當戰爭降臨到你的身邊時,那唯一的出路只能是以抗戰抵制侵略,從

而減少傷害。否則，你將遭遇不幸，因爲你太善良。20 世紀五六十年代中國大量「革命歷史題材」的長篇小說的出現，便與其作者多是歷史當事人有關。作家大多作爲戰爭的參加者，更多的是身在其中的描述具體的戰鬥場面，因爲這些驚心動魄的故事給作者留下了太深的印象。這些作品在思想傾向上大多表現敵懦我勇、敵愚我智而最終敵敗我勝的必然過程，而較少超越性的思考和評價。這是關於戰爭的「即時評價」所不可避免的。而關於戰爭的「過時評價」則是非當事人的一種事後評價，塵埃落定，撫今追昔，從觀察角度和評價尺度上總有一種作爲後來者的思想上的先天優勢。與前者相比，它具有更加超越的學理性因素。

20 世紀三四十年代，階級的和民族的激烈矛盾，劇烈的思想分化，使一切都政治化了。政治尺度成爲一般社會存在的基本尺度，包括人們的生活行爲和精神狀態。政治意識成爲了當時社會的時代精神，即使不是從政治邏輯出發，作家要使自己的作品具有社會價值和市場價值，爭取最廣大的讀者，也必須表現這時代精神。因此說，革命史體系的文學史文本的政治本位意識是歷史地形成的，是符合傳統的歷史文本功能和當下實際的。但是，文學史寫作是一種科學研究，對於某一對象的研究不僅要作政治性的歷史評價，而且要將其從一般事實和具體環境中剝離、抽象出來，完成學術化的過程，進行一種學理性的評價。將 20 世紀中國文學作爲一種學術研究的對象來加以科學、客觀的理解，以確定和辨析學術史上的價值和影響，是構築新的現代文學史觀的思想前提，因爲政治性是學術研究和學術價值的重要內容，但不是唯一的內容。

20 世紀中國文學被歷史地嵌入了過多的非文學因素，這是中國文學和中國作家的宿命。當塵埃落定，重新審視文學史的事實與觀念時，應該在政治邏輯之上加入人性與人類的尺度，使中國文學史和文學史寫作與研究的內容更加廣闊，思想更加豐富。

五、學術前提的反思與「現當代文學」學科性的確認

考察一個民族有無思想能力，最重要的一個指標是面對權威與神聖法則將做出怎樣的反應。而對於個人來說，覺醒與不覺醒的標誌就是是否具有自我意識。在學術研究中同樣要具有一種思想能力和自我意識，這是學術不斷取得突破和創新的思想保障。

1、走向深刻的捷徑：對於學術前提的反思

在任何一種學術研究活動中，研究者都渴望實現見解的深刻和觀點的突破。而走向深刻和實現突破大致有兩種途徑：認識本質與反思前提。透過現象認識本質幾乎是人們認識世界過程中的共識，是長期的辯證唯物主義教育為中國一代代人提供的一種爛熟的方法論原則。但是，長期以來反思前提卻往往被人有意和無意忽略。對作為學術前提的一般理論常識缺少反思能力，是因為不具備一種適應的思想環境。對於前提的反思，有時候也是創造和改善思想環境的努力。而要走向深刻和實現突破，必須首先對於其相關的學術前提進行反思。

所謂的學術前提是指已經成為基本定論的理論常識，而對於當代中國學術來說，學術前提往往也是學術之外的諸多限定，包括政治前提和思想前提。我們對於學術前提的有意忽略，是因為有的學術前提在確定的思想環境下是先驗的，不能證偽的；而無意忽略則是不必證偽的。半個多世紀以來，受限

於傳統的思維方式，我們不能獲得反思某些理論常識的思想能力，學術價值觀的先驗性和偏頗性導致了思想能力的弱化和思維方式的僵化。思想前提的無意忽略，其實是長期國民教育的結果，是一種集體無意識和大眾心理定勢。其中最大的莫過於是把虐殺作爲榮譽，把殘忍作爲崇高，把愚昧作爲忠誠，使施惡者與受害者都成爲悲劇與罪惡的無意參與者。民眾自身葬送了民眾的希望和未來，因爲什麼樣的民族必定將有什麼樣的命運，民族的苦難往往是民族自己製造的。而苛薄一點說，這樣的民族就該承受這樣的苦難，因爲他們不僅自己製造苦難，而且剿殺一個個企圖喚醒大家消除苦難的覺醒者。魯迅身前死後的處境即是如此。

一個沒有思想能力的民族是不會有創新能力的，這從 20 世紀以來人類文化發展的事實中已經得到了不幸的驗證，雖說當下中國人文社科學術論文數量已經位居世界前列，但是在影響世界的重大理論建樹中卻罕有當代中國學者的貢獻。我們不僅沒有爲人類增加思想的容量，也沒有爲民族提升思想的質量。相反，我們不僅只是重複權威與神聖的思想，還往往對人類思想中的普世價值進行質疑和否定。

學術前提對於當代中國學者的影響是無處不在的，有時候當我們在對於某些問題爭論得不可開交或者百思而不得其解時，並沒有想到對於產生這些問題的前提進行反思。因此，社會變革也好，學術研究也好，都應該首先回到問題的起點去，去反思一般的學術前提，從而讓學術和學者變得更純正真實一些。

2、「教科書時代」與教科書思想體系

長期以來，中國的學術研究一直處於一種「教科書時代」。「教科書時代」的基本表現方式是教科書思想體系的全民滲透，即被動的接受一種預定的歷史與價值觀，缺少自我思想過程，更沒有一種反思能力。教科書時代的文化思想特徵是思想內容的政治化和思維方式的模式化，並構成了制約社會成員精神和行爲的完整的思想體系。這一思想體系是通過一整套的體制和程序來維繫和強化的。在這一思想體系下，教育不僅是一種行業，更是一個陣地；學校不只是培養人才，更要培養「革命接班人」。教育事業強烈的「陣地意識」，使教育思想和學術標準高度政治化，從而更加強調教科書功能，強化教科書思想體系。

思想環境的構成與教育思想體系有著極大的關係，就中國當代學術研究而言，無論哪一種對於前提的忽略都在很大程度上是受教科書體系影響的結果。古代中國是一個沒有嚴格意義的教科書系統，但卻格外重視教育功能的國度。中國古代的主要知識譜系是政治倫理教化的道德學說，這種「以德為尚」的傳統價值觀一直深深影響著整個民族的判斷尺度和思維方式。而當代中國長期堅持「政治掛帥」的思想原則，又進一步使中國社會更加強化教科書的功能，形成了一個滲透性、長期性和全民性的「教科書時代」。歷史的經驗證明，長期的政治教化或思想灌輸是十分有效的，當下中國民眾那些與世界普世價值相悖的極端化觀點和言論，究其實質就是這一「教科書時代」的思想產物。

毋庸諱言，教科書體系本質上是國家主流意識形態的思想體系，這作為一種政治邏輯，是無可非議甚至是天經地義的。正像「主旋律文學」一樣，它體現的是一種國家的和執政黨的意志，國家和執政黨不去倡導主旋律文學，還由誰去倡導？主旋律也是一種旋律，多樣化的追求不能以否定主旋律為目的。只是無論是哪一種合奏都不能只有一種旋律而已。

述而不作的儒家注疏傳統影響和高度規範化的意識形態需要，使當代中國的教育和學術很容易成為一種非學術化、非個性化的評價尺度。高度的規約性和鮮明的價值觀，對個人精神的成長和社會生活的存在構成了一種強大的思想環境。當代過度強化的教科書意識最終形成了一個全民性的「教科書時代」，其對於中國社會的影響是巨大而廣泛的。一般學科和學術本體問題都被先入為主地做了一種簡單的定性判斷：哲學教科書中，首先必須釐清的是存在決定意識還是意識決定存在，是唯心主義還是唯物主義；政治經濟學教科書中，首先要釐清的是經濟基礎決定上層建築，還是上層建築決定經濟基礎；文學理論教科書中，首先要釐清的是文學起源於勞動還是起源於遊戲，是積極浪漫主義的還是消極浪漫主義的；在現代文學史教科書中，首先要釐清的是新文學還是舊文學，是左翼和還是右翼等等。而且這些諸學科的基本原理是不准質疑，更不能證偽的，成為了不容討論的先驗性的學術前提。這是教科書時代一種典型的思想特徵和價值尺度。

要知道，教科書思想體系的建立和強化，是實現全民思想灌輸和思想改造的最有效的方式，也是構築歷史書寫的社會心理基礎。而且在這樣一種思想環境下，經過長期的思想灌輸和自我暗示，受教育者的思想普遍呈現出模

式化、規範化的狀態，喪失了自我意識，思想能力極度弱化。特別發人深省的是，絕大多數人身在其中而不自知，盲從和自虐都被做了一種崇高的理解，乃至在「文革」期間整個社會都出現了「眞誠的謊言」和「善意的謀殺」等精神現象，實質上這是集體性的「斯德哥爾摩綜合症」的病態反應。

一個時代的結束往往標誌著一種價值體系的解體，由下至上的思想覺醒往往導致整個社會思想的紛亂和失序。而對於當下社會的精神狀態來說，與其說是政治信仰危機莫不如說是政治信任危機；對於學界的學術困惑來說，與其說是學術危機莫不如說是思想危機。產生這種狀況的思想根源，是與多年來教科書體系的強化所帶來的思想後遺症是有著直接的關係的。

教科書思想體系的極致要求體現在現當代文學史寫作中，便是「黨史體系」式的教科書系統的確立。這不只是一種具體的教科書形式的存在，更是一種思想體系和思維模式的訓練。我一直認爲，對於中國現當代文學的研究從來就不是一種學術史和藝術史的評價，而是一種思想史和政治史的評價，中國現當代文學史不過是現代革命史的袖珍翻版。因此，淡化教科書意識，弱化教科書體系，是文學史寫作走出困境的思想前提。毫無疑問，中國現當代文學的發展和其他學科專業相比，與當下思想環境、政治走向更具有先天的緊密關係。這是由於中國文學觀和作家思想傳統所決定的，也是中國現當代文學發展的實際存在。文學史觀的變革和文學史寫作的最大問題不是對於這一本體問題的顚覆，而是如何去評價這一本體。因爲關於文學史的評價長期以來不僅是預定的，而且是先驗並不可證僞的前提。

3、教科書思想體系的一致性與「現代文學史」寫作的模式化

學術前提的先驗性體現在中國現代文學史的寫作中，便是學科性質判斷的明顯政治化和高度一致性。這在 1950 年代中國最早的三部現代文學史教科書——王瑤的《中國新文學初稿》、劉授松的《中國新文學初稿》、丁易的《中國現代文學史略》中表現得十分明顯。王瑤的《中國新文學史稿》關於中國現代文學的性質作出了如下的判斷：「它是爲新民主主義的政治經濟服務的，又是新民主主義革命的一部分，因此它必然是由無產階級思想領導的，人民大眾的，反帝反封建的文學」〔註1〕；丁易的《中國現代文學史略》認爲，中

〔註1〕 王瑤：《中國新文學史稿》，新文藝出版社 1953 年版，第 8 頁。

國現代文學「是和新民主主義革命運動分不開的，並且血肉相連而成爲新民主主義革命運動的一部分。」「中國現代文學運動是無產階級領導的，統一戰線的，人民大眾的反對帝國主義反對封建主義反對官僚資本主義的文學運動」〔註2〕；劉綬松的《中國新文學史初稿》認爲，「從五四時期開始的中國新文學運動，中國新文學史即是中國新民主主義革命史的一部分，」「實質上就是指的那種符合於中國人民的革命利益、反帝反封建、具有社會主義的因素，而且是隨著中國革命形勢不斷地向著社會主義現實主義的方向前進的文學」〔註3〕。這種性質判斷直到今天還一直被絕大多數文學史教科書所沿用。

其實，這種性質判斷在中華人民共和國成立之後的第一部有關中國現代文學史的教學大綱《中國新文學史教學大綱》中，早已有了明確的規定。這部簡略的大綱是 1950 年 5 月由教育部頒佈的。大綱對於中國現代文學是「新民主主義革命的一部分」、是「無產階級領導的」這一性質判斷，構成了後來中國現代文學史觀的基本觀點。「它爲建國後新文學史構搭了基本的框架，後來新文學史編寫中的某些現象，追根溯源，可以最終追尋到這份《大綱》上來；它奠定了建國後新文學史突出文學與政治關係的基本傾向」〔註4〕。在這份大綱出現之前，即 1949 年 7 月的第一次全國文代會上，1936 年被中共中央確定爲魯迅之後的革命文藝陣營領袖的郭沫若做了題爲《爲建設新中國的人民文藝而奮鬥》的總報告。在報告中，郭沫若對中國現代文學的性質已經作出了經典性的判斷：「五四運動之後的新文藝已經不是過時的舊民主主義的文藝，而是無產階級領導的人民大眾反帝反封建的新民主主義的文藝。這就是五四以來的新文藝的新的地方。這就是五四以來的新文藝和以前的文藝在性質上的區別」。然而，再深入一步追尋就會發現，關於中國現代文學的性質的這種判斷之所以如出一轍，就在於寫作者們所受毛澤東《新民主主義論》的共同影響：「五四運動是反帝國主義的運動，又是反封建的運動。」「五四運動所進行的文化革命則是徹底地反對封建文化的運動」〔註5〕。

〔註2〕 丁易：《中國現代文學史略》（上），作家出版社 1955 年版，第 4 頁。
〔註3〕 劉綬松：《中國新文學初稿》（上），人民文學出版社 1979 年版，第 8、9 頁。本書初版是受高教部委託由作家出版社 1956 年出版的，1979 年經修訂由人民文學出版社重新出版。
〔註4〕 黃修己：《中國新文學史編纂史》，北京大學出版社 1995 年版，第 128 頁。
〔註5〕 毛澤東：《新民主主義論》，《毛澤東選集》第二卷，人民出版社 1991 年版，第 699～700 頁。

綜上所述，我們看到了有關中國現代文學性質的判斷是一個怎樣的思想脈絡：1942 年毛澤東的《新民主主義論》——1949 年郭沫若的總報告——1950 年教育部的《教學大綱》——1953 年後的文學史教科書。在這裏，我們看到一個政治家的個人政治判斷是如何轉變爲普遍的學術前提或者學科前提的。即使這種判斷在那個時代是十分眞實和必要的，但是其導致文學史觀的單一性是顯而易見的。

教科書思想體系的轉換其實就是社會的思想變革，改革開放的思想本質就是努力走出「教科書時代」而進入「後教科書時代」。這不僅是學科理念的突破，也是社會發展和變革的思想前提之一。

4、思想困境與學術難題：走不出的「教科書時代」

「後教科書時代」相對於「教科書時代」而言，是指教科書思想體系的淡化，亦即思想價值觀的變革：由模式化轉換爲個性化，由政治性轉換爲學術性，由階級性轉換爲人類性。「後教科書時代」是現當代文學史觀實現根本性突破的思想環境，是文學史寫作走出困境的必要學術條件。然而，就當下對於文學史寫作的環境和實踐來說，還沒有眞正進入到「後教科書時代」，某種滯後乃至倒退的文學史觀和文學基本理論，使文學史寫作仍然沒有走出「教科書時代」。相反，近年來出現的種種現象表明，上個世紀八十年代已經動搖的教科書體系正在悄然加強。

第一，教育和學術量化評估體系的進一步強化。過度量化的科學研究和本科教學水平的評估體系使知識生產標準化，成爲消泯個性的批量生產過程。當下學術正處於一種普遍量化的時代，各種評審指標和程序層層疊疊，嚴密周到，每一個指標後面都排著長長的隊列。表面看來這是源自於理工科邏輯，其實本質上是對於思想個性進行體制性約束，從生存需要和發展需要的角度來迫使知識分子整體上向體制性思想靠攏。因爲是否適應這種評估體系，越來越成爲個體化生存和發展的關鍵問題。在這樣一個嚴峻而嚴密的情境中，教科書思想體系自然會得到進一步的強化。

第二，人文學科高校教材編寫通過國家戰略的頂層設計和實施，表明最高領導者對於教科書和文科教育的高度重視，這對於教學與研究的規範化具有極大的促進作用。一部經典性的教材既要接受政治的檢驗，又要經受學術的檢驗，而這種檢驗最後只能通過歷史的檢驗來證明。毫無疑問，教科書不

同於學術著作，需要比較規範和一致的評價尺度，需要得到盡可能廣泛的共識。可是，文科教育與研究的特殊性使其教材不可能具備過於統一的標準，而教材寫作的高度組織化必然帶來教材思想的高度組織化，所有思想和學術的差異最終必定要統一於最高的政治意志，教材的個性化和學術化程度也必然受到影響和削弱。要知道，像鳥兒不能關在籠子裏一樣，思想是最不能也不應被束縛的。否則，受損失的最終是我們民族自身。因為馬克思主義本身的思想邏輯就是發展的邏輯，背離了這一邏輯就不是真正的馬克思主義。

第三，近年來實施的某些研究生專業考試全國統一命題，導致高層次文科教育的同一性和模式化的傾向愈加突出。應該說，對於自然科學來說，同一性的價值尺度具有一定的存在基礎，而人文學科則最不適於統一的問題和同一的答案的設計。研究生教育與大學教育有所不同，是以啓迪思想為主而不是以傳授知識為主。但是即使如此，連高考都不再採取全國統一命題的方式，而研究生的這種統一考試方式一下子讓研究生教育退回到了中等教育階段，標誌著教科書時代遠沒有終結，甚至還有所強化。

這些現象表明，對於中國教育和學術來說，當下仍然是一個「教科書時代」，「後教科書時代」仍然僅是一個未來而已。

5、學科性的理解與學術常識的確認

寬容的文學史觀，多元的教科書系統，個性的文學史寫作，是近年來中國現當代文學學科發展渴盼的訴求。而對於現當代文學學科的反思，不只是體現在對文學史觀變革和文學史寫作上，還在於對基本學科規範和學術常識的探討和確認。

就現當代文學學科自身而言，由於沒有解決某些常識性問題，其學科性自然受到質疑。多年來關於「現代文學性質」、「當代文學能否寫史」、「重寫文學史」、「現代性」等問題的討論，都是回歸學術本體增強學科性的努力。當下關於「民國文學」的討論與這些討論相似，既令人欣慰又感到悲哀：正如中國高等教育改革的爭辯一樣，有時候我們討論和猶豫的不過是國外大學幾百年前就已經解決的常識問題，答案是公認的和現成的。「摸著石頭過河」是一種改革的勇敢嘗試，但是在是非爭論和探索風險之中，豈不知橋就在上邊。當下中國問題的許多討論令人感到困惑和悲哀的，其實就是在證明橋是否存在和過橋的正當性問題。要真正的解決問題，我們必須重新回到橋上來。

在幾十年來的中國現當代文學史研究中，由於缺少對於學術前提反思的能力，許多常識性的問題並沒有很好的解決，以至於沒有眞正確立基本的學科規範，學科性受到人們的懷疑。概括地說，我們還沒有很好的解決學科的以下幾個基本問題：

（1）學科的命名問題

對於中國現當代文學命名的探討似乎是一個無用的工作，因爲「中國現當代文學」不僅早已成爲學科的常識，而且已經成爲高校和學界的課程體系和機構設置，甚至成爲了國家頒佈的學科目錄，進入了國家的法規系統。但是，正是通過討論常識和反思前提才能獲得學術思想的深層突破。前面說過，在中國現代文學史研究中，要獲得突破首先要走出「教科書時代」，打破教科書的思想體系。因爲這一時代和體系就是限制學術突破的思想環境構成元素之一。而對於中國現當代文學的命名就是這一過程的重要實踐環節。

2000 年 6 月，我在西南師大召開的中國現代文學研究會第八屆理事會上，首次提出要用「中華民國文學」和「中人民共和國文學」的概念，對「中國現代文學」和「中國當代文學」進行重新命名的問題，雖說在當時引起了學界同仁的注意，但並不太被人們所認同。〔註 6〕隨著時間的推移和思想的變革，中國現代文學原有命名本身所包含的邏輯性矛盾日益突出，並自然而然地呈現了出來。而在近幾年隨著文學史寫作問題討論的深入，人們開始回過頭來重新反思和關注文學史命名這個常識性問題，而「中華民國文學」這一命名也日漸成爲人們討論的熱門話題。應該說，這一話題的熱議主要不是來自於思想環境變化所帶來的學術思想的開放，與當時相比，今天的思想環境並沒有爲學者們提供更大的空間。這一話題的重新提起，是經過諸多學術難題積纍之後自然形成的一種學術邏輯發展的結果，也是學者努力超越思想環境而實現學術自覺，反思學術前提的體現。〔註 7〕

〔註 6〕 此前筆者曾發文認爲是 2001 年 9 月在浙江師大召開的「現代文學研究的學術生長點」高峰論壇上提出這一命名主張的，經重新查證確認是在 2000 年 6 月在西南師大召開的「中國現代文學研究會第八屆理事會」上發言提出的。後來主要内容以《從意義概念返回到時間概念——關於中國現代文學的命名問題》爲題，發表於 2003 年 4 期的香港《文學世紀》雜誌，並同時發表在國内一些學術網站的論壇上。

〔註 7〕 張福貴：《從「現代文學」到「民國文學」——再談中國現代文學的命名問題》，《文藝爭鳴》2011 年 7 期。

我們今天應該用一種什麼樣的思維邏輯去命名現代文學？第一，一個時代文學史的命名是有歷史慣性的，這個歷史慣性就是按照政治朝代來命名文學史。我們在歷史上有先秦文學、兩漢文學、唐宋文學，還有明清文學。按照這樣的發展邏輯，現代文學三十年就應該準確無疑地命名為「中華民國文學」。這個概念可能引起人們的第一反應就是——這是一個政治化的概念，甚至帶有某種風險性。但是，我們的歷史本身就是一個「中華民國時代」——這個「中華民國時代」並不等同於「中華民國」，文化概念的意味要強於政治概念的意味，民族性的色彩要濃於階級性的色彩。第二，「民國文學史」是一個最典型的時間概念，是指 1911 年到 1949 年期間發生的所有文學現象。在這裏，不只推進了時間界限，把 1911 年至 1917 年這個被拋棄的文學時段納入到「現代文學」的領域，而且更重要的是，這個時間概念不再只是區分是否具有「現代意義」，是否具有「現代形式」的問題，而是把在這個時間範圍內發生的一切文學現象，都納入到文學史寫作的視野之中，使之都具有成為「文學史」的可能，從而擴大了文學史的邊界。

我一直強調，「民國文學」是一個時間概念，不是一個空間概念；「民國文學」不是一個政治概念，不等同於「國統區文學」，而是一個包容性的文學概念。這不僅是為了規避某種多餘的政治風險，也是受制於文學史本身的事實存在。作為一個時間概念，「民國文學」實質是「民國時期」的文學，既包容「現代文學」，也包容「反現代」文學；既包容左翼文學，也包容右翼文學；既包容雅文學，也包容俗文學。至少，我們的文學史觀要從單一走向多元，文學價值觀要從階級論走向民族論，從政治性走向審美性。而且作為「世界文學」時代，中國文學更亟待增強一種人類觀。至於文學史家選擇其中怎樣的視角，如何結構文學史，是由於其自身的立場和文學史觀所決定的。因為有多種文學史文本總比只有一種文學史文本要好得多。關於 20 世紀中國文學的邊界問題之所以引起了較大的爭議，根本原因就在於主張者和反對者都使用了一種「意義的概念」，如果換做「中華民國文學」這一時間概念，分歧性就可能就會大大淡化。

由此可見，「民國文學史」本來是一個非常簡單的，也是非常明確的概念，但由於長期以來在政治上的忌諱，使我們對現代文學進行了這樣短暫的命名，也是不準確的命名。我想，隨著時間的推移，現代文學必將用「民國文學」這樣一個概念指稱它，這將是一個不爭的事實。因為 100 年、500 年後人

們在進行「前史後修」時，一定不會使用「現代文學」的概念。「現代」永遠指向當下，每一個時代都有每一個時代的「現代」，「現代」不能成為歷史的指向，因此必定是「短命」的。按照中國文學史命名和劃分的歷史邏輯，最大的可能就是使用「民國文學」的概念〔註8〕。

中國改革開放30多年來，無論是人們的實際生活還是精神世界，都發生了巨大的變化。而與此相適應，人文社會科學對於改革開放30年的貢獻，絕不亞於自然科學領域。然而，從十九世紀以來，中國一直處於一種救亡圖存的國家功利主義追求之中，這是自然而必然的。但是，在這樣一種急功近利的價值觀下，我們形成了一種重理輕文的學科價值觀。改革開放以來，對於政經法商等應用性學科的重視開始對這一價值觀做了調整，然而，以文史哲等人文學科的適當評價還遠遠沒有達到。其中，中國文學理論和文學史研究實質上就有意無意地處於一種邊緣化的狀態。這樣一種學科價值觀偏頗，表明我們忽略了人文科學在整個改革開放30年來對國家的貢獻。實際上，像「實踐是檢驗真理的唯一標準」的討論、新時期的「傷痕文學」、」反思文學」和「改革文學」等思潮的出現、像史學的歷史觀的討論等等，都在我國的改革開放的進程中起到了超前示範的作用。所以人文學科也是最有資格對改革開放30年進行回顧和總結的領域之一。因此，我們探討現當代文學的學科性問題，探討現代文學的命名問題，不僅是調整學科價值觀的一種努力，也是現當代文學學科自身的一種學科自覺。

當我們把現代文學三十年命名為「中華民國文學」之後，隨之而來的一個問題就是對中國當代文學怎樣命名的問題。按照這樣的政治邏輯和歷史慣性，中國當代文學毫無疑問應稱之為「中華人民共和國文學」。這種命名不只是概念的變化，還有本質的區分。如前所述，可能有人認為這樣一個命名和文學史的分期過於政治化，希望能像勃蘭兌斯的《歐洲十九世紀文學主潮》那樣，能從文學自身的發展來編寫文學史，我們也希望中國有這樣的文學史——按照文學本體的運作和發展來寫作文學史。但是在中國特別是近代以來的中國文學史寫作中是很難實現的。因為如果不把中國文學和政治因素結合一起來看待，就不能把握近代以來中國文學的本質特徵。我們不希望政治和文學走得太近，但是政治和文學的結緣又是近代以來中國文學發展史的事

〔註 8〕 張福貴：《從意義概念返回到時間概念——關於中國現代文學的命名問題》，香港《文學世紀》2003 年 4 期。

實。無論是從作家，還是從作品的角度看，都很難逃脫這個判斷。所以，以政治時代命名文學史是一個無可奈何，但又是毋庸置疑的命名。

（2）學科邊界問題

學科的邊界就是學科的領域，是一個具有相對明晰並得到基本共識的界限。而對於文學史學科來說，就是所包含的領域要有比較具體的時間起點與終點。在這裡，需要討論的是學術的邊界與學科的邊界的關係問題，這其中涉及到如何確定文學史的劃分標準和選擇個案的問題。首先要思考如何看待20世紀中國文學發展史的三個時間「點」：「一九一一」、「五四」和「一九四九」。很明顯，這不是一個單純數字的排列，而是「20世紀中國文學」寫作必須要解釋和評價的三個歷史發展的關鍵點，任何一部同類史書都不能逾越這三個關鍵點的評價。這裏，我想提出「文學時代」的概念：「文學時代」是指一個歷史階段文學的整體風尚或者主體特徵，這種風尚和特徵是由許多標誌性的個案、細節形成的。一個「文學時代」的構成則是指不同文學整體風貌的本質差異，體現在文學觀念、文學主題、文學樣式、文學語言和作者身份、接受者範圍等各個方面。同時，這種風尚還應該對文學發展具有重大而廣泛的影響，具有連續性和繼承性。而其中的某些個案和細節有可能成為文學史發展的關鍵點，即成為文學發生整體質變的標誌。

作為文學史書特別是教科書是與文學史著作具有不同標準的。也就是說，學術領域和學科領域的邊界是具有不同意義和要求的。學術的領域是沒有邊界的，可以是任何的個案研究，而學科邊界的確認需要有整體性的判斷和學界的基本共識。如果用學科領域的概念看的話，文學史的劃分必須是「一個文學時代」的標準，不僅是一些單獨甚至孤立的個案。也就是說，任何一種具有表徵性質的個案判斷都應該是對一個時代的整體判斷，至少是主流判斷。否則，文學史的個案與局部只是「文學時代」到來的前奏和背景。把後者當做前者來理解和判斷，就可能會模糊對象的本質屬性，邊界是擴大了，但是文學史的價值也「攤薄」了。當然，任何界定都是相對的，因為歷史本身就是一個連續不斷的過程。以相對主義歷史觀來看，有一天人們會不會把《紅樓夢》作為現代文學的「起點」？因為魯迅稱中國小說「自有《紅樓夢》出來以後，傳統的思想和寫法都打破了」。因為「其要點在敢於如實描寫，並無諱飾，和從前的小說敘好人完全是好，壞人完全是壞的，大不相同，所以

其中所敘的人物，都是真的人物」。〔註 9〕而從現代性的標準看，賈寶玉與林黛玉的愛情觀和愛情故事中，已經具有了「人」的意識。在學術研究特別是有關歷史的學術研究中，常常存在著這樣一種考古學邏輯：總是興奮於改寫歷史書寫的新發現，而且往往是時間愈提前意義就愈重大。這其中可能是一種事實，但有時候也可能是一種評價模式和思維方式。〔註 10〕

（3）現代文學與當代文學的本質差異性問題

「現當代文學」已經作為學科目錄進入到國家法規之中，成為了不必證偽的學術前提。但是，無論是從中國文學史的實際還是世界歷史概念劃分來看，都存在著明顯的相悖性。現代與當代從一般的歷史時間看，都屬於當下或現在，應該作為一個「現代」來稱謂和理解。而如果我們所說的政治時代概念成立的話，中華民國文學史和中華人民共和國文學史這樣兩個命名的差異，正是兩種政治時代的差異。當我們把二者確認是兩個政治時代的時候，你就不會再把現代文學三十年和當代文學六十年混為一談。實際上二者之間是存在著本質差異並屬於兩個不同的「文學時代」的。從文學要素構成的角度可以看到，文學觀念、文學主題、文學運動、作家組織、作家身份、文學刊物和出版物等，都存在著本質的差異性。因為「民國文學」和「共和國文學」本身就是兩個不同性質的文學時代。

正如前面所說，就文學主題而言，從批判的主題走向了歌唱的主題；就文學運動而言，圈內的相對平等的藝術或思想的論爭變成由上而下的政治運動；就作家組織而言，由鬆散的同仁團體變成了等級嚴密的行政單位；就作家身份而言，自由知識分子變成國家幹部或國家公務員；就刊物而言，同仁刊物變成具有行政級別的國家出版單位等等。雖然我們目前還不能把這種變化做一種是非長短的評價，例如常常被人詬病的「歌唱」的文學，其實是歷史和作家生活、情感和思想本身的變化而自然發生的文學——那是一個需要歌唱而就產生了「頌歌」的時代，但是有一點可以肯定，那就是每一種變化都對文學發展造成了本質性的影響。當把一種文學和另外一種文學從整體到細部都做這樣一種細緻的辨析之後，你會發現它們之間有多麼大的差異。當從整體到細部都有差異時，怎麼還能把兩種文學時代稱作一種文學？不論是

〔註 9〕 魯迅：《中國小說史略》，《魯迅全集》第九卷，第 338 頁，人民文學出版社 1981 年版。

〔註 10〕 張福貴：《經典文學史的寫作與文學史觀的反思》，《文藝研究》2012 年 8 期。

命名還是時代劃分來,「中華民國文學史」和「中華人民共和國文學史」必將成為現代文學和當代文學的最後命名。但是,要完整系統的闡述這種文學史命名的思想,在當今的思想環境下還不具備成熟的條件。要最終實現這樣一種學科的理念,還有待於思想環境的進一步開放和改變。

(4)評價標準和價值定位的不確定性問題

如前所述,近代以來,在救亡圖存的歷史境遇中形成的國家功利主義訴求,使國家發展戰略幾十年來重理輕文,造成學科價值評價的不合理與資源配置、學科待遇的不平衡。其中文學一直處於十分尷尬的位置:被政治看得過重又被經濟看得過輕。在政治的層面上,文學創作和文學史的功能、影響力被做了過分誇大的理解,當然這種過分與誇大包括正面的和負面的作用。因此在這樣一種認識前提下,主流意識形態對於文學創作和文學史寫作做了遠多於其它文科的思想規範,這是一種長期存在的認識反差現象。由此而來,文學的鴻運和厄運就開始了。文學的這種處境集中地反映在文學史寫作之中。而且,在人文學科內部,由於生成的反傳統思想屬性和時間的短暫,中國現當代文學更被傳統學科看輕甚至是嘲諷。「搞不了古代搞現代,搞不了現代搞當代,搞不了當代搞比較,搞不了比較當領導」之類的笑談,其實也是一種習慣性的學科價值觀的反映。

人文社會科學評價與自然科學評價尺度本身就具有完全不同的體系和標準,不追求一律和量化,不以公共性、唯一性為基本價值標準。人文學科的評價尺度是見仁見智的,是充分個性化的。但是,這種評價的個體差異性和整體的多樣性,並不是由於外在的政治前提變化而變化的。或者說,如果是來自於不同的審美主體而對於同一對象的評價發生改變的話,是正常的變化;如果是由於學理和藝術之外的緣故而對於同一對象評價的變化,則是不正常的變化。有時候變化表明學科的成熟,而有時候變化則表明學科的不成熟。

中國現當代文學史學術評價存在著非自主性和不確定性。由於文學史評價的當下性,因時論人,因人論文,導致學科性的不成熟並被其他學科領域所看輕。

政治的變化導致對於教科書的不斷修改,雖然表現出對於教科書的高度重視,但是因人論文也導致學術評價的非學理性:以往文學史文本對於上個世紀三四十年代黃震遐、無名氏、徐訏、路易士、張秀亞、梅娘等人的排除,

對於解放區文藝地位和影響的誇大，七八十年代之後，毛澤東、陳毅及「十老」詩詞在當代文學史中的進出，浩然、張永枚、白樺、劉賓雁、北島、高行健等作家作品的出沒和評價的變化等，都表明了中國現當代文學史學術評價存在著非自主性和不確定性。現當代文學在政治風雲變幻中不斷成爲所謂的「重災區」，學術獨立性和學者尊嚴、學術品格問題格外嚴重。我們痛心的看到，學術之外的因素導致了中國現當代文學學科性的不成熟。文學史觀的變革和「民國文學史」、「共和國文學」時間概念指導下的文學史寫作，就是要放棄簡單的先入爲主的定性判斷，進行一種文學史的考古學研究，努力來還原歷史，解決文學史文本的眞實性和經典性問題。

（5）文學經典的非經典化問題

經典是一個相對恒定性的概念，具有超越時代和個人的歷史價值和審美價值。與古典文學的經典相比，中國現當代文學史上一些所謂的經典往往存在著非經典化缺憾。與前面問題相關，非經典化首先表現爲經典的不恒定性。隨著時代政治的變化，一部作品的評價往往是「傑作」和「毒草」互爲置換。其次是經典主題具有普遍的單向性思想表述。多數「紅色經典」有著過於鮮明的階級意識和黨派性色彩，缺少民族的和人性的立場。即使其中略有一些不那麼「純粹」的革命情感描寫，也要受到來自於學者和讀者們的批判。楊沫的《青春之歌》中寫道林道靜與余永澤分手後，成爲一名半職業革命家，積極參加政治運動。在從定縣農村參加農民運動歸來後，不知不覺走到了曾經與余永澤同居的小屋前，望著屋裏的燈光有所感慨，有所思念。結果受到了北京市總工會幹部郭開等人的批判，認爲是不健康的小資產階級情感的表現，是革命不徹底〔註11〕。巴金的《家》中對於覺慧與高老太爺生死訣別時些許骨肉情感的流露，也被批判爲是向封建統治者屈服。幾乎所有「戰爭文學」經典的戰爭描寫中，缺少對於戰爭本體的反思，在揭露殘酷和殺戮的同時，又毫無保留的歌唱殘酷和殺戮，極度地強化仇恨情緒。要知道，無論是個人還是一個民族，都不能迴避敵人強加於自己的戰爭，但是在戰爭中同時要反思戰爭，特別是戰後的反思，戰爭思維與仇恨邏輯不能永遠支配我們的生活。直至今天，我們的思維邏輯和話語方式中還殘留著大量的戰爭敘事：「戰線」、「戰役」、「大會戰」、「攻關」、「打響」、「衝鋒號」、「軍令狀」等等。甚

〔註11〕 郭開：《略談對林道靜的描寫中的缺點》，《中國青年》1959 年第 2 期。

至連一些企業例如航運、鐵路、郵電、交通等系統還要設立「政委」、「總指揮」、「政治部主任」等軍事性職務。其實，戰爭中和戰爭後的價值尺度應該是有所區別的，與此相適應，戰爭觀也可以有不同的角度。民族的立場是必需的，階級的立場也是可以理解的，但是不能缺少人性的和人類的立場，要把戰爭反思理解為一種人類意識，至少，要對於戰爭中的人做更全面的理解和表現。否則，人類在戰爭中所承受的巨大苦難和由此帶來的慘痛教訓就被稀釋了。「紅色經典」敘事在階級鬥爭和民族戰爭激烈的時代具有動員民眾的奇效，但是由於其單純的戰爭邏輯和誇大的仇恨敘事不僅很難被世界廣泛認同，而且對於讀者的情感和思維也產生了深遠的影響。我覺得，在前不久許多地方發生的反日遊行暴徒化行為，除了雙方的政治因素外，延續半個多世紀的「抗戰文藝」的簡單敘事應該具有反思的必要。再次，由於政治意識的偏狹和作者的文化素養所決定，許多「紅色經典」在藝術審美上也比較幼稚粗糙，人物性格單一，模式化、概念化痕迹明顯，並不具備超越性的經典價值，大多是因為「紅色」而成為「經典」的，往往是經典性的主題而非經典性的藝術。如此一來，時過境遷，經典必然發生非經典化逆轉。近年來熱播的抗日「神劇」就是一個最拙劣的例証。

（6）學科基本理論系統性變革的滯後性問題

改革開放以來，在歷史的反思與實踐的過程中，人文社會科學的基本理論發生了巨大的變革。但是有一個現象卻十分令人尋味：那就是與經濟學、法學、社會學、哲學、歷史學乃至政治學基本理論的巨大變化相比，中國文學史觀和文學理論發展相對滯後，沒有明顯變化。當然，由於文學學科特別是中國現當代文學專業特殊的歷史關係和意識形態屬性，這種滯後不能由文學史家和理論家承擔主要責任，但是我們至少要加強學術反思能力，要有一種理論的覺醒和學科的自覺。這幾年我一直在思考一個問題，就是半個多世紀以來，我們的學科建設和學科理念是否真的達到了成熟的階段？學科性的成熟與學科的歷史積纍即學科的時間性是緊密相關的，但是在此之中，最不可缺少的是學者的學術自覺。毫無疑問，我們現當代文學的學科性和其他學科相比，創建時間較短，歷史積纍不豐富，專業性程度不是很高，當代社會中任何一個受過中等教育的人都可以對現當代文學說出一二，甚至說三道四。可是對於經濟學、法學以及哲學等學科，一般的非專業者是很難作出基本評價的。但是正是由於文學學科功能的情感化和大眾化，才更使主流意識

形態對其高度關注和格外重視，所以學科變革也就增加了額外的困難和風險。然而，思想永遠是鮮活的，生命要尋找自己的出路，最終只有變化才是不變的。理論的僵化和滯後最終是使學科本身失去學術的信任和社會影響。

最後強調一點，在不能改變思想環境的情況下，現當代文學學科本體的變革才是學術研究和文學史寫作的新的生長點。

六、學術的邊界與學科的邊界：經典文學史書寫與文學史觀的反思

　　我一直認為，對於中國現當代文學的評價從來就不是一種學術史和藝術史的評價，而是思想史和革命史的評價。在這樣一種政治邏輯下，中國現當代文學史寫作也就一直存在著一些不可證偽的前提，有著一些不可獲知的歷史真相，存在著與古代文學史寫作不同的難度。因此，在既定的歷史書寫的長期積累中，按照歷史真實和學術邏輯寫作一部 20 世紀中國文學史教科書是極其困難的。嚴家炎先生就是在這樣一種思想環境下，組織現當代文學領域一些頂尖的學者，編撰出版了《二十世紀中國文學史》（高等教育出版社 2010 年出版），其意義和價值非同一般。可以斷言，這是一部經典的文學史著作，將在中國現當代文學史學的構成上留下里程碑式的價值與影響，具有學術史意義的巨大貢獻。也許，無論經過多少歲月的淘洗，人們在梳理這段久遠而短暫的中國現代文學學術史時，都不能不提到這部史書。因為經典的地位永遠是不可替代的。

　　嚴家炎先生的治學與為人在現代文學界是有口皆碑的，幾乎每一部論著都能為當下學術研究提供一個相當持久而熱烈的話題，甚至帶來學術史的改寫。例如，上個世紀 60 年代關於《創業史》的評價，80 年代與唐弢先生一起對於《中國現代文學史》教科書體系的建構，隨後對於《中國現代小說流派》的開創性的梳理和命名，90 年代初通過對金庸小說的解讀，確認了通俗文學在文學史和學術史上的正宗地位等等。而更難能可貴的是，通過多年的學術實踐活動，他與前後幾代學者一直堅守著五四新文化的方向和思想啟蒙的立

場，為現代文學界確立了一種冷靜的學術評判尺度和高潔的學術品格，為「向後看」的當代中國思想文化界提供了一種智者的清醒和理性的前瞻。也正是在這樣一種學術研究和學者品格基礎上，《二十世紀中國文學史》的價值和意義就不言自明了。資料的新發現、思想的原創性、結構的完整性、結論的正確性等都是這部史書的卓越之處，足以支撐其成為一部文學史寫作的經典文本。同時，本書所展示的文學史觀和方法論，也必然將促進中國現當代文學學科性的進一步成熟。

1、「三大發現」與文學史的邊界

在一個被人反覆探討而學術積累豐厚的領域裏，要使自己的研究成為經典性的成果是極其困難的。而經典的文學史書一定是立於學術尖端而具有示範性意義的傑作，否則的話，經典就不存在了。《二十世紀中國文學史》的學術史意義不僅在其內容的豐富和形式的完整，更在於它通過實際考查和發現，提出了許多對文學史的新的理解和文學史觀的獨家闡釋，從而引起人們的討論與反思：深刻的思想必然激發新的思想。

第一個引起人們關注和討論的是現代文學史的邊界問題。《二十世紀中國文學史》在內容和史料上的一大貢獻，是對於晚清文學「現代性」個案的發現，並且將其視為現代文學大步前移的標誌，這就是嚴家炎先生關於「現代文學」起點的「三大發現」：1878 年黃遵憲的《日本國志》、1890 年陳季同的《黃衫客傳奇》和 1892 年韓慶邦的《海上花列傳》。嚴家炎先生的論據相當充分，認為從文學史評價的角度——「文學主張」、「對外交流」和「創作成就」來看，三部作品符合中國文學「現代性」的「三大標準」：「言文合一」、「世界文學」的、「標誌性作品」〔註 1〕，從而將現代文學發生的時間提前了三十年，現代文學史的邊界也由五四前夕推進到了晚清。

像其為人一樣，嚴家炎先生的文學史觀是開放的、寬容的，他提出的「多元共生」的「文學生態」問題，對於人們完整地理解現代文學發生發展的過程，發掘被掩埋和誤讀的文學史實具有開拓性、啟示性意義。他關於現代文學史邊界的「三大發現」在學術史上無疑是極其重要的建樹，無論承認與否都會引起學界的高度重視。而一個觀點能夠引起強烈的反響和討論本身，就說明這一思

〔註 1〕 嚴家炎主編：《二十世紀中國文學史》，高教出版社 2010 年版，第 12、7、10 頁。

想已經進入文學史了。因此有學者把這種「以包容性的學術視野發掘新史料」的特點，視爲《二十世紀中國文學史》最重要的「創新性的呈現方式」：「編著者超越了黨派、階級、民族的界限，以毫無局限或偏見的包容性視野去搜求、洞察和發現尚未被發現或者已發現並未寫進文學史的新史料，通過去僞存眞地選擇和整理，將其納入文學史書寫的框架結構，這既充實豐富了二十世紀中國文學史的內涵又改變了以往對文學史格局所形成的一些習見。由於從新發掘的史料中鈎沉出陳季同於 1877 年至 1891 年間出使歐洲以法文創作並發表的小說《黃衫客傳奇》和劇本《英勇的愛》，並以此爲佐證，將中國現代文學的開端由 1917 年推進到 19 世紀 80 年代末和 90 年代初，向前追溯了 27 年之多，這就大大突破了中國現代文學史已有的學科格局」〔註2〕。

我們在爲嚴家炎先生對於中國現代文學起點的「三大發現」表示敬重和關注的同時，需要進一步討論的是，學術的邊界與學科的邊界之間究竟是一種怎樣的關係問題，這其中也涉及到如何確定文學史的劃分標準和個案選擇的問題。學術的邊界是個性化的理解，學科的邊界要有相對廣泛的共識；學術的邊界是不確定的，學科的邊界是相對確定的。

「二十世紀文學」從上個世紀 80 年代中期被提出後便成爲了一個新的文學史概念，甚至成爲一個新的文學史研究的學術前提，得到了人們的普遍共識。但是學術的創新與突破往往恰恰是從反思學術常識開始的。嚴家炎先生的著作以「二十世紀中國文學史」命名，表明他對於這一概念的堅守，而實際上他也把這一史觀貫穿於整個文學史的寫作之中。關鍵是我們如何認識這百年文學發展過程中的時差與異質，也就是重新認識「二十世紀中國文學史」這一概念的眞實性和發展的整體性問題。

我認爲，首先是如何看待 20 世紀中國文學發展史的三個時間「點」：晚清、「五四」和「一九四九」。很明顯，這不是一個偶然的時間序列，而是「20世紀中國文學」寫作必須要解釋和評價的三個歷史發展的關鍵點，任何一部同類史書無論如何都繞不過去，都不能迴避對它的評價。這裏，我想深化一下我在前面所提出並界定的文學史中的「文學時代」的概念：它是一個建構在時間基礎上的有關文學時代特徵的定性分析和定量分析的概念。「文學時代」具有一段歷史的整體風尚或者主體特徵，這種風尚和特徵是由共同的文

〔註2〕 朱德發：《創新與本體性——論嚴本〈二十世紀中國文學史〉的兩大特色》，《中國現代文學研究叢刊》2011 年 9 期。

學觀念、審美追求主導的，也是由許多經典的個案、細節形成的，而每個個案和細節又都體現出這個時代的特徵。某一個「文學時代」的構成則是指某一歷史時間段內體現出的文學的整體風貌和區別於其它「時代」的本質特徵，諸如文學觀念、文學主題、文學樣式、文學語言、評價體系、作家群體和接受範圍、影響等各個方面。這些基本特徵就是劃分文學時代的基本標準。某個「時代」在時間上應該具有相對明顯的邊界，同時又與其它「時代」具有一定的連續性和承繼性。而某一個「時代」的個案和細節則有可能成為文學史發展的關鍵點，即而發展成為整體質變的標誌。

我在前面說過，文學史書包括教科書與文學史著作，二者具有不同的寫作和評價標準。也就是說，學術的領域和學科的領域不是完全相同的概念。學術的領域是沒有邊界的，可以是任何的個案研究，任何的個性評價，而學科範圍的確認則需要有整體性的判斷和基本的共識。學科的邊界判斷需要有更多的個案依據，需要有相當程度的普遍性。如果用學科領域的概念看的話，文學史的劃分必須具備「一個時代」的標準，而不僅僅是一些單獨甚至孤立的個案。當我們把《二十世紀中國文學史》作為教科書來理解，採用一種較嚴格的文學史觀，來繼續分析其關於現代文學起點的「三大發現」時，就會看到這「三大發現」也有值得進一步討論的餘地。「三大發現」或多或少都具備嚴家炎先生所制定的「現代文學」的三大標準，但是如果作為一個「文學時代」開始的標誌，就覺得略顯不足。人們之所以認同魯迅的《狂人日記》是中國現代小說的開始，就是因為其具有開啟和表徵「一個時代」——「五四新文化運動」和「文學革命」——的基本內涵與影響：確立了「人的解放」的主題，創造了現代短篇小說的結構形式，使用了基本規範的現代白話，開始了細緻深入的心理描寫，貫穿全篇的第一人稱敘事角度等等。特別是《狂人日記》的主題成為後來新文學批判傳統禮教、呼喚人的解放的共同主題。《狂人日記》這些時代特徵都對其後中國新文學的生成與發展產生了巨大的影響，而且成就了魯迅——具有代表性的中國現代小說家的地位。同時，作為多數個案和普遍性特徵，《狂人日記》之後出現的「問題小說」、「自我小說」和稍後的「鄉土文學」等，都與《狂人日記》的文學觀念、文學主題、語言形式、審美方式等相近，使新文學蔚成風氣，昭示著一個新的文學時代的到來。所以，無論是從「點」還是從「流」的角度考查，《狂人日記》都具有表徵「一個時代」的意義。

就文學史的時代劃分而言，任何一種具有表徵性質的個案判斷，都應該

是對一個時代的整體判斷，至少是主流判斷。如果個案與局部只是前奏和背景，把後者當做前者來理解和判斷的話，就可能會模糊對象的本質屬性，邊界是擴大了，但是價值也可能「攤薄」了。「從現代文學立場看，晚清的「新變」還只是「量變」，離「五四」前後的「質變」還有一個過程，「五四」作為重大歷史標誌的地位，是晚清「新變」所不能取代的。現代文學史可以從晚清寫起，但分水嶺還是「五四」新文學運動」〔註3〕。當然，任何界定都是相對的，因為歷史本身就是一個連續不斷的過程。但是如果再往前延伸，有一天人們會不會把《紅樓夢》看作是現代文學的「起點」？因為魯迅曾經說過，「至於說到《紅樓夢》的價值，可是在中國底小說中實在是不可多得的。其要點在敢於如實描寫，並無諱飾，和從前的小說敘好人完全是好，壞人完全是壞的，大不相同，所以其中所敘的人物，都是真的人物。總之自有《紅樓夢》出來以後，傳統的思想和寫法都打破了」〔註4〕。按照英國小說理論家福斯特的《小說面面觀》中所列出的小說標準，《紅樓夢》在中國敘事文學中第一次成功的塑造出了「圓形人物」，而過去的作品多為「扁形人物」〔註5〕。而從現代性的標準看，賈寶玉與林黛玉的愛情觀和愛情故事中，已經具有了初步的「人」的意識。而且，也確實有人認為《紅樓夢》已經具備了「現代性」的因子：「當王德威先生以頹廢、濫情等西方風尚的現代性標準來律中國文學之時，緣何僅駐足於晚清而不前，視《紅樓夢》已具有的現代性的因子於不顧，讓這種被壓抑的現代性再次被壓抑呢？」〔註6〕然而，我們不能忽視的是，《紅樓夢》僅是一個局部的個案，是新的「文學時代」的孤證——一個不完整不規範的孤證，沒有成為「一個文學時代」的表徵。

文學史寫作本身要求有文學史的知識考古的過程，但是考古學的價值觀——「更早」的發現——並不一定都具有本質性的意義。嚴家炎先生在書中表現出的文學史標準是完整而嚴密的，但是，如果能再有一些個案的證據可能會更支持現代文學更早發生的「起點」的判斷。

〔註3〕 溫儒敏：《現代文學研究的「邊界」及「價值尺度」問題——對中國現代文學研究現狀的梳理與思考》，《華中師範大學學報（人文社會科學版）》2011年1期。

〔註4〕 魯迅：《中國小說的歷史變遷》，《魯迅全集》第9卷，人民文學出版社2005年版，第348頁。

〔註5〕 【英】愛·莫·福斯特：《小說面面觀》，蘇炳文譯，花城出版社1982年版，第20頁。

〔註6〕 妥建清：《沒有〈紅樓夢〉，何來晚清？》，《社會科學評論》2007年2期。

　　把文學史的質變聚焦於「晚清」還是選擇在「五四」的時間點上，涉及到現代文學與古代文學的邊界問題（這裏暫且把近代文學歸於古代文學），也涉及到辨析兩種文學時代的屬性問題。我認為，如果用一句話來概括 20 世紀中國思想文化發展的歷程的話，那就應該是「傳統與現代的衝突」，這種衝突貫穿於這一「時代」的始終。而衝突的激烈程度是與 16 世紀以來特別是晚清以來的「西學東漸」的流量大小成正比的。無論是從政治、經濟、軍事領域還是從思想文化領域來看，全面現代化過程都始於辛亥革命之後。「體用之說」是貫穿於晚清社會政治思想文化中的主導性，也是強制性的價值觀。經過血的事實證明，思想文化系統的根本變革不大可能發生在政治制度變革之前。因為傳統思想文化經過千百年來的發展、規訓，已經被哲學化、法律化、習俗化了，具有了全面的控制力和影響力。「辛亥革命」通過極端方式結束了幾千年的封建帝制，開始了中國政治的現代化進程，也正是由於這一層面的變革，才為下一階段的思想文化變革提供了可能。人類文化發展變化的歷史證明，物質文化、規範文化、觀念文化的依次變化是有一個循序漸進的邏輯順序的。「辛亥革命」的政治變革使傳統的思想文化失去了最重要的保護層，從而使人們批判封建倫理道德成為可能。「五四」新文化運動便是在這樣一種政治前提下發生的。所以說，辛亥革命實質上是文化轉型和現代文學的發生必不可少的關鍵性環節。沒有這種政治體制的變革，反對封建禮教的言行不僅存在著道德的風險，而且存在著人身的風險。「辛亥革命作為中國民主革命的一個偉大起點，使晚清以來一直被壓制的新文化思想具有了完全合法性，為這些新文化思想提供了政治保障和切實的法律保障」〔註 7〕。

　　「五四」時期的觀念文化變革和思想啓蒙直接受西方人道主義、個性主義的影響，對傳統的封建禮法進行全面的否定，意欲從根本精神上改造國民性。這被當時的新文化運動的先驅者們賦之以極為崇高的地位，稱之為「吾人最後覺悟之最後覺悟」〔註 8〕。從「五四」新文化運動開始，中國思想文化領域進入深度現代化的時代。科學、文學、哲學、歷史、社會學等每一個領域都出現了標誌性的個案成果，現代學科體系在對傳統的批判中逐步確立，從中可以看出中國社會受西方現代文化全面影響，發生系統性改變的端倪。因此，只有某種變化成為一種主流或者時尚時，才能說是「一個時代」的變化。

〔註 7〕 王學謙：《沒有辛亥革命何來五四文學》，《學習與探索》，2011 年 5 期。
〔註 8〕 陳獨秀：《吾人最後之覺悟》，1916 年 2 月 15 日《青年雜誌》1 卷 6 號。

　　任何文化變革都是一個由量變到質變的過程，對於中國現代文學來說，這個質變的點應該在五四新文化運動的全面發生之際，而不是先聲時代的晚清。海外學者王德威欲對晚清文化做重新定位，認爲「重審現代中國文學的來龍去脈，我們應重識晚清時期的重要，及其先於甚或超過五四的開創性。」於是他提出了經典的文學史命題——「沒有晚清何來五四」〔註9〕。這個命題被大陸學界廣泛認同並得到進一步誇張闡釋。從「晚清」到「五四」，時間間隔並不長，但是其中有一個至關重要的「辛亥革命」。所以簡單的說，沒有「晚清」，便沒有「五四」，但是「晚清」並不等於「五四」。這一點，嚴家炎先生早在1980年代初就有過清晰準確的判斷。他在《歷史的腳印，現實的啓示——「五四」以來文學現代化問題斷想》中指出：「從「五四」時期起，我們開始有了眞正現代意義上的文學，有了和世界各國取得共同的思想語言的新文學」。正是因此中國現代文學才能「當之無愧地稱得起是現代化的文學。」「倘使有人要問什麼是現代文學，我以爲這個解釋庶幾近之。即使意義尙不完整，卻已經把現代文學最主要的特點指明，而且說得相當準確了」。這一點也得到了唐弢先生的認同〔註10〕。說到這裏，我倒支持這樣的判斷——「沒有辛亥，何來五四」？〔註11〕而這個判斷就中國社會政治文化的歷史關係來說，可能更加切近眞實。

2、「現代性」的起點與歷史貫穿

　　嚴家炎先生治學一直有嚴密的邏輯，每一個文字寫得都很實，這種學術精神和寫作特點也體現在《二十世紀中國文學史》中。《二十世紀中國文學史》在學術史上的一大貢獻是對於「現代文學」的內涵與外延都做了明確的界定，而且把「現代性」意識在相當程度上貫穿於全書的始終，這是一種境界很高的文學史意識。但是在當下的思想環境下，堅守原初意義上的「現代性」意識，來評價1940年代之後特別是「十七年」文學是勉爲其難的。有的學者指出《二十世紀中國文學史》思想邏輯上不甚統一，認爲沒有把「現代性」意識貫穿全書的始終。我以爲即使眞的如此，主要也不是編寫者的責任，而是

〔註 9〕　王德威：《被壓抑的現代性——晚清小説新論導言》，北京大學出版社2005年版，第1頁。

〔註10〕　嚴家炎：《歷史的腳印，現實的啓示——「五四」以來文學現代化問題斷想》，《文藝報》1983年第4期。

〔註11〕　王學謙：《沒有辛亥革命何來五四文學》，《學習與探索》，2011年5期。

文學發展本身的問題。當 20 世紀中國文學的後來發展與「現代性」越來越出現錯位時，編寫者對於這一概念的處理只有兩種方式：或是放棄或是改變。於是在許多當下文學史研究論著中，對「十七年」文學的評價採取了擴大「現代性」內涵的策略，對「紅色經典小說」做了思想與藝術毫無保留的積極評價，以「重讀」的形式回歸了傳統文學史的價值觀。在這個意義上，就帶來了一個本體性的問題：「20 世紀中國文學」何以成立？具體來說就是如何理解 20 世紀中國文學發展的第三個「關鍵點」——「一九四九」。

前面說過，「現代性」意識不能貫穿於 20 世紀文學的始終，首先不是編寫者認識問題，不是學術邏輯問題，而且是中國文學乃至中國思想文化發展的實際存在。這也是有的學者指出的《二十世紀中國文學史》上下邏輯不統一的根本原因之所在。從 20 世紀中國社會發展的實際歷程來看，「救亡」壓倒「啓蒙」是一種歷史的真實，引起爭議的實質問題倒不是歷史真實的求證，而是在對這一歷史轉變作出怎樣的評價問題。這裏涉及到如何理解「啓蒙」和「救亡」含義的問題。

我認為，「救亡」和「啓蒙」都是「人的解放」的總主題的構成內容。「人的解放」本來就包括政治的救亡、經濟的翻身和思想的啓蒙。「救亡」與「啓蒙」不是「壓倒」的取捨關係，而是「人的解放」不同層面的「更替」關係，是人的解放的總主題在不同階段的不同要求而已。這是我們一般應該具有的一種思想的共識。但是，政治的勝利最終不等於文化的成功，經濟的翻身究竟不等於思想的解放。階段性的要求只能服務於總體要求，但不能完全代替也不能使前後階段的要求對立起來。當我們把「救亡」與「啓蒙」不同層面的主題完全等同，就會對 20 世紀後半期中國文學作出合乎原初「現代性」意識的解釋，甚至作出後期文學的現代意義高於前半期文學的評價。要知道，以嚴家炎先生為「現代性」意識設定的三大標準來考查這段文學史，就會發現愈到後面愈不相符。僅就愛情觀來說，你會發現《小二黑結婚》中的小二黑小芹們離《西廂記》中的張生崔鶯鶯們近，而離《傷逝》中的涓生子君們遠。也可能正如許多論者所說的那樣，小二黑小芹們對於婚愛自由的追求是五四個性解放的發展和擴大。但是，思想的反抗和生命的反抗是具有不盡相同的意義與價值的。至少，是人的解放的不同層面的訴求。要知道，出於對現代化的渴望並不一定就會導致現代化的實踐，而有時候可能是相反——從事「反現代化」的實踐。所以，當用一個貫穿的標準面對一個已經改變了的

歷史的時候，如果不能作出歷史批判的話，就會改變原有的價值觀的內涵——讓歷史適應原有的價值觀，從而盡可能地對這段歷史作出等於乃至高於「現代性」的評價。其實這不是使歷史文本切近歷史本身，而是更加遠離了歷史。就像人們面對五四新文學割斷傳統文化的指責的時候，千方百計地強調五四新文學與傳統文化的本質關聯一樣，反而使它更加背離了五四新文學反傳統的本質。與其相比，對五四新文學割斷傳統的指責恰恰更接近五四新文學的本質。所以，對於 1940 年代後期以降以階級鬥爭為核心主題的文學文本，不能做更多的「現代性」理解，其與五四新文學的時代精神已經拉開了距離，出現了文學觀念、文學主題和文學樣式的傳統回歸。至少，五四新文學個性解放的主題逐漸淡化是一個不爭的事實。嚴家炎先生的《二十世紀中國文學史》力圖避免這一與歷史事實相脫離思想邏輯，把不同層面發展的不同價值闡述的比較清晰中肯。

歷史與邏輯的一致有時候只有到最後一刻才有所體現，當時未必一致，甚至還有可能是矛盾的和背反的。在這個意義上說，歷史文本不過是關於過去事實的說明書，具有寫作者自己的認識和解釋，而這種認識和解釋也有可能是誤讀或者「讀誤」。就像五四新文學與古代文學的關係一樣，究竟是傳統自然發展的一段線，還是發生質變的一個點，是要辨析清楚的。即使是千百年後，這種質變在漫長的文學史中已經微不足道。

以政治時代為標準，來對中國現當代文學發展歷史進行分別命名，雖說可能淡化了文學史自身的特徵和規律，但卻把握住了中國文學的本質特徵。中國文學先天的與政治密不可分，渾然一體，所以以政治時代為分期標準是一種預定的事實存在〔註12〕。「一九一一」、「一九一七」和「一九四九」是 20 世紀中國社會和文學發展過程中的幾個質變的關鍵點，本然地決定了文學史——「文學時代」的不同命名。我一直認為文學史觀的反思要從文學史命名開始。眾所周知，「中國現當代文學」概念早已進入國家學科目錄，具有了一種法定的規約性。在這樣的學科歷史中，「中國現當代文學」的命名往往是不能懷疑和證偽的，所以人們也有意無意的忽略了其間的差異性。但是，如果從文學觀念、文學主題、文學組織、社團流派、作家身份、作品風格、運動形式、出版物等諸多方面在 1949 年之後出現的新變化來看，就會明確感到兩

〔註12〕張福貴：《時間概念與意義概念：關於中國現代文學的命名問題》，《文學世紀》（香港）2003 年 4 期。

種文學時代的本質差異。當文學從整體到細部都發生了變化的時候，再把現代和當代作爲同一性質和形態的文學時代，就會遭遇許多難以解釋的問題，而且有的問題不是我們學者自身能力所能掌控的。這是中國現當代文學研究界幾十年來共同面臨的跨世紀的難題。

嚴家炎先生經過半個多世紀文學史研究和寫作而形成的卓越史識，在《二十世紀中國文學史》中已經體現得十分充分，把文學史寫作由普遍的「黨史體系」推進到高度體系化的「現代性」文學史體系，是具有開拓性、建設性意義的。「無論在中國還是在西方，都曾經歷過一個把所有的文字著述（小說、戲劇除外）都稱作「文學」的時代。在這樣的時代，今天意義上的「文學」當時反倒成爲宗教、政治的附庸，這時的宗教、政治，因爲文學所具的獨特感染力，而把它作爲實用的宣傳、治國的工具，達到藝術審美之外的其他目的」〔註 13〕。但是面對這樣的世紀難題，在實際操作中仍然存在著價值觀表達的困惑。無論我們怎麼重申：這責任不在於寫作者，而是歷史本身和評價歷史的思想環境。但是，面對歷史，我們還是一直期待一個合適的、自由表述的空間。克羅齊說「一切歷史都是當代史」，科林伍德說「一切歷史都是思想史」，而我則認爲，「一切歷史都是個人史」。我們每個人不一定都有參與歷史的機遇，但是都應該有評價歷史的權利。當我們不能對歷史作出自由表述時，就可以試著從方法論上尋找突破。按照這樣的思路，如果我們用「中華民國文學史」和「中華人民共和國文學史」這兩個時間性的概念，來代替「二十世紀中國文學史」這個意義的概念的話，可能事情會變得稍爲簡單一些。這可能面臨以政治時代代替文學時代的質疑，但是，就中國文學來說，以重大政治事件來劃分文學史恰恰能表徵文學的本質。因爲無論是文學時代的整體風貌還是某一階段的文學主題和風尚都與政治密不可分。

嚴家炎先生主編的《二十世紀中國文學史》不僅有文學史學的經典意義，而且對於我個人來說也具有醍醐灌頂的深刻啓示與教諭。沒有先生及其他學者的卓越工作，也不會引起我們對「20 世紀文學史」的深入思考。希望在這部經典史書的昭示下，大家能更充分的言說我們自己的「史識」及我們所經歷的這個時代。

〔註 13〕嚴家炎：《二十世紀中國文學的現代性特徵》，《中國藝術報》2010 年 7 月 5 日。

七、20 世紀中國文學中的兩種反現代意識

　　現代化的渴望和實踐是 20 世紀的世界性運動，是 20 世紀的人類文化精神。五四時代以魯迅爲代表的作家通過自己的文化選擇確立了中國文學現代化的方向，也爲 20 世紀中國確立了一種生生不已的現代化的尺度。

　　文學的現代化是一種整體性的概念，它包含思想的意義和藝術的意義。對於中國文學來說，藝術上的現代性是沒有太多的歧義的理解的，而思想上的現代性則存在著屬性和價值的理解差異。這種理解的差異來自於現代化本身所存在的環境和發展程度的差異，因爲現代化是一個線性的歷史觀念。也就是說，現代化因時代和國情而有不同形態。但是，說到底，現代化又是一個普遍性的概念，具有本質的規定性。在一個具體的時空環境中，而且是一種很明確很單純的概念。在中國社會發展的現今階段中，不能對現代化的概念作過於寬泛的解釋。現代化首先是一種精神狀態，作爲一種明確而單純的概念，具有不可改變的基本價值取向和不可置換的內容。對於中國來說，這種界定具有更爲重要的意義。

　　現代性毫無疑問已不是一個時間概念，而是一個意義的概念。現代化既然是一種意義，那麼，其思想的內涵是不能忽略的。從思想意識來看，20 世紀中國文學中存在著兩種反現代意識。

1、自我意識的弱化與人類意識的匱乏

自我意識的覺醒與確立是傳統中國人轉化為現代中國人的根本標誌，中國現代文學從其剛剛誕生之際就確立了這一主題。無論是為人生派文學還是為藝術派文學都努力表現著這一主題。而 30 年代後期革命文學的興起，從本質上改變了五四文學的主題模式。或者說，革命文學仍然繼續著人的解放的主題，但是，它把中國近代以來開始的文化變革倒置，並且將物的變革、制度的變革和思想變革置於一種近乎對立、替代的關係。而且，前兩種的變革並未以五四新文化運動確立的主題為尺度展開的。當新的政治權威把五四文學中提出的個性解放的口號確認為歷史的局限，而在傳統意識之下進行思想的群體性的改造時，實質上已經使中國文學的主題回到了前五四時代的起點處。如果把現代化的本質確定為人的現代化的話，那麼半個世紀以來中國社會與文學的發展，就是以現代化的渴望而進行的一種非現代化乃至反現代化的實踐。

當時左翼人士和後來正統文學史對「革命小說」的所謂「革命加戀愛」模式的否定性評價，可以視為淡化自我意識的起點。

在「革命小說」中，知識分子主人公最初的革命動機是為了實現自己的個性解放理想。這種以婚愛自由為主要內容的浪漫的道德追求面對傳統道德的扼制，漸漸顯示出它原有的脆弱性，因為傳統道德有著堅固而強大的政治保護層。於是，道德必然與政治交鋒，道德理想追求的挫折也必然轉向現實的政治反抗。這裏，作家把握住了個性解放向階級解放轉化的契機，顯示出個人需求向群體需求過渡的內在邏輯。應該說，在這樣一種確實的人生體驗的基礎之上，知識分子的政治思想的生成和強化實在是一種合情合理的轉化，這是一種生活的邏輯和情感的邏輯。

「革命小說」是知識分子階級意識、情感方式轉化的表徵。小說中普遍存在的「革命加戀愛」的模式，是個性解放主題與階級解放主題轉化時期的特定交彙形態，包含有知識分子對政治與性愛的特別的浪漫理解。而其後人們對這一情感方式的否定從一定意義上說，是對知識分子自我意識的剝奪。在「革命小說」中，主人公對於「革命」和「戀愛」的理解，如果不是從政治學的意義去判斷的話，都表現出了一種知識分子特有的理解方式。很明顯，當時被否定的主要不是「革命」，而是在革命中表現出來的「戀愛」一種最具個性特徵的自我意識。

　　在以農民為主體的革命陣營中，殘留著濃重的宗法意識。這種宗法意識從五四時期就與現代知識分子的新生的自我意識本能的對立。丁玲的《在醫院中》的陸萍的苦惱，就來自於自己的個性意識不能融於周圍的環境也為周圍的環境所不容。而政治鬥爭、軍事鬥爭的極端形勢也必然對這種自我意識構成限制。政治是一架大機器，它要把一切都納入自己的固有邏輯之中，要克服一切個別、獨出的因素而強化整體功能以保持機器的運轉。這是政治的邏輯，政治的邏輯就不能用倫理的和情感的邏輯去判斷。當毛澤東們把是否與工農民眾相結合作為衡量青年是不是革命者的唯一標準時，對於勞動民眾特別是農民意識的認同也就成了革命知識分子人生道路的唯一選擇。沙汀的《闖關》中的那個工農幹部不僅代表著環境，也代表著一種思想。而「文化人」左嘉向那個工農幹部的服從，也是向那個階級進行思想意識認同的艱難過程和必然歸宿。這是一種宿命，小說的那個標題極具象徵意味。從這裏，我們看到了戰爭環境和宗法觀念對現代知識分子自我意識的雙重絞殺過程。

　　「前十七年文學」和「文革文學」進一步強化了這種政治化的群體意識。林道靜形象是「前十七年文學」主題的一個總結。她的人生發展道路就是自我意識的弱化和浪漫情感的消失過程。而「文革文學」則最終表現為對人性本身的否定。在中國半個世紀以來的文學主題的文化走向就是一個反叛傳統又回歸傳統的過程。

　　在中國 20 世紀文學的現代化過程中，還存在著一種雖說不是反現代化卻也是現代化欠缺的思想意識，這便是文學作品中全人類意識的欠缺。

　　全人類意識的文化哲學基礎是人類共同性概念。人類的共同性不是統計學上的概念，並不一定包含數量上的一致，而是指一種主體的或階段的共同發展趨勢和欲望。譚嗣同曾從衣食住行等生理需求上來肯定中西民族的人類的共同性〔註1〕，胡適和馮友蘭則都從人類生理構造的相同而談及中西民族的人生方式、精神需求的「大同小異」〔註2〕。而魯迅所提出的人類共同的精神生命之路，要比其他近代中國文化哲人所論及的共同性，有一種更為普遍的文化哲學和生命哲學意味。人類的共同性的普遍化形態就是文化的共同性。

　　一個時代有一個時代的世界性文化趨向，即人類文化的共同價值取向。

〔註 1〕　譚嗣同：《思緯壹臺短書——報貝元徵》，《中國近代思想參考資料簡編》，三聯書店 1957 年 2 月版 564 頁。
〔註 2〕　分見胡適《讀梁漱溟先生的〈東西文化及其哲學〉》、馮友蘭《一種人生觀》。

特別是進入近代以來，這種發展的趨同性就更加明顯，而社會與文化的現代化轉型便是這一趨向的集中表現。現代化，既是世界發展的當代性特徵，又是人類文化共同性的需要。

在這樣一種「天下大勢，既已日趨混同」〔註3〕的時代，人類文化精神的一致亦勢在必然。魯迅等第一代作家就把「人類的道德」〔註4〕（包括初民的和現代的）作爲中國文化現代化轉型的價值取向和自己的文化選擇基準。「人類尙未長成，人道自然也尙未長成，但總在那裏發榮滋長。……將來總要走同一的路」〔註5〕。因爲無論世界還是中國，都被納入了現代化的軌道上，無論走還是推，都必須沿著同一方向。也許因爲如此，他才對中國文化的命運變形出一種超越民族意識的達觀態度。當代人類文化的發展趨勢，是各民族文化的共通性日益取代其各自的特殊性，或者說，人類文化的每一步發展都是以民族文化特殊性的喪失爲歷史代價的，雖說這種代價沉重並常常伴隨著文化心理的失衡與困惑。

在近代以來西學東漸的整個過程中，無論是西化派、本土派還是折中派文化觀的確立，往往都以對中西方文化的差異性的強調爲依據。我們不僅要看到中西文化的差異性，而且能從文化哲學的高度看到二者的共同性。從而超越了一般的人類文化異質觀和人類生理的同一觀，而把它上昇爲一種人類文化的共同性命題。

要以人類文化觀來對現代文化進行認同。從文化哲學的理論意義上講，無論西方文化還是東方文化，無論傳統文化還是現代文化，都是人類文化的構成部分。而這裏所說的構成部分併非是空間意義的堆積，而是人類文化在時間意義上的共同整體存在。對於文化的接受者來說，任何文化部類都是人類文化。族群文化、地域文化在此意義上消去了原有的各個所屬特性，而成爲人類實存的共同文化。因此，對於現代文化的接受，已從原來的異文化意義轉化爲人類文化意義，接受不僅成爲一種外在義務，而是一種內在權利。對於現在各民族、地域、國家的人來說，均有接受並享受現代文化的資格，其所接受的已不是單純的西方文化，而是人類文化的共同成就。因此，中國

〔註3〕 嚴復：《救亡決論》，見《中國近代思想史參考資料簡編》，第472頁。三聯書店1957年2月版。

〔註4〕 魯迅：《熱風·隨感錄四十》，《魯迅全集》第一卷，人民文學出版社1981年第1版，第322頁。

〔註5〕 魯迅：《魯迅全集》第一卷，人民文學出版社1981年第1版，第358～359頁。

文化對外來文化的接受、傳統文化的現代化轉型，首先應該建立一種「人類文化」意識，把文化接受視為自己理所當然的文化權利，要淡化文化接受過程的異己感，強化文化轉型的主動性。正像當年中國文化成為周邊民族和地域的共同文化資源一樣，今天，以西方文化為主要內容的現代文化，也同樣可以成為包括中國在內的所有地域的共同文化資源。從這個意義上說，現代文化不屬於西方的專利，而應成為現存人類的共同財富。每個人、民族都有權利獲取它、享受它。這一理解既是在「人類文化」觀之下的一種文化心態轉化，又是現代化選擇的具體內容。在「人類文化」觀之下，沒有異己文化，都屬於自己的文化。文化的時間性（傳統與現代）、文化的空間性（民族與地域），都具有了新的意義。而就是在這一認識的前提下，東西方文化才具有了互補性、可融性的基礎。〔註6〕

傳統的「中國人」在文化觀上表現一種超常的自我封閉心態。只有「天下」的觀念而沒有「世界」的觀念。長期的封閉心態來自於中國文化的重複性。中國文化數千年來，基本上自成體系、自我生殖。過於漫長的春種秋收、周而復始的農業經濟形態，「述而不作」的典籍精神和「分久必合，合久必分」的歷史觀念、復古倒退的社會理想等都造成了中國文化不斷重複自身的生長機制。而重複必然表現為封閉，封閉的最終結果便是孤立。辛亥革命前夕，革命派人士在分析中國「不能自立之原因」時說：「自立與孤立有別。持鎖國主義，孤立無鄰，謂之自棄可耳，決不能自立於今日國際團體之內也」〔註7〕。

傳統儒家文化道德體系的社會支點是家。魯迅稱，中國人「對於老家，卻總是不肯放」，「家是我們的生處，也是我們的死所」〔註8〕。家不僅成為傳統中國人的現實的生存場所，更是精神和心理的歸宿。孟子稱「天下之本在國，國之本在家」〔註9〕。對於傳統的中國人來說，家是一個倫理觀念，也是一個

〔註6〕 陳獨秀通過對固守「華夷之辨」的國粹派的批判，表明了這種「人類文化」觀：「如果有人把民族文化離開全世界文化孤獨的來看待，把國粹離開全世界學術孤獨的來看待，在抱殘守缺的旗幟下，閉著眼睛自大排外，拒絕域外學術之輸入，拒絕用外國科學方法來做整理本國學問的工具，一切學術失了比較研究的機會，……這樣的國粹家實在太糟了！」（陳獨秀：《陳獨秀文章選編（下）》，第641頁）。

〔註7〕 《駁革命可以招瓜分說》，1906年7月《民報》第6期。

〔註8〕 魯迅：《二心集·家庭為中國之基本》，《魯迅全集》第四卷，人民文學出版社1981年第1版，第620頁。

〔註9〕 《孟子·離婁篇上》。

政治概念甚至也是世界的概念。「家」成了中國人思想、道德和情感的全部視野。

在 20 世紀的中國文學主題史中，不缺乏民族意識，更不缺乏階級意識，也曾有過不甚大膽的自我意識，但是，卻很少有全人類意識。在對於戰爭文學（我們文學史稱之為「軍事題材文學」）的創作和批評中，非常完整非常典型地表現了這一認識過程。就戰爭文學的思想主題來說，世界文學史上大致存在著兩種不同層次的視角：階級和民族的視角、人類的視角。階級和民族的視角是以一種英雄主義為基本尺度，思想傾向鮮明，對戰爭具有一種積極的熱情；人類的視角包含兩種意識：反戰意識和恐怖意識。戰爭沒有勝利者，對任何一方、任何人都是一種傷害，任何戰爭對於人類文明都是一種破壞。這兩種視角的差異實質上是對於戰爭與人的關係的認識的差異。也是與現代意識的弱化和強化有著某種關係的。

20 世紀的中國，戰爭多於和平，然而在戰爭文學中，戰爭與人的關係似乎在中國 20 世紀文學中一直是被確定了的。對於人的判斷和戰爭的評價都多處於第一視角階段，勇敢和怯懦、正義與非正義的兩極化模式成為主要的尺度。《保衛延安》是一部典範之作。在 80 年代出現的《離籬原上草》等作品剛要作出突破中國戰爭文學的一般思想局限，而要進入第二層次的努力時，立刻遭到了批判。所以，至今我們不僅沒有《永別了武器》那樣具有強烈的人類意識的戰爭文學名著，甚至也沒有《這裏的黎明靜悄悄》、《第四十一》那種介於第一層次與第二層次之間的佳作。

2、鄉村文化尺度的確立與農民意識的強化

現代化的最直接的目的就是以現代文明對古老的鄉村中國進行改造。說到底，中國的一切落後、愚昧和惰性無不與鄉村中國這一歷史存在狀態有關。由於中國的社會理想設計和社會實踐都是以這一存在為價值取向的，所以，中國的現代文明追求來得既強烈又古舊。當這種鄉村社會尚未改變，而人類社會的現代化發展已融入了回歸自然的思考之際，於是，鄉村中國的價值取向便搭乘人類文明發展的早班車而獲得了合乎當代性的理解。這也可能是鄉村社會面對開放的時代所可能具有的負面效應。

鄉村文化尺度首先是由中國漫長的農業文明時代和以儒釋道為主體的傳統思想文化的影響決定的。其次，是受大眾化的文學價值觀的長期制約；第三，來自於以農民革命為主體的中國社會變革所構成的政治、文化和道德要

求。本質上說，毛澤東是中國鄉村知識分子的傑出代表。既嚮往城市，又厭惡城市；既缺少現代知識，又貶損現代知識。中國革命的農民不僅作爲社會變革的力量，也作爲社會變革的尺度；不僅作爲政治變革、經濟變革的力量和尺度，也作爲文化、思想、道德變革的力量和尺度。以此爲價值尺度而形成的文學佔據著中國 20 世紀文學的主導地位，我們將此泛稱爲鄉村文化派文學。

在鄉村文化價值尺度的制約下，鄉村文化派文學的發展歷史中有兩種主要的非現代化和反現代化的文學潮流。第一，以京派文學、尋根文學爲代表的道德流；第二，以解放區文學、「前十七年」文學爲主潮的政治流。

從思想意識來說，京派文學是對 1920 年代鄉土文學主題的疏離和變異。它急劇淡化和改變了鄉土文學對中國古老鄉村宗法社會的批判意識，具有強烈的向後看的情緒，反現代、反文化的意識明顯。沈從文的一些小說雖說頗具寓言色彩，但卻透露出京派作家眞實的文化價值觀。這已經不再是魯迅等人在作品中對勞動民眾所表示得到道德人格上的讚賞和認同，而是對其人生觀、宇宙觀的讚賞和認同。過去，人們多是從京派文學與時代政治的關係來否定其社會價值，而實質上更應該從中國社會的現代化進程中，來認識其反現代、反文化的精神特質。京派文學的最重要的價值在於其爲中國文學所提供的一種審美境界，一種抽象的道德理想。人們不能也不願意將其作爲個人生活環境和社會存在形態的眞實追求。這從京派作家的生存環境與文化、文學價值觀念的不一致中可以看出。他們在文學世界中從思想道德上疏離或者拒絕現代文明，卻又通過現代文化的接受過程而逃離鄉村流寓都市。

一般認爲，社會文明發達的沉重代價便是古樸人性的喪失。人性本善，崇高的原點自然成爲鄉村文化派作家暢想的道德境界和人格重塑的價值取向。本質上看，這一暢想帶有的反現代、反文化情緒，不單純屬於哪一個個別文化體系。但是，它所構成的對近代文化（特別是物質化的近代文化）的批判最終必然帶來道德回歸的傾向，而當時一般思想啟蒙者大都有著類似的思考傾向。五四時期，作爲一種思想啟蒙的時代，中國覺醒的知識分子面對自身和勞動民眾，就曾表現出一種悖論性的思考。作爲新文化的先驅者，知識分子看到民眾思想上的蒙昧、麻木，欲以現代思想昭示於彼；而作爲傳統社會的一個特殊階層，知識分子面對勞動民眾又總有一種自愧不如的道德卑下感。從而構成了思想啟蒙與道德救贖的不同思考路向。

　　政治約束思想，環境更腐蝕人性。現代作家們在擔負起政治救亡、思想啟蒙重任的同時，又擔負起道德拯救的重任，他們要粉碎群山重新鑄造。現存社會雖然給他們提供了思想意識改造的內容與框架，但卻沒有為他們帶來道德人格重塑的楷模，他們於是從當下的社會的終點向後退去，去尋找經過幾代道德家們所暢想的道德世界，那個世界在初民時代。這樣一個道德世界的存在，是不能用歷史的還原來證明的，但作家們努力從自己所熟知的、相親相愛的農民和其他勞動者身上尋找影子。這幾乎是後來中國作家的共識。

　　「顧民生多艱，是性日薄，洎夫今，乃僅能見諸古人之記錄，與氣稟未失之農人；求之於士大夫，戞戞乎難得矣」〔註10〕。實際上，從魯迅開始就把中國人道德重塑的尺度劃在了那些他所說的「氣稟未失之農人」身上。從中可以看到中國知識分子固有的那種道德上的原罪意識，即視勞動者為「衣食父母」的愧疚心理。這種原罪意識雖說不同於基督教的原罪意識，不是人類本體的生命意識。而是後天的一種社會倫理，但那份沉重感都是共同的。也許，魯迅的「人國」是一種人性完善的理想圖式的顯示，不是實存的，而是邏輯的，但魯迅仍對它堅信不疑。直到最後，他亦在用實際行動去實踐它。「純白」、「平和」的道德人格的渴望，貫穿魯迅文化選擇的整個過程。應該看到，京派等鄉村文化派作家與魯迅等五四一代作家對於中國鄉村社會和中國農民的關注有明顯的不同。魯迅等人完整地理解並努力實踐著「人的解放」的全部內容——思想啟蒙和道德救贖，而鄉村文化派則淡化了思想啟蒙這一中心主題，把思考的重點轉移到了道德救贖的層面上。

　　與魯迅不同，廢名削弱了小說批判性的思想力度而增強了道德意識。社會思想批判不是廢名的性情所在，而只有人性的終極關懷才是他的長處。廢名的個性意識強而社會意識弱。他的個性意識無限擴張、伸展，以至達到一種「怪」、不食人間煙火的程度。也正是因此，他注定要留在現代文學的邊緣。廢名心如磐石，鐵板一塊，沉入到鄉村自然之中而沒有絲毫裂痕。那本來就「有限的哀愁」日趨淡化，似乎就要無影無蹤。剩下的只是一種爐火純青的自然意味，一種幾乎近於純粹私人的永恆體悟。這純粹是來自個人的精神欲求，而不是迫於外部世界的某種壓力。這很奇怪，也很深刻。所以，在廢名那裏沒有社會與自然相互對立的結構形式，他構築的是一個相對封閉的自然世界。「浣衣母」的不幸在這個世界中微不足道，而且很快就被鄉民的天性的「善」所融化。在《竹

───────────────

〔註10〕魯迅：《集外集拾遺補編·破惡聲論》。

林的故事》中，三姑娘不僅純而又純，而且超越、征服了死亡。老程的死似乎不是一種生命的結束而是意味著生命與自然的融合，在融合中生命於是也就獲得了永恒。所以母女倆的生活依然如故，就像那片青青的竹林一樣。對於佛教的執迷，使廢名的小說日益玄奧。在《橋》中，廢名盡情地品味自己的體悟，禪趣盎然，最終把鄉村文化派文學引入了莊禪境界。毫無疑問，那是一個十分美麗的境界，但也是一個遠離現代的世界。

沈從文一生癡迷自然，思索人與自然的關係。在沈從文這裏，「回歸自然」達到了現代文學所能達到的極致。他將在廢名那裏所表現的社會與自然的對立、以自然審判社會的精神進一步擴大、豐富，並使之成為自己小說精神結構的核心。自然與社會、鄉村與都市、鄉民與市民的對比不再含蓄，不再隱喻，而是直接而明確的，甚至是激烈而偏激的。他對前者的否定和對後者的肯定都表明同一思想方向，那就是對抗現實，拒絕現代化，回歸自然。其中，既有平民意識，又有一種反文化意識。《邊城》將沈從文的這種意識推到了極至。戀愛故事只是小說敘事的一個框架。如果說這種愛情還有一點悲劇色彩的話，那麼，這悲劇既非鄉村環境所造成，亦非人性醜惡所致。這種悲劇反倒是由於一個純真少女的值得讚美的本性，是由於老船工對於孫女的那種真摯的愛，悲劇最終成為鄉村人性的讚歌。沈從文把自然之美和人性之美集於翠翠一身，她簡直是自然養育出來的一個精靈，是保存在山澗中的一塊晶瑩的冰，不能容於髒污的社會。她的存在只能說明這樣一個道理：當與自然融為一體的時候，人性總是美好、自由的。而美好的只是「鄉下人」。他的短篇小說《知識》中，德國學成歸來的研究生面對農民一家人淡定、超然的生死觀自歎不如。形成了一種反智主義人生觀。

汪曾祺師從沈從文，他的《受戒》、《大淖記事》幾乎可以說是《邊城》情韻在新時期的回響。兩篇小說在表面敘述上都是以愛情故事為框架，而以鄉村人性的歌唱為主調的。小說展示了遠離都市而近於自然的人性的美好。遠離都市實質上是遠離一種文化，而融入鄉村則是融入另一種文化。汪曾祺用他的小說開宗明義表現出對傳統的「天人合一」思想的消化和解說，也像他的前人那樣，最終走向了莊禪境界。而其後的「知青小說」大多也回蕩著這種餘響，向鄉村、向自然投去脈脈深情。我們不能把《綠夜》（張承志）、《本次列車的終點》（王安憶）、《南方的岸》（孔捷生）、《我遙遠的清平灣》（史鐵生）簡單地看作是對個人過去一種人生體驗的懷念和珍惜，而應該視為是人

類對回歸共同的精神家園即回歸自然，疏離都市的渴望。這在 1980 年代尋根文學中得到了更加明顯而廣泛的表現。

當商品大潮洶湧而來，一些作家們憤世疾俗，苦苦堅守著精神的家園。將痛苦的靈魂放逐於遼遠的鄉村境界。遠離現代文明的青山秀水，野性未馴的生靈男女，在時間凝滯如蠻荒時代生息勞作，其樂融融。這一切都如同被作家施了魔力一般令人嚮往，情不自禁地使人產生對蠻荒時代的留戀和對當代生活的反感。我們從那哀婉而褒揚的話語中，品出了濃濃的反文化味道。作家這種描述的深層心理機制，明顯是來自於對被商品經濟大潮席卷的現實人生的疏離和反叛。而反樸歸真的願望的實質是逃避現世，在已經成為歷史並且是虛幻的遠古境界中尋找精神的家園。尋根文學中這種遁世的反文化反現代意識，實在是固守田園的小農心理的自我沉迷，表現出與當代人生追求和社會發展的極不協調性，而且暗暗與社會中那種根深蒂固的落後、守舊和愚昧的傳統思想合流，成為對抗人類現代文明和社會進步的反文化潮流。張緯在《九月寓言》裏所凝注的那種尋找精神家園的情愫，那種往事不堪回首的慨歎，攪得人心神不安。小說中，那個封閉、自在的村落，由於礦區的進入而被破壞了原有的寧靜，古樸的生活、和諧的人倫秩序也隨即消失。那個青年男女月下嬉戲追逐的夢幻一般的田野因礦井的掘進而沉落了。現世令人迷惘，而逝去的一切則變成美和善的永恒記憶。作家流露出一種喪失精神乃至生命家園的悲涼與失望。

鄉村文化派的回歸自然不是可實現的實存狀態，而是一種精神境界和價值追求。實質上已經不是實在自然，而是價值自然，即是對實在自然的「善」的抽象和人為的認定。追求自然化，往往最終走向對傳統的尊奉。因此，自然化就不應是現代化轉型的主要內容，而是反現代化的主要表現，自然化與傳統化是同出一轍的。把回歸傳統和回歸自然、回歸民間視為現代性的內容，實質上是在現代化的理解中加入了反現代化的因素。回歸自然至多是現代化過程中的一種個體心理因素，包含有較多的道德性思考，而不是一種社會發展的整體需要。毋庸置疑，回歸自然作為一種當代意識，已成為現代化當下發展階段的內容和形態之一。但它卻是現代化充分發展、爛熟之後的發展形態，有著具體的生成環境和生成基礎。也就是說，回歸自然是現代化充分發展之後的一種精神需求，這個前提不可忽視。在中國文學、中國社會、中國

人沒有充分現代化的情況下,把主張回歸自然作爲中國社會發展的主要境界則必然成爲現代化的最大障礙。

現代化是有本質屬性的。回歸自然也許是一種人類意識,但是這種人類意識無論是對於當代中國還是世界來說,都是一種詩學的和審美的。不能把詩學的、審美的暢想作爲本質性的主流的。中國古代文人在詩文中所表現出來的對自然的嚮往,更多的當然不是對於都市的拒絕,而是對於政治的反感和失望。

新文學所關注的要點是如何使中國文化的古時代進化到人類的現代文化時代。要完成這一轉化,首先要克服的就是復古心態和未來空想。復古的弊害不在於其是一種情感性的心態,而在於其是一種文化判斷與建構的非現代化的價值取向。在中國歷史上,對於「現在」的否定,幾乎毫無例外地都來自於復古價值取向,即使對未來的理想期待,亦不過是遠古境界的復歸。復古以過去爲最高境界,必然拒絕變革,必然以否定現在爲前提。它在一種文化系統發展的線路上,設置了終點,而這終點恰恰是一塊歷史的界碑。復古論或循環論於是便成爲中國人歷史觀與文化觀的「老調子」。「老調子還未唱完,國家卻已經滅亡了好幾次了。」〔註11〕因此,克服復古價值取向是中國文化現代化轉化的最大課題。

以回歸自然、回歸傳統爲標誌的反現代化的現代性理解,是與當代文化保守主義思潮的興起有直接關係的。

自五四新文學和新文化產生以來,一直存在著對其價值的否定性評價。認爲五四文學割斷傳統,對傳統採取了徹底否定的態度;近年來,隨著文化保守主義思潮的興盛,強化五四文學的傳統文化性質的評價成爲一種有影響的思想。認爲五四文學並沒有割斷傳統,而是對傳統進行了發展和繼承。否認五四文學是中國文學發展的質變點,而認爲是傳統文學自然發展的邏輯的一環。其實,這兩種觀點在價值取向上具有完全的一致性,既對傳統文化價值的肯定。與前一種觀點相比,後一種觀點距事實更遠,以肯定判斷的方式曲解了五四文學的屬性。其實,在現代化轉型的過程中,傳統的危害是無窮無盡的,一切迷信、殘酷和蒙昧都是以弘揚傳統爲名義的。中國文學和中國社會迫切需要的是思想的現代化,而非是反現代化,或者是回歸傳統。

〔註11〕 魯迅:《集外集拾遺‧老調子已經唱完》,《魯迅全集》第七卷,人民出版社 1981
年第 1 版,第 308 頁。

　　當社會變革的主題由思想解放走向階級解放之際，變革社會的的力量主體由知識分子而讓位給勞動民眾之際，五四文學中原有的對以農民為主體的勞動民眾的道德人格的肯定，便擴大為群體思想素質的推崇。在中國傳統的「尚德」價值觀下，知識分子在精神困惑中必然要尋找道德支持。而且值得注意的是，三四十年代之後，這種認同通過代表勞動民眾的政治家們的闡釋而得到了進一步的強化。毛澤東關於農民與知識分子的「黑」與「白」、「髒」與「淨」的辨析，絕非僅是個人的感受，而是判斷知識分子與農民道德人格和思想高下的一般法則。在這種思想源流之下，解放區文學作品中知識分子的道德卑下感日強，人格陪襯色彩日濃，越來越呈現出灰色化傾向。

　　延安文藝整風前後，出現在解放區的思想鬥爭和整個中國文壇當時關於文學的大眾化與民族化關係的討論，在很大程度上是將來自鄉村文明與都市文明、傳統文明與現代文明之間的差異加以政治化的結果。在解放區文學作品中，農民意識和傳統文化意識成為普遍的尺度。趙樹理的小說被視為魯迅小說主題的最直接的繼承，並且被宣佈為中國新文學的發展方向。但是，與魯迅的小說相比，趙樹理的小說的反封建主題已不是兩種文化體系的對比和對抗，而主要是傳統文化發展過程中其自身在新的政治意識和威權作用下演化的結果。新生政權的存在和力量使傳統的清官意識得到轉化，因此，小說的悲劇意識淡化，思想主題也被具體化。在周立波的小說《暴風驟雨》中，當頗具書生氣的工作隊員在土改動員會上向農民講人類的起源之後，作者、人物和讀者都對此表現出毫無保留的嘲弄。雖說這一解說不合時宜，但人確實是由猿猴變來的。

　　現代化的主題在五四時代被確立，此後被從不同的方面加以改變。革命文學把現代意識中的重要內容——自我意識轉化為政治性的群體意識；鄉村文化派從道德回歸的目的確立了農民的價值尺度。而使人想不到的是，現代主義和後現代意識又在中國社會現代化轉型之際，對中國人並不成熟的現代化的存在環境進行了疏離和否定。因此，20 世紀中國文學的發展中反現代化的思潮一直佔據重要的位置。

八、文學史研究的範式與歷史心態

　　到了今天，無論是否真實，中國「現代文學」研究似乎已經到了窮盡的地步。2001 年前後，現代文學界提出了關於中國現代文學研究的學術生長點的問題，表現出人們對深化現代文學研究的努力。然而，從另一個角度來說，所謂學術生長點問題本身又是在刻意地尋找話題，顯示出人們在學術上的焦慮與困惑。而在討論過程中話題內容的重複性，則又說明大家感受的共同性。到此為止，中國現代文學研究似乎確實到了一個徹底反思和轉型的時候了。

　　憑心而論，所謂的學術生長點在純粹的學理邏輯上是不成立的。因為只有在受到某種學術限制時，才會提出這樣一個並非純粹的學術問題。這個問題給人一種過於做的感覺。本來學術研究就是一個自在行為，來自於研究者一種內在的衝動。有問題或發現問題就研究，沒有或未發現問題就不研究，只有把學術作為一種生計時，才會議論著如何去「找活兒做」。但是，在當下中國的學術環境和思想體制裏，這又確實是研究者所普遍遇到的一個實際問題。

　　預測未來從來都是一件非常不容易的事，如果要探討現代文學研究的發展與走向，也是一件費力不討好的事。比較而言，從文學史構成的兩大結構——事實與觀念的角度來看，現代文學研究的學術發展，仍然要沿著發現事實和評價事實這一思路來進行，以獲得史源的補充和思想的深化。新的學術生長點往往首先來自於對既定的研究模式的反思。

1、文學史文本的真實性問題

　　這實質上是歷史的真實性問題。任何時代的歷史文本，特別是後來人在

既定的歷史觀下所做的文學史文本都有被證僞的可能。因此，重新對既定文學史的一般事實進行考證，讓邏輯服從事實——完成現代文學史的考古學過程，是現代文學研究眞正的學術生長點。

對於非歷史當事人的當下研究者來說，其目前依據的歷史事實是研究者在共同的思想環境下思想後的事實。因此，現代文學史文本首先應該有一個眞實性判斷問題。研究者首先要有史源意識，從思想的事實返回到原初的事實之中進行判斷。在此方面，日本學者的「出典論」的學術思想值得我們借鑒。「出典論」以實證爲主要方法，強調從原初事實和文本出發，追求第一事實的可靠性，研究過程就是整理和辨析事實的過程。雖然這種方法存在著忽視研究的思想性的致命弱點，但是其注重研究對象和研究過程的原初性的特點，是極爲可貴的。文學史首先是事實的歷史，然後才是思想的事實。而事實的歷史也必須是整體的事實，離開整體就談不到對歷史的眞實的理解。說到底，文學史文本的客觀眞實性問題是一個文學史哲學問題，其核心問題就是重新確立和選擇事實與思想，清除「僞事實」和「僞文本」。當然，這也是目前中國現代文學研究中的最緊迫、最艱難的課題。

毋庸置疑，無論是歷史事實的當事人還是後來的評價者，對於事實都有或多或少的選擇性，受各種因素的制約，客觀眞實性往往會大大降低。所以說，歷史文本都是對歷史事實的誇大或縮小。這也是一種眞實性，但嚴格說來是一種主觀眞實性，是被多數文本認定的一種眞實。當主流文學史觀公開宣佈文學史的政治屬性的時候，就已經表明了文學史文本的這種本質傾向性，同時也必然帶來文學史文本的客觀眞實性問題。中國現代文學史從來就不是一種單純的學術史，而是一種革命史、政治史和思想史。這不僅是因爲中國現代作家的思想、人生道路以及作品的內容與中國現代社會的進程緊密相關，而且因爲文學史寫作者的文學價值觀強烈地參與其中的緣故。因此說，在這樣一種內外思想環境中，對於中國現代文學史進行單一的學術評價是勉爲其難的。

當脫離主流文學史觀而進行歷史事實的完全修正不可能眞正實現的時候，而進行局部的確認則是必要的。這裏不再是觀念的問題，而只是功夫問題。例如，「革命的羅曼蒂克」一詞一般認爲出自於瞿秋白爲陽翰笙重印長篇小說《地泉》三部曲所寫的序言《革命的羅曼蒂克》。但是「革命的羅曼蒂克」一詞及其含義，實質上是源自於日本學者升曙夢關於蘇俄文學的評價。1926

年 7 月，升曙夢在對十月革命時期蘇俄文學進行實地考察之後，出版了《新俄的無產階級文學》一書。在書中他把蘇俄十月革命之後的無產階級文學劃分為四個時代。其中第一個時代（1918 年～1920 年）為「革命的羅曼蒂克時代」，「這個時期是所有的無產階級詩人都陶醉於革命，熱衷於抽象的抒情詩的時代。」升曙夢對這種「革命的羅曼蒂克」時代的文學風貌做了這樣的概括：「有孩子般的直線式的自信」，藝術上表現為「露骨的觀念主義、標語口號化、概念化」特徵。〔註 1〕這種「革命的羅曼蒂克」的概念及其意義很明顯影響到了當時的瞿秋白等人，但並不是始自於瞿秋白。

而當年左翼文藝陣營與「自由人」和「第三種人」的論爭的最後的結果，也並非如一般文學史教科書所言是以前者的勝利而告終的。從當時報刊的報導和文章看，左翼文藝陣營的理論主張在當時文藝界並沒有得到多數的支持。特別是在「九・一八」事變之後，左翼文藝陣營仍然堅持「無產階級無祖國」、「武裝保衛蘇聯」之類的激進口號，結果在多個文藝座談會上處於被動狀態。例如，1932 年 2 月上海文化界人士為抗議日軍進攻上海自發地組織集會。在會上，左翼文藝的代表與多數與會者的意見相左，主張鬥爭矛頭對內。經過爭論，左翼文藝代表的意見最後被大家否定，不得不在《中國著作家為日軍進攻上海屠殺民眾宣言》上簽名。然而，在一種單面的歷史觀的制約下，絕大多數文學史文本並沒有展示這一段歷史事實的全部。這一現象的背後，實質上並非僅僅是受制於既定的歷史觀，也是因為缺少對歷史事實的考辯過程。

2、文學史觀的個性化與連續性問題

發生的歷史是一種事實，評價的歷史是一種文本。因為歷史事實在不斷發現，歷史文本也在不斷改變評價，歷史文本實質上是不斷變化著的事實評價的價值體系。因此，每一種歷史無時不在改寫和重寫的過程中。所以說歷史總是後人寫的。文學史寫作後教科書時代的特徵就是文學史評價尺度由一元化走向多元化，最終是對文學史本身的豐富。

學術研究思想環境在未改變之前，所變化的可能只是事實。但是對於事實的發現已經趨於完整，而可能發生最大變化的就是評價。因此，研究的生

〔註 1〕 升曙夢著、馮雪峰譯《新俄的無產階級文學》，上海北新書局 1927 年版。

長點或突破點，仍然是對學術研究的思想環境期待。長期以來，受制於內外的思想環境，我們的大多數文學史文本是半面文學史——是事實的一面，是觀點的一面。事實的發現並不是多大的難事，近年來人們關於文學史的重大事件的再回顧，已經使文學史事實本身越來越豐富、完整。當事實被多次發現之後，所剩下的就只是觀念的反思。

歷史是一種事件關係，更是一種知識和思想體系。歷史是一種事實與觀念的綜合，也是過去、現在的綜合。不僅應將過去視爲當代現實的過去來理解，即「一切歷史都是當代史」，「一切歷史都是思想史」。而且把過去作爲當代現實的對立物來揭示，即歷史地評價設身處地，對歷史事實作出眞實的評價。在基本歷史事實的基礎上形成的文學史觀必然有著其評價的連續性。要揭示過去與今天的同一性、連續性，又要提示過去的獨特性與唯一性。歷史文本是一部關於歷史事件在某種價值體系支配下的「使用說明書」。馬克思認爲歷史不過是追求著自己目的的人的活動而已。20世紀30年代，英國學者貝特森把文學史家和文學批評家做了一種形象的區分：「A來自於B」是文學史家的工作；「A優於B」是文學批評家的工作。從中看出，他認爲文學史家的工作主要是敘述事實，而批評家的工作主要是評價事實。但是，二者之間不應該也不可能眞正地區分開來。「以史帶論」或「史論結合」傳統方法都表明了這一點。我以爲，文學史家應該集敘述與評價於一身，就「史」與「論」來說，文學史家是必須承擔連帶責任的。

文史家的責任便是歷史的、也是自主地確定事實與價值的關係。無論是歷史事件還是評價尺度，都處於不斷被當代化的理解過程中。像歷史學家一樣，文學史家在文學史寫作中，實質上是把歷史事實與事實之間、歷史與今天之間做了有意義的連接。正是這種連接使歷史文本從一般的統計數據成爲各自有目的社會活動與思想總結，歷史的教育意義也在這裏。從現代文學研究的現狀來看，這是具有特殊意義的學術生長點。

文學史不同於一般的歷史，它既是當時社會生活、時代精神的反映，又是作家個人精神世界的具體顯示。它對於過去的理解，伴隨著突出的個人特徵和情感特徵。而文學史寫作就是在對以往的歷史過程，進行系統化整理的基礎上，對社會時代與作家、作品的價值關係以及歷史的意義，所作出的一種理性反思和情感體驗。從形而上的層面上來說，相對於人類活動而言，文學史存在的價值與意義是人性本質的具體顯示，是人的精神歷程的生動記

錄，是人對一種帶有自我個性特徵的生命的記憶和情感的認同。在展示人類精神的深遠與個人情感的細微方面，它的功能無與倫比。這爲文學史寫作的個性化提供了一個先天的前提。

前面說過，中國現代文學史絕不是單純的文學史，而是革命史、政治史和思想史。因此，文學史觀念的變化會給現代文學研究帶來無限的空間。當我們超越黨史體系的單純政治觀，而採用整體文化觀來評價《毛澤東在延安文藝座談會上的講話》前後解放區文藝界的鬥爭時，就會發現這種鬥爭本質上反映爲鄉村中國與都市中國、傳統文明與現代文明的衝突，並不是簡單敵對的階級鬥爭和思想鬥爭，是接受過現代思想和化影響的中國都市知識分子與經濟政治上已獲得初步翻身解放，但傳統思想仍然濃重的中國鄉村農民及其代表——工農幹部之間在思想、情致乃至生活方式上的矛盾。如果我們理解這一點，就可能會對過去一般文學史文本中對知識分子的單一批評做新的思考，從而對延安整風運動作出更接近眞實的歷史評價。同樣，當我們使用整體的文化標準而不是使用單一的政治標準，重新評價徐志摩在《西窗》和《秋蟲》等詩中對於無產階級運動的攻擊時，我們就會發現他的批判並不是出自於資產階級的立場，而是來自於人類性的立場。聯繫到他同時在其它的詩篇中對國民黨當局的批判時，就會更進一步地增強我們對上面結論的支持。

在一般文學史文本中，對於戰爭文學的評價也一直採用階級的和民族的尺度，民族的愛國主義和階級的革命英雄主義的評價貫穿始終。對於戰爭文學的評價，應該在民族、政治的尺度之外再加上道德和人類的尺度。在這一尺度下，我們會對戰爭文學及其價值有新的發現。

3、研究者的歷史心理學問題

所謂的「歷史心理學」問題，是指歷史研究者對於研究對象和研究成果的心理預期，是與學理邏輯並不一致的自我價值評估。在此過程中，研究者的心理預期往往高於他者或歷史的後來判斷。

由於時間上的連續性，就研究對象的時間跨度和研究成果的積纍而言，「現代文學」三十年的研究的細密和廣泛超過了歷史上任何一個等量時代。這是歷史事實和歷史研究發生的共時性與連續性所導致的結果，也是歷史本身所給予研究者的一種恩惠。因爲相當多的文學史文本寫作者往往就是歷史本身的參與者，作爲當事人，他們更熟知事件的過程，爲歷史事實的眞實性

提供了更可靠的保障。但是這種歷史的恩惠也使當下文學史文本的寫作者，除了容易強化歷史事實的主觀眞實性之外，還難免有對當下文本價值高估的心態。

　　歷史事實是一個不斷積纍的過程，而歷史文本卻是一個不斷被縮減、淘汰的過程。單純從學術邏輯上說，文學史文本是一個由簡至繁，再由繁至簡的過程。其間有著對於歷史的認識上的原因，也有著時間上的長短、遠近作用。只要人類文明不消亡，文學史文本的寫作就必須繼續下去。而文學史是一個不斷積纍和選擇的過程，文學史文本總是從古至今的一個最後總結。對於一般作家和作品來說，隨著時間的推移，都將要從文學史文本中淡化或淡出，時間是歷史的最終裁判者。所以，無論是歷史的當事人（作家和作品），還是歷史的評價文本，都必須承受這種時間上的淘洗，都可能成爲歷史的一個匆匆過客，浩瀚的中國文學史已經不知淹沒了多少作家作品。當下文壇和學術界熱鬧非凡的人與事，能在未來的文學史文本上留下幾行字也就非常不易了。作爲作家，必須有一種最終將被後世文學史文本淡化甚至淘汰的心理準備；作爲研究者，也必須有意識到自己的研究成果都可能面臨被否定、被忽視的結果，甚至現在就應該有對自己研究成果價值和意義懷疑的必要。自己的研究無論是對浩瀚的歷史事實，還是對未來的無限時間來說，都是微不足道的。這是一種如何面對自身的歷史心態問題。如果沒有這種心態，失落可能就是必然的。而應該有這樣一種認識：最終的被否定或淘汰也都是有價值的，因爲在此過程中你的研究甚至你自己都成了人類歷史進展的學術階梯和思想環節。在這裏，需要特別指出的是，就政治史和思想史的邏輯關係來看，中國現代文學的研究者都是當下社會變革和思想變革的參與者，不斷變化的學術環境就要求人們不斷地進行自我否定。學術研究只要憑興趣所至或生存需要或責任擔當，不違背學者良知就是有價值的。研究者不一定把眞話都說出來，但是保證不說假話就足夠了。而所謂學術的永久生長點也就自然發生於此。

九、「灰色化」的過程：百年文學中知識分子向民衆的三種認同

應該說，20 世紀的中國知識分子是中國社會中最有思想而又最爲痛苦的一群，他們最早給人們以新的啓迪而又最終被人們冷落。在藝術世界裏，他們就是這樣一群苦苦尋求精神家園和人生歸宿的困頓行者。在與封建勢力對抗時，他們往往具有強大的思想能量，成爲積極、高大的正面形象；然而一旦與工農民衆相併立時，便立刻黯然失色。作爲一種陪襯或被改造的對象，從道德人格、階級意識和情感方式等諸層面向工農民衆認同。

1、道德人格的認同：由自崇走向自卑

在一般的社會變革中，思想往往是先行的。知識分子是思想者，也就是社會變革的先行者。從近代直到五四，無論是在現實世界還是藝術世界裏，中國知識分子都扮演著先驅者的角色。魯迅的《狂人日記》中的狂人與周圍環境相比，不僅有一種思想上超前的自信，而且有一種道德上優越的自崇。這種自信和自崇給予了狂人強大的精神力量，構成了對周圍環境和中國傳統思想道德體系的巨大衝擊。因此說，人的眞正覺醒和理想人性的構成，應該是思想與道德同步的，這也是人類社會一直渴望實現的理想境界。然而，在人類社會發展的漫長歷史中，思想與道德的背離卻是普遍存在的事實。

五四時期，作爲一種思想啓蒙的時代，中國覺醒的知識分子面對自身和勞動民衆，很快就表現出一種悖論性的思考。作爲新文化的先驅者，知識分子看到民衆思想上的蒙昧、麻木，欲以現代思想昭示於彼；而作爲傳統社會

的一個特殊階層，知識分子面對勞動民眾又總有一種自愧不如的道德卑下感，從而構成了思想啟蒙與道德救贖的不同思考路向。

應該說明的是，也許這不是一個明顯的階段性的過程，有某種時候的交叉。1930 年代仍保持著某種道德上的自信：《家》中的覺慧、《日出》中的方達生，但是他們不是與工農民眾的對比，而是與封建衛道士的對比。

現代作家們在擔負起政治救亡、思想啟蒙重任的同時，又擔負起道德拯救的重任，他們要粉碎群山重新鑄造。現存社會雖然給他們提供了思想意識改造的內容與框架，但卻沒有為他們帶來道德人格重塑的楷模，他們必須從當下的社會的終點向後退去，去尋找經過幾代道德家們所暢想的道德世界，那個世界在初民時代。這樣一個道德世界的存在，雖說不能用歷史的還原來證明，但現代作家們確實從自己所熟知的、相親相愛的農民和其他勞動者身上看到過它的影子。魯迅的小說《一件小事》中便表述過這種自省式的道德懺悔與認同。他小說中的那些勞動者無論思想意識多麼蒙昧、奴性十足，但道德人格的真誠和純樸卻是共同的。魯迅無論怎樣在思想啟蒙的尺度下批判阿Q、閏土、祥林嫂們而「怒其不爭」，但同時所表露的「哀其不幸」又總覺得這些人可憐或可愛。可憐可愛就來自於人格的真誠和純樸。這幾乎是 20 世紀中國知識分子的共識。在郁達夫的小說《春風沉醉的晚上》中，「我」與女工陳二妹進行著自覺的道德對比，通過對比而獲得了靈魂的淨化和人格昇華。這種對比在冰心那裏甚至是先天的、相襲的。過去人們總愛把她的小說《分》視為作者階級意識萌生的標誌，但這更可能是一種道德人格的有意比較。那兩個生於同時同地的嬰兒，亦因其父母們的身份差異，而從一落地便有了剛健與孱弱、勇武和怯懦的差別。而沈從文在把勞動者乃至妓女與知識分子進行對比時，便往往把人格的卑下都推給了後者，這裏的否定已經成為了一種單向的否定。

「顧民生多艱，是性日薄，洎夫今，乃僅能見諸古人之記錄，與氣稟未失之農人；求之於士大夫，夐夐乎難得矣」〔註1〕。實際上，從魯迅開始就把中國人道德重塑的尺度劃在了那些他所說的「氣稟未失之農人」身上。從中可以看到中國知識分子固有的那種道德上的原罪意識。這種原罪意識自愧不如而是後天的一種社會倫理，但那份沉重感都是共同的。

〔註 1〕 魯迅：《墳·文化偏至論》，《魯迅全集》第一卷，人民文學出版社 1981 年第 1
版，第 56 頁。

　　社會文明發達的最沉重的代價便是古樸人性的喪失。人性本善，崇高的原點自然成爲魯迅等人暢想的道德境界和人格重塑的價值取向。本質上看，這一暢想帶有普遍的反文化情緒，而不單純屬於哪一個個別文化體系。但是，它所構成的對近代文化（特別是物質化的近代文化）的批判最終必然帶來道德回歸的傾向。而當時一般思想啓蒙者大都有著類似的思考傾向。他們雖然對「庸衆」的思想狀態進行批判，但卻又對其道德人格表現出普遍的景仰。魯迅的這一「復古」，並非是歷史的倒退，它多存在思想的邏輯和道德的暢想之中，是一個詩意的描繪。後來他把人性復古的線路修改得更加清楚、明確：以初民社會和鄉村社會爲終點，越過儒教時代，並把儒教倫理道德作爲中國人人性異化的主要根源所在：「便在中國，只要心思純白，未曾經過「聖人之徒」作踐的人，也都自然而然的能發現這一種天性。沒有讀過「聖賢書」的人，還能將這天性在名教的斧鉞底下時時流露，時時萌蘗；這便是中國人雖然凋落萎縮，卻未滅絕的原因」〔註2〕。

　　可以看出，魯迅等現代作家對勞動民衆道德人格上的認同實質上是與五四新文化的方向是一致的，是以批判封建思想道德體系爲目的的。對古昔人性的嚮往就是對當下社會的批判。可是，當社會變革的主題由思想解放走向階級解放之際，變革社會的的力量主體也由知識分子而讓位給勞動民衆，原有的對勞動民衆的個體人格的肯定擴大爲群體倫理的推崇。在中國傳統的「尙德」價值觀下，知識分子在精神困惑中必然要尋找道德支持。而且值得注意的是，這種認同通過代表勞動民衆的政治家們的闡釋而得到了進一步的強化。

　　這裏不是「原罪」的自省而是來自於外在的判斷。知識分子有反省的能力，其實也是一種自崇。而外在的強力的否定判斷則不是一種自覺的反省的結果。毛澤東關於農民與知識分子的「黑」與「白」、「髒」與「淨」的辨析，絕非僅是個人的感受，而是判斷知識分子與農民得到人格高下的一般法則。1937年6月16日，中共高層領導人王稼祥離滬赴蘇治病之前，在寫給毛澤東等人的長信中特別提到要注重學習魯迅精神，認爲「魯迅在其作品中所揭發的中國知識分子的弱點及他所號召的鬥爭精神，是值得我們看重與學習的，中國知識分子因過去士大夫階級的遺傳，愛鬥面、誇大，在鬥爭中虛張聲勢，拳頭無力，對於思想的堅持性及殉難精神缺乏，……我想這些知識分子的弱

〔註2〕魯迅：《墳・我們怎樣做父親》，《魯迅全集》第一卷，人民文學出版社 1981年第 1 版，第 133 頁。

點對於我們不是完全沒有影響」〔註3〕。在這種思想源流之下，文學作品中知識分子的道德卑下感日強，人格陪襯色彩日濃，越來越呈現出灰色化傾向。

2、階級意識的認同：由自我走向群體

由崇高走向自卑，是中國知識分子在倫理學層面上對民眾的認同。而由自我走向群體，則是在政治學層面上的認同。這是階級意識的歸屬。

五四時期，最先覺醒的知識分子是作為一種精神的力量而出現並引導社會思想變革的。而近代以來開始的中國變革卻是一個由經濟變革到政治、思想變革的完整過程。相對於經濟、政治的變革來說，思想的變革是非功利的，是一個漫長而遙遠的過程。因此，對於以功利性的生存需求為迫切需要的中國勞動民眾來說，思想的變革便被淡化或者被局限化了，「等富貴」、「均田地」的口號便是這一局限化的思想的終極目的。應該承認，政治上的解放和經濟上的翻身也是「人的解放」的重要內容，但畢竟不是全部的內容。五四時期人文精神是整體性的，它確立了人的解放的起點，也確立了人的解放的世紀終點。當以政治、經濟變革為目的，以勞動民眾為社會變革主體的時代到來之後，以思想變革為目的的知識分子必然被輕視，其後，必然主動或被動地向主體進行階級認同。這種認同是痛苦而執著的。

階級意識的認同首先來自於個人生活的體驗。它發生於個性解放追求遭受挫折之後，包含有感受的真誠與憤激，是一種由個人化的個體行為所組成的時代行為。30年代前後的「革命小說」是這一體驗的具體展示。

應該看到，知識分子對勞動民眾的這種階級意識認同，除了知識分子自身體驗的感受和新興理論的吸引之外，在深層意識中也不能不排除中國知識分子自古而然的依附性心理的作用。中國傳統知識分子不僅作為封建社會中官僚階層的後備力量，而且其本身也就是官僚體制中人。因文而仕，為仕為文，始終不是作為一種獨立的思想力量而存在的，其理想與目的的最終實現途徑就是為官從政。

在「革命小說」中，知識分子主人公最初的革命動機是為了實現自己的個性解放理想。這種以婚愛自由為主要內容的浪漫的道德追求面對傳統道德的扼制，漸漸顯示出它原有的脆弱性，因為傳統道德有著堅固而強大的政治

〔註3〕見 1996 年 9 月 1 日《黨史消息報》。

保護層。於是，道德必然與政治交鋒，道德理想追求的挫折也必然轉向現實
的政治反抗。在洪靈菲的小說《流亡》中，主人公沈之菲通過自己的體驗說
明了這一認同的思想歷程：「人必需戀愛，正如必需吃飯一樣。因為戀愛和吃
飯這兩件大事都被資本制度弄壞了，使得大家不能安心戀愛和吃飯，所以需
要革命！」〔註4〕在這樣一種確實的人生體驗的基礎之上，知識分子的政治思
想的生成和強化實在是一種合情合理的轉化，這是一種生活的邏輯和情感的
邏輯。當知識分子作為階級鬥爭的戰士而加入到無產者的戰鬥行列之後，這
種認同便由情感的邏輯推進到思想、政治的邏輯上來。

　　與以上這一過程相輔相成，階級意識的認同也來自於一種理性的認同，
但這種認同卻伴隨著深刻的精神痛苦。

　　理性的認同對於知識分子來說，是一種思想的自覺。相對於求生存、求
溫飽而進入政治邏輯的勞動民眾，革命的知識分子作為一種思想集團，更有
思想的蘊意和力量來表明其思想認識的明確與堅定。與一般勞動民眾不同，
知識分子的政治轉化是思想先於行動的。個人具體的人生體驗與新思想的接
受互為促進，使其行動更加具有了明確的目的性，更加堅決、執著。相反，
工農革命者以生存和利益需求為革命動機，當面對更大的利益和生存需求
時，便背叛革命。1944 年周恩來記敘：「根據莫斯科意圖改造後產生的六大中
央委員總共有 36 個，其中工人占了 22 個，而這 22 個工人委員中，除向忠發
於 1931 年 6 月 22 日被捕變節之外，相繼投降了國民黨的就有 14 個，占整個
中央委員三分之一還多。」〔註5〕

　　階級意識的認同基於思想的覺醒，基於系統的理論認識，而不僅僅始於
個人生活的窘迫。然而，這些知識分子的認同也往往是對於原有階級的背叛。
因此，政治的反叛和思想的分離常常伴隨著倫理的自責和情感的痛苦。最終，
思想、政治的邏輯還是戰勝了倫理、情感的邏輯。在道德認同的過程中，知
識分子通過自省獲得了外在的道德支撐；而在階級意識的認同中，他們又通
過自省而獲得了內在的思想支撐。所不同的是，後一過程始終伴隨著情感的
煎熬，這是精神的煉獄。蔣光慈的《田野的風》中的李傑背叛了原來所屬的
階級，領導農民進行暴力鬥爭。然而理性的政治追求與情感的轉化並沒有同

〔註4〕洪靈菲：《流亡》，現代書局 1928 年 4 月版。
〔註5〕周恩來：《關於黨的「六大」研究》，《周恩來選集》上卷，第 185 頁，人民出
　　　版社，1997 年。

步完成，倫理親情並沒有完全被階級意識所消滅。當他在李木匠們的並非善意的逼問下，不得不忍受巨大痛苦而同意燒毀自家的樓屋連同自己生病的母親和年幼的妹妹。革命詩人殷夫在「向一個階級告別時」，仍然難忘哥哥「20年來手足的憐和愛，20年來的保護和撫養，」「恨的是不能握一握最後的手。」但是最終詩人還是在「最後一滴淚水裏，」「不能不向別方轉換」，「此後各走前途，再見的機會是在，當我們和你隸屬著的階級交了戰火。」〔註6〕。親情的依戀絕不是表明對階級意識認同的猶豫與懷疑，而是純化階級意識的煉獄，是殉道。因此說，轉換了的知識分子在具體的革命過程中要比一般的民眾來得更堅決、更執著。因為情感的痛苦來自於思想的明確。

在階級意識認同的過程中，也必須看到另外一種痛苦，這就是群體意識對個性意識的制約與克服。

在以農民為主體的革命陣營中，殘留著濃重的宗法意識。這種宗法意識從五四時期就與知識分子新生的個性意識本能對立。丁玲的《在醫院中》的陸萍的苦惱，就來自於自己的個性意識不能融於周圍的環境也為周圍的環境所不容。沙汀的《闖關》中的那個工農幹部不僅代表著環境，也代表著一種思想。而「文化人」左嘉向那個工農幹部的服從，也是向那個階級進行思想意識認同的艱難過程和必然歸宿。從這裏，我們看到了戰爭環境和宗法觀念對知識分子個性意識的雙重絞殺過程。

歷史是自在的，有時候是會把孩子和洗腳水一起倒掉的，這也許就是歷史發展的代價。但是，線性的歷史評價並不總是符合人的複雜而豐富的思想實際的，對於知識分子在向民眾的階級意識認同以前的精神狀態，不應固執於過去那種「迷惘」、「失落」的簡單認識評價。當徐志摩慨歎「我不知道風是從哪一個方向吹」時，他並不比已經完成階級意識認同的「解放區」詩人羅洛的「我知道風的方向」的政治宣言來得更為簡單。因為徐志摩的迷惘可能來自他對人生價值的更為複雜、深入的思考，而人類實現理想追求的道路也並不只有一條。

中國知識分子不是一種獨立的社會力量，依附於某種政治集團才能實現自己的價值。進學達到一定的階段之後，便可以食朝廷俸祿而被「官養」。而「官養」必被「官用」。我們還必須看到，中國傳統的知識結構和價值觀一直以道德學說為主要內容，這一方面決定了讀書人自身的知識結構與官方的政

〔註6〕殷夫：《別了，哥哥》。

治需要之間存在著必然的聯繫，決定了其被用的可能；另一方面又使讀書人不能參與具體的社會生產實踐，不能創造實在的價值。所以，一旦他們與官相脫離，也就不能爲勞動民眾所接受。而且，受傳統價值觀的影響，一般的勞動民眾反而因其與官脫離而視其在自己之下。於是，「勞心者」與「勞力者」的關係發生了倒置。魯迅的小說《孔乙己》歷來被視爲是對封建科舉制和知識分子弱點的批判，其實魯迅眞正所指，應該是對封建等級制和愚昧庸眾的批判，不然的話，就無法解釋作者對於孔乙己所表現出的那種沉入心底的人道主義同情。小說選擇的孩子視角，本身便具有這樣一種意義：等級制的價值觀念已滲透於整個社會。「孔乙己是站著喝酒而穿長衫的唯一的人」。在中國傳統社會，無論知識還是道德都必須通過權力環節才能獲得價值的實現。同是讀書人，丁舉人不僅受到社會的普遍敬畏，而且連他家的東西也是偷不得的。至於未能進入權力階層的這位讀書人，腿被那位進入權力階層的讀書人打折，也在情理之中了。未能進入權力階層，孔乙己連實現自己的知識價值的資格也喪失了。當他向「我」講解「茴」字時，「我想討飯一樣的人，也配考我麼？便回過臉去不再理會」。也就是說，當德行不能進入政治權力結構之中，也就不能轉化爲功利價值，人也就最終失去了一般的社會地位。如果孔乙己仍然堅守儒家道德的形而上信條，便只能依靠自身道德修養而實現意義世界的規範，即「獨善其身」，但這只能加重其精神負擔，帶來道德與境遇反差的痛苦，至多只能做一個地獄裏的「好鬼」而已。當他的意義世界面對另一個眞實的外在世界時，「獨善其身」的道德神話便悄然破滅，顯示出其人格本質的虛幻性。

　　近代以來科舉仕途的中斷，使中國知識分子由權力集團變爲單純的思想集團，從而作爲一種單純的精神力量而存在。而當中國社會的變革又由觀念變革轉向物質和規範變革之際，作爲一種精神力量形態的知識分子的存在意義似乎也被進一步淡化。因此，在具體的政治對抗之中，皈依某種政治實體正是知識分子原有仕途中斷之後的價值彌補或恢復方式。這裏雖然有中國知識分子極其自覺的自我意志存在，但是作爲思想評判者總比作爲一位具體的戰士對於社會變革的意義要大。然而，即使如此，知識分子的階級認同仍然受到長期的懷疑。作爲中國鄉村文化的代表，毛澤東曾經對於知識分子的判斷由道德上的惡感轉入政治上的否定，認爲中國的知識分子大多數是屬於資產階級的，因此必須進行徹底的改造。而後來人們對於知識分子的政治肯定

也仍然是從一般勞動民眾的尺度來進行的：知識分子是工人階級的一部分。不能進一步承認他們是一種獨立的精神力量，是社會中最尖端的知識集團和思想集團。

3、情感方式的認同：由浪漫走向實在

知識分子與勞動民眾在具體生活中，最明顯的精神差異是情感方式的差異。情感方式是由人的教養、職業和生活方式所形成的一種精神表現形態，它滲透於個人的所有生活行為之中，有著比理性的意識形態更為穩固的特性。知識分子與勞動民眾之間的情感方式差異是群體性的普遍存在，在社會知識化程度較低的時代裏尤其如此。三四十年代，特別是在解放區發生的思想批判和文藝論爭很大程度上源自於鄉村文明與都市文明、傳統文化與現代文化的衝突。在文學世界裏，作為都市文明和現代文化的體現者的知識分子在鄉村文化環境中，始終處於不斷被嘲諷和揶揄的尷尬境地，並且不得不改變原有的情感方式而向勞動民眾一般的粗俗化、簡單化的情感方式轉化、認同，以真正實現「脫胎換骨」的改造。這種認同最集中地體現在個人的性愛生活之中。

30 年代風行一時的「革命小說」是知識分子階級意識、情感方式轉化的表徵。小說中普遍存在的「革命加戀愛」的模式裏包含有知識分子對政治與性愛的特別的浪漫理解。而其後人們對這一模式的否定從一定意義上說，是對知識分子特有情感方式的剝奪。在「革命小說」中，主人公對於「革命」和「戀愛」的理解，如果不是從政治學的意義去判斷的話，都表現出了一種知識分子特有的理解方式。很明顯，當時被否定的主要不是「革命」，而是在革命中表現出來的「戀愛」一種最具個性特徵的情感方式。丁玲的小說《水》的出現，實質上還有另外一種意義：作為個人的知識分子價值不斷被淡化，不斷向工農民眾進行整體性的轉化。在轉化和認同之中，知識分子特有的細膩、敏感和豐富、浪漫的情感方式被克服，粗俗化、簡單化成為一種符合時代需要的標準情感方式。

必須承認，知識分子的這種情感方式的轉化首先是受制於戰爭環境和軍事生活的。這種環境和生活不僅對人的行為構成嚴格的約束，而且對人的精神狀態也作出了統一的規範。「統一指揮，統一行動，統一思想，統一言論」，規範化、簡單化是當時人們共同的情感方式。無疑，這又是知識分子的一層

精神煉獄。孟超的小說《衝突》典型地表現了這種由外至內的自我否定、實現認同的痛苦過程。革命者於博與女同志繆英田因工作需要而假扮夫妻，在共同的生活中兩人真正產生了愛情，引起了情感的糾葛。最後，他發現自己「蓬勃的革命熱情，好似被愛的問題排擠出一部分去了」，於是，他禁不住痛心疾首地自我譴責：「革命黨人！革命黨人！這完全是反革命！」這種否定既是嚴酷現實的限制，又是對一種集團化、革命化的情感生活的既定方式的認同。郭小川的長詩《深深的山谷》中的女知識青年大劉在痛惜軟弱的戀人的自盡後，終於把自己的身心獻給了那位粗獷、剛毅的指導員，因為「戰士自有戰士的愛情」。楊沫的長篇小說中的主人公林道靜的愛情觀是由「詩人加騎士」而走向「大哥加同志」的演變過程，從余永澤、盧嘉川到江華，是一個非常明顯的浪漫情感的消失過程。革命是必要的，但是不能代替一切，革命應該保留人性中的美好的東西。對於林道靜來說，余永澤是「詩人加騎士」，盧嘉川是朋友加大哥，江華是同志加上級。余永澤挽救了林道靜的生命，盧嘉川改變了林道靜的思想，江華塑造了林道靜的生活。鄧友梅的小說《在懸崖上》中的「我」在內外壓力下，不得不放棄與加麗亞的浪漫多彩的情感生活，而回歸於「大姐加同志」的婚姻模式之中。三十年代以來，浪漫的消失成為許多作品中共同的情感特徵。愛情，這一人類最複雜微妙的心理狀態被固定化、規範化了。而雷鋒則在日記中又把愛情之外的幾種人類情感都做了最具體的概括，並成為當時人們一般的行為規範。

情感尤其是性愛情感被粗俗化、簡單化的另一深層根源，是人們生存環境和文化素質的差異。對於勞動民眾來說，簡單的重複性勞動培養了一種簡單實用的人生需求和思維方式。而對於兩性關係也趨於單純功能性的理解，排斥或輕視過多、過細的情感因素。魯迅小說《阿Q正傳》中，阿Q向吳媽求愛的表白，就是「我要和你睏覺」。

作為一種思想變革運動，五四新文化運動實質上是一場知識界的思想、道德的變革運動。也正因此，中國的知識分子亦成為五四運動的最大受益者，使其獲得了政治意識和道德觀念（尤其是婚愛觀）的解放。與較遠離這一時代中心的勞動者的思想觀念（主要是婚愛觀）相比，二者處於一種時差與異質的文化關係之中。而當工農民眾成為稍後的社會變革（主要是政治制度與經濟制度的變革）的主體後，其原來落後於知識分子的婚愛觀念，便在不知不覺中成為了支配性的觀念。偏狹的政治意識形態將知識分子特有的情感方

式冠以「不健康的情調」，從而把人類最美好的情感都送給了「資產階級」或「小資產階級」，而情感、語言、行爲的粗俗化、簡單化則被視爲「與工農打成一片」的革命戰士的標準。甚至正面的人物肖像描寫也由「白面書生」轉向「黑裏透紅」或「古銅色」的固定模式。這樣，知識分子在道德人格和政治意識的轉向之後，情感方式這一最後的個人化的精神特徵也喪失了自我表現的權利。豐富變成簡單，細膩變成粗獷，多樣變成單一，知識分子在生存方式和表現方式上終於被徹底閹割了。於是，本來應作爲一種獨立精神力量的體制外的知識分子，也終於變成了依附性的體制內的知識分子。

十、文學史與思想史：三十年代中日「無產階級小說」思想形態比較

　　作爲 20 世紀三十年代世界無產階級文學運動的重要組成部分，民國時期的無產階級文學近年來又重新引起了人們的注意。人們的價值觀在經歷一段歷史間隔之後，總要表現出一種回歸與重複，這成爲人類社會一般的思維邏輯。特別是對中國文學史觀的演變而言，這種回歸有時候並不表現爲「否定之否定」的思想深化，往往只是一種翻案式的重複。在經歷了此前否定性的評價之後，又恢復到過去的肯定性的評價，文學史觀乃至歷史觀最終成爲這樣一種思想的循環。

1、「紅色的三十年代」的思想源流

　　歷史更多的時候應該是一種陳述，然後才是一種判斷，更不應該只是一種個體化的判斷。因爲脫離眞實陳述的個體化的判斷往往導致價值觀的隨機性。

　　「無產階級文學」是世界文學史上的一種新奇現象，從文學與社會的現實關係來說，無產階級文學其本身思想內容的社會意義，遠大於這一現象出現的文學史意義。毫無疑問，同中國 20 世紀文學的判斷一樣，世界無產階級文學史也絕不是單純的藝術史和學術史，從某種程度上來說，這是一種思想史和政治史。這一歷史的屬性就爲人們從文本的思想出發，來對這一文學運動進行外在的批評提供了充分的依據。應該說，這種外在的文學史研究至今

仍是最切近無產階級文學本質的研究。本文無意在文學史觀上對無產階級文學運動進行再次的重新評價，僅是從中日文學的關係來陳述一種歷史的事實和思想的關聯。

20 世紀三十年代在世界文學史上被稱為「紅色的三十年代。」在這種世界文學的大格局中，中國無產階級文學受蘇俄文學和日本無產階級文學的影響，作為國際無產階級文學運動的組成部分而發生和發展。俄國十月革命的發生及蘇維埃政權的建立，對國際社會的政治結構和思想發展產生了巨大的影響。由於蘇俄文學的直接而有組織的影響，在中國和日本等許多國家，無產階級革命文學先於無產階級政權而成為一種普遍的事實，一度佔據了文壇的主潮地位。對中國三十年代文學來說，蘇俄文學的影響大致有兩個路向：一個是由瞿秋白及「太陽社」的蔣光慈、沈起予、錢杏邨等人直接傳來；另一個是通過後期創造社成員李初梨、馮乃超、彭康以及魯迅、馮雪峰、林伯修、陳勺水、胡秋原等人經日本文學界轉折而來的。從而形成了「蘇俄→中國」、「蘇俄→日本→中國」這樣兩個渠道而一個目的的傳播路向。就流量和結果來說，這後一種傳播路向最為重要，表現出思想上、藝術上和組織上的最大連續性。

在無產階級文學理論和運動在「蘇俄→日本→中國」的依次發生和傳播的過程中，中國無產階級文學雖因其自身實踐而具有獨特性，但由於發展時序上的後起，其師承蘇俄、日本所表現出來的共通性還是主要的，而這種歷史的變化，最突出地表現在中日兩國無產階級小說的思想形態上。隨著社會發展的時差，在蘇俄文學的影響下，中日兩國現代小說的主題先後發生了共同性的變異：由自我反抗轉向社會革命。其具體內涵也基本上是共同的：鼓吹階級鬥爭，強調階級的集團意識。

上個世紀三十年代，蘇俄、日本、中國等國無產階級文學的興盛，不只是世界近代文學史上的一大轉折，也是世界近代思想史上的一大轉折。為文藝復興以來的世界近代文學的主題之中，又加入了階級——群體的時代最前沿的主題，並且把文學的社會功能做了最大限度地發揮，為各自國家無產階級的政治鬥爭作了歷史的紀錄，並對其政治鬥爭本身產生了重要的影響。無產階級文學的產生無疑是對人類文明的一種豐富。然而，如前所述，無論就其思想主題還是藝術特性來說，無產階級文學都不是一種純粹的藝術運動，是帶有思想解放和思想限制的雙重性質的社會運動。

2、「去個人化」：無產階級文學的主題模式

正是由於蘇日中三國無產階級文學的承遞式的影響關係，三國各自早期的無產階級文學都帶有幼稚的「拉普病」。而最突出的病症是簡單地運用所謂唯物主義辯證法爲創作方法，強調「群像」的描寫，排斥個體形象，這在蘇俄和中國文學中表現更爲明顯。當時蘇聯文藝界領導人明確提出應用「我們」來取代「我」，主張詩人不寫「我」，要寫「我們」。蘇聯戰爭小說《鐵流》、《鐵甲列車》等便是在這樣一種理論下創作出來的，作品中沒有個人形象，沒有主人公，描寫的是無產階級戰士的群體。

直接引入蘇聯文藝理論並在日本產生最大影響的無產階級文藝理論家是藏原惟人。1924 年至 1926 年，他作爲《都新聞》的特派員而赴蘇聯，此間受到蘇聯「拉普」派理論的很大影響。歸國後，藏原惟人大量介紹蘇俄文學理論，發表《政黨與文學》等文章，批評新居格的文藝觀，強調文學作爲「階級鬥爭的武器」的作用，反對無政府主義和藝術至上主義。他把在蘇俄期間接觸到的這種理論融聚成「無產階級現實主義理論」介紹到日本。他在著名論文《無產階級現實主義的道路》中，提出了與過去日本文學傳統相異的、無產階級現實主義的主張。他反對以自我爲中心的、不願觀察社會的個人主義的現實主義，強調要創造站在無產階級先鋒隊立場上的現實主義。直接受到這種理論的影響，小林多喜二創作了《1928 年 3 月 15 日》這部小說。〔註1〕在這部小說中，沒有主人公形象，作者描繪的便是一個革命的集體，而其後創作的《蟹工船》在人物描寫上更加「群體化」，幾乎沒有一位有姓名的主人公。

通過後期創造社和太陽社兩條渠道，直接吸收了日本無產階級文學和蘇俄文學的影響，中國無產階級文學運動帶著感染式的相似迅速開展，革命文學作家很快接受了「拉普」派的理論，並付之於實踐。

革命文學的先行者蔣光慈認爲舊文學表現的僅是個人主義傾向，心目中只有英雄而無群眾，只有個人而沒有群體。他宣稱革命文學是反個人主義的文學，它的人物就是群眾而非個人，傾向是集體主義而非個人主義。〔註2〕蔣光

〔註 1〕 1928 年 3 月 15 日，日本發生大規模鎮壓工人運動「三．一五」事件，小林當時爲小市銀行職員。事件發生後，他向銀行請了假，來到東京訪問藏原惟人。同年 8 月，他運用藏原惟人的理論創作了這部小說。

〔註 2〕 蔣光慈：《關於革命文學》，1928 年 2 月《太陽月刊》第 2 期。

慈的理論主要來自於蘇俄文學的影響，而當時中國文藝理論更主要還是來自日本。當時，杜國癢等人幾乎把藏原惟人的理論文章都譯介過來，並且日本無產階級作家的作品也很快就被譯成了中文，出現在三十年代後的中國文壇上。

中國無產階級小說的具體創作實踐以 1931 年丁玲的小說《水》為界，分為前後兩個階段，即「革命小說」時期與「左聯」時期。其實，從主題層次來說，二者之間還好像並沒有太大的間隔，但其中還有一個重要的區別必須引起我們的注意，那就是形象選擇的個體性與群體性之分。這種區別最初就不僅只表現在人物形象的塑造方式的變化，而是帶有主題意義的變化，即由「革命小說」的「自我否定」到「左聯」時期的「否定自我」的思想演變。尤其是到了四十年代以後，「否定自我」不僅已成為文學主題的認定的常識，而且發展到對知識分子本身的否定。

自我否定與否定自我，並不僅僅是一種否定角度的變換，而是文學主題走向的本質變換，同時也表明了中國社會思想發展的價值取向的變化。說到這種變化，必然找尋其背後的思想根源。中國無產階級文學深受蘇俄和日本的影響，因此我們把中國「無產階級小說」並結合解放區文學與日本的無產階級小說進行比較，從中發現兩種主題轉換中的不同形態以及最終的不同審美感受。

前面說過，中日無產階級小說形象選擇的變化是共同的，追求對群體形象特別是工農民眾群體形象的塑造，這種變化的深層思想基礎是社會發展對個性解放主題的否定。正如成仿吾聲稱的那樣，「我們還得再把自己否定一遍（否定的否定），我們要努力獲得階級意識，克服小資產階級的根性」。〔註3〕

在中日兩國無產階級小說中，都不再把人看做是一個獨立的生命世界，而是作為一個階級的分子，作為階級大機器的一個部件，只有在這機器中個人方有其價值。

人的價值世界包含兩個層次，自我價值與社會價值，兩種價值體系各有其相適應的道德規範。二者之間經常處於對立或取捨狀態，如何調整自我價值與社會價值的關係，是中日現代小說始終糾纏不清的主題。在兩國無產階級文學中，自我向群體的轉變是肯定無疑的。但在二者關係的調整幅度上卻因各自不同的文學環境而發生了差異，使其文學主題凝聚成不同的形態——「人的群體」與「群體的人」，即「群」的完成與「群」的極端化。

〔註3〕成仿吾：《從文學革命到革命文學》，1928 年 2 月《創造月刊》第 9 期。

前者是通過自我否定，自我在不完全喪失自我個性的情況下，經過自身嬗變來主動地完成主題的轉化；後者則是通過群體否定自我，以被動地完全放棄個性自我為前提，把社會主題推向極端。由此我們可以看到兩國文學主題變異過程的不同動力機制。

主動性轉化來自於外在世界對內心的引力，是自我需求與群體需求達到某種程度的一致的自然結果。至少，自我向群體轉化中不以自我的完全泯滅為前提，而是在對自我的否定中主要以自我蛻變為主。被動性轉化則不是來自於內心引力，而是受制於外在環境和純粹理性，帶有以扼殺人的某些本性為目的強制性特徵。

我們知道，中日無產階級文學是在新的意識下，把剛剛從封建宗法倫理體系中掙脫出來的自我主題，又還原為階級的「群」的主題的。但是，與中國無產階級文學尤其是與解放區文學不同，日本文學的還原過程在自我意識驅使下完成的，帶有明顯的自發性。

3、人性與「黨性」的糾結

正常的人，天生就具有社會性意識，而且其個性意識也是在社會中形成的。因此說，自我向群體轉化本來存在著一種自然因素。所以，在文學主題的變異中，個人應該帶著作為一個人所具有的本性而走入群體世界，個人的思想的轉變應該包括一個自我完善的過程。在日本無產階級文學和中國「革命小說」中，我們難能可貴地看到了這一點。

日本無產階級小說以表現工人鬥爭生活為主，雖沒有像中國無產階級小說那樣著重描寫知識分子的思想轉變過程。但畢竟寫到了人物（尤其是知識分子出身的革命者）的精神歷史。這一點在「同路人」作家的作品中更為明顯。日本無產階級作家著眼於「人」對政治的思索，在人的強烈的政治意識滲透中並不失去本原的「人情味」。我們從階級戰士的群體中還能看到「人」的影子。

德永直的長篇小說《沒有太陽的街》中，高枝在激盪的鬥爭生活中，還保留了一個人情感的天地。她對妹妹加代的愛情的獲得，懷有複雜的感情，不久工會領導人狄村也墜入情網，這並沒有成為罷工鬥爭的障礙。至於愛情在加代的生活歷程中更具有決定性的力量。正是由於她對宮地的愛，方使得她堅定地走向了鬥爭的前線，以至最終獻出了生命。讀了細田民樹的《真理

之春》和貴司山治的《敵人的女兒》，看到革命者同資本家的女兒如何在共同的人生追求中相愛相合，就會知道「革命加戀愛」的模式並非僅為中國「革命小說」所有。

在日本無產階級小說中，一般並不否定過革命者愛的權利。人是有感情的動物，一種情感必須只能由另一種更具有吸引力的情感來克服。愛，是人生追求中最具有吸引力的對象。正是由於在日本無產階級小說和中國革命小說中不否定愛的存在，而且往往把愛作為自己人生追求和革命活動的「力的發動機」、「精神的興奮劑」，〔註4〕正是由於這種積極的情感作為，方使自我向群體轉化中產生了強大的主動性的動力機制，使人物帶著人的本色轉為階級的一員。雖說這種情感動力太缺少理性力量了，但任何理性認識都有一個情感參與過程。許多人就是從這種情感吸引開始而走上對革命鬥爭的理性認識階段的。

在日本「同路人」作家廣津和郎的小說《暴風雨前》中，作為知識分子的左貫駿一即是由於青子的愛的吸引，而萌生起重新跨入革命鬥爭行列的欲望的。因此，我們不能簡單地否定「革命加戀愛」的藝術模式，應該看到其中的積極作用。也許具體作品在描述中有失真之處，但從人的精神歷程中畢竟比那種純理性表現更令人可信。一種思想的產生必須有一個情感吸引過程，如果思想不是根植於個人的那種情感需要之中，就不會對人的行為以及人的整個生活產生根本性的影響。

然而，我們感到後期中國無產階級小說尤其是解放區小說，最大的缺憾就是理性太強，缺少人情味。其小說否定自我，強化群體的主題變異已是不必論證的了。我們只想在與日本無產階級小說主題變異的比較中，分析其變異過程的被動性特徵。

我們知道，中國現代小說的主題從其起步之時起，便尋求一種自他融合，展示出主題的開放性特點。作家們從此以一種殉道者的苦行精神開始自我否定，尋找自我之外的精神支點。可以說，到「革命小說」階段，這個支點已經準確而恰倒好處地找到了。自我與群體自發性融合，產生了可喜的一體感。小說中的革命知識分子開始了階級意識的轉化，而這種轉化首先來自於個人生活的體驗。它發生於個性解放追求遭受挫折之後，包含有感受的真誠與憤激，是

〔註4〕 見洪靈菲的小說《流亡》（1928年4月現代書局出版）中主人公沈之菲給情人黃曼曼的信。

一種由個人化的個體行為所組成的時代行為。「革命小說」是這一體驗的具體展示。

在「革命小說」中，知識分子主人公最初的革命動機是為了實現自己的個性解放理想。這種以婚愛自由為主要內容的浪漫的道德追求面對傳統道德的扼制，漸漸顯示出它原有的脆弱性，因為傳統道德有著堅固而強大的政治保護層。於是，道德必然與政治交鋒，道德理想追求的挫折也必然轉向現實的政治反抗。在洪靈菲的自傳體小說《流亡》中，主人公沈之菲通過自己的體驗說明了這一認同的思想歷程：「人必需戀愛，正如必需吃飯一樣。因為戀愛和吃飯這兩件大事都被資本制度弄壞了，使得大家不能安心戀愛和吃飯，所以需要革命！」這裏，作家把握住了個性解放向階級解放轉化的契機，顯示出個人需求向群體需求過渡的內在邏輯。然而，令人遺憾的是，在此以後便開始變形。

我們承認，一個傾心為他而要實現自己的社會價值的人，在其道德行為中必然要承受巨大的痛苦，因為一種選擇必然以另一種選擇為犧牲，善的行為並非就是幸福的行為，甚而就是一個社會價值不斷犧牲個人價值的自我否定過程。日本無產階級小說也恰到好處地實現了這一點，我們通過兩部作品的比較可以更清晰地認識這個問題。這兩部作品是同樣發表於三十年代初的小林多喜二的《為黨生活的人》和蔣光慈的《田野的風》。

這兩部作品發表的時間相近，而且又都是兩位無產階級小說大家的最後一部小說。而從小說主題來說，也是同一層次的：表現革命者為了階級的利益而犧牲個人的一切的崇高精神。為黨生活的人「我」，雖說懷念年老的母親，但為了黨的工作，只好「把過去殘留下來的，個人生活的最後退路和母親的血肉關係也切斷了！」而中國的另一位革命者李傑，為了「我們的事業有益」，同意燒掉自己老家的房子，包括房裏生病的母親和「天真活潑的小妹妹！」

與日本其他無產階級小說比，《為黨生活的人》也許最強調自我利益服從群眾利益的絕對意義，最強調自我向群眾轉化過程中的理性力量了。但根本說來，還是一種主動性的自我否定。因為在否定的動力機制中並沒有來自對立面的外力加入，一切過程都是在自我制約下進行的。與此有所不同，《田野的風》的主題變異則還來於自我世界之外的另一種力量。

當李傑贊同農民赤衛隊小隊長李木匠要燒掉土豪的房屋建議後，李木匠進一步考問李家的老樓如何處置時，李傑的臉孔頓時蒼白起來了：「這病在

床上的母親，這無辜的世故不知的小妹妹，可以讓他們燒死嗎？可以讓他們無家可歸嗎？這不是太過分了嗎？」然而，李木匠那種「殘酷、尖冷的、侮辱的」聲音一次次在逼迫，使他最終接受了這種無情的審判。作者在這裏似乎以此來顯示李傑思想的轉化的痛苦過程，但這種轉化是在外在的壓力下被迫完成的，並非像《為黨生活的人》那樣靠自我理性的力量來完成。個人自我完全處於被動的地位，喪失了原有的獨立性和完整性。在自我與社會、群體之間消除了「革命小說」時期那種自他融合的契合點。並且在不斷加強二者的對立性，毫不留情地以消滅前者為實現後者的前提，而且這種消滅是由生者強制性地施加於前者的。這個消滅過程實質上即是非人化過程。否定愛情，否定個性乃至否定親情和人性。

早在胡也頻的長篇小說《光明在我們面前》中，革命者劉希堅便是這樣一個被抽象化，也可以說是被革命「物化」的人物：他冷靜得像一塊石頭，異於常人。得知 4 個學生被當局處決時，竟認為「如果這樣，那就好極了！風潮就會立刻擴大起來。」革命者的某些特質，諸如堅定、冷靜等等，不應該也不可能抹煞作為一個正常人的特徵。革命者不是幾個概念疊加的結果，而是一個逐步完成過程。無論是社會的發展還是人的思想變異，應該以怎樣使人變得更像其人為目的，應該以促進人的整個生命的發展為目的，即如何最恰當地、最大限度地滿足人的物質、精神和本能三重生活需要。否則這個社會便是不健全的社會，這種人便是畸形的、被閹割了的非人。一句話，人應該是目的而不是手段。

無論如何，李傑、劉希堅們畢竟還算是居高臨下的群眾領導者，而到了左嘉（沙汀《闖關》），陸萍（丁玲《在醫院中》）的時代，知識分子作為個人自我與群體結合的同位體被強大的群體，被排擠到更加可憐又可悲的位置上。

日本現代小說的腳步僅走到無產階級時代為止，對日本作家來說，中國的解放區小說則屬於另外一個世界。他們不可能感受到在一個全新的，帶有理想光環的政權下，自我與群體之間關係的巨大變化。中日無產階級小說不同的主題形態及其變異過程，也正是出自兩種不同的社會環境和文化氛圍。

先說蘇聯兩部作品分別對中日無產階級文學主題的影響。這便是柯倫泰的《赤戀》與法捷耶夫的《毀滅》。

蘇共中央委員會婦女部長柯倫泰 1920 年代初曾寫過小說《赤戀》。這部小說宣揚一種「無產階級的戀愛觀」，認為「對於無產階級來說，同志愛情是

理想的愛。在實現這一理想時，兩性關係辦理正式手續採取永久結合的形式或採取短暫的結合，都不成爲問題。」而且戀愛就是多角的。她的這部小說分別被介紹到中國和日本，對兩國無產階級小說都產生了不小的影響。〔註5〕但在中國，被重印《地泉三部曲》時幾人的序言所否定，而在日本卻演化成「柯倫泰主義」被無產階級作家接受。從《爲黨生活的人》、《暴風雨前》、《眞知子》（野上彌生子）、《沒有太陽的街》等作品中可明顯看到其影響。這本書給日本無產階級小說的主題形態「人的群體」增添了人的氣息。

也許是中國某些知識分子在實際的革命運動中的表現太令人失望，法捷耶夫的《毀滅》被魯迅譯介之後，美諦克的形象便不斷變換膚色相貌出現在中國無產階級小說作品中，使否定自我乃至否定個人知識分子的思想主題得到了進一步的強化。當然，形成否定自我的主題的更重要的原因是新的政治環境的需要和人們對此偏頗的理解。

與日本無產階級小說的產生背景最大的不同是，中國無產階級小說是直接或間接地產生，發展於無產階級政權與其影響之下，在這新的環境下，自我與群眾，藝術與政治的關係調整有了較明確的具體規定性。在當時兩軍對壘的階級，民族的大搏鬥中，群體的利益必然被著重強調，需要個人具備無私的獻身精神。這，本是無可非議的，但是我們卻把這種時代要求理解得過於簡單化，絕對化了，人們思想上不能保留個人的東西，而且人的情感上也不能有個人的一絲一縷，人的一切都被規格化了。這勢必帶來小說人物的臉譜化，小說主題的單一化。當然，這種現象更多地表現在文學思想上，而有許多小說並沒有完全實踐這一點。

無產階級思想在日本，不僅沒有演化爲一種具體的政權形式，而且在還未充分深入到工農民眾之中便被專制政權扼止了，而國民道德中的尊皇意識也限制了這種思想的極端發展。因而，無產階級思想更多的只是作爲一種觀念而作用於作家的思想，沒有物化爲一種嚴密的政權組織形式。這樣，即使人們對自我與群體、政治與藝術關係理解偏頗，也不可能通過政權方式而嚴格地指導著作家的生活行爲和思想感情。所以，當時「每一個人在無產階級解放運動中的思想和行爲是自由的」。〔註6〕因此，在文學創作中方能得以保

〔註5〕 中國20年代後期上海開明書局曾出版過譯本，而1930年北新書店曾有弱萍的同名小說出版。

〔註6〕 《「文藝戰線」綱領》，見1924年《文藝戰線》創刊號。

留更多的屬於個人的東西。再加上日本現代小說漫長的自我主題史，爲後來的社會主題小說帶來巨大的慣力，使得殘餘的自我能在社會主題的軌道上滑行了一段，後來在作家自身的反思和社會政治環境的雙重作用下，文學主題又重新回到自我主題的舊路上來。

早在 1925 年，蔣光慈就如此興奮地高叫：「現在中國的社會眞是製造革命的文學家之一個好場所！」〔註7〕也許他當時還是指中國社會的罪惡和黑暗對作家反抗意識的刺激，那麼到了無產階級政權在中國大地的一角成爲現實存在之後，中國革命作家的生活便開始屬於一個全新的社會。這個全新的社會向作家們提出了更高的要求：要把藝術作爲政治的工具，作家要來一個與農民同化的根本改造。於是，出現了「文藝爲政治服務」，青年革命與不革命及至反革命的標準等問題。這些問題在無產階級沒有政權實踐的日本無產階級作家那裏，大多還只是一種理論，一種思想認識，然而在中國新政權下，卻成爲一個實際的政治問題。

在日本工人運動中，先進知識分子還是作爲革命的組織者出現的，而此時中國武裝革命鬥爭的主體與領導已由翻身農民來承擔，知識分子則成了著名的「皮毛之辨」中無足輕重的「毛」，成了「動搖於無產階級和資產階級之間」（毛澤東語）的一種不甚可靠的政治力量。這種理論不斷強化著中國知識分子固有的自懺意識和依附心理，使其「五四」以來形成的個性精神和思想啓蒙之責任心日趨淡化，形成了接受不斷加強的「異己」觀念的內在心理機制。中國無產階級小說尤其是解放區小說的主題變異，就是在這種社會政治文化氛圍中超速完成的。這是中國新文學在政治上的早熟。

與日本無產階級小說絕然不同的是，在中國後期無產階級小說中，多把知識分子人物置於一種受批判的被動位置，以知識者的局限與勞動者的明顯優勢構成鮮明的對比，這種不公平的對比是新時代人們對政治與藝術關係的簡單理解所強加的，前面說過的沙汀的《闖關》題目本身便具有一種象徵意義，「文化人」，左嘉的自懺自否意識在「武棒棒」余明的粗暴偏見的作用下，變得那麼強烈，最終消滅了自我。何其芳後來慨歎，中國文化「缺乏「人」的觀念」，「我們這個民族的悲劇是雙重的，一方面誠實的知識分子已和羅曼‧羅蘭一樣深切地感到個人主義者的短處軟弱無力，一方面不近人情地忽視著

〔註7〕蔣光慈：《現代的中國社會與革命文學》，1925 年《民國日報》副刊《覺悟》新年號。

個人的儒家思想還是有力地存在著。」〔註8〕我們感到，他此時的慨歎大概要比「五四」時代的作家呼喊具有更複雜的感受吧。

中國社會的現實決定中國革命必須以人民大眾的政治、經濟解放爲重點，這是人的根本生存問題。離開這個基本前提，一切個性自由、人的解放都無從談起。但是以解決自下而上問題爲目的的政治、經濟革命，與以實現個性自由爲目的的革命並不是對立的，而是並行不悖的。無產階級在政治經濟上的解放不應代替也絕不等於思想文化上的徹底解放。經濟是文化的基礎，政治是文化的主宰，但是政治對個人來說總是片面的，而文化總是整體的，政治、經濟革命與思想文化革命應是互補的。

知識分子在改造社會中以向民眾靠攏爲目的進行自身改造是必要的，但在改造自身的同時更應有更高的人類追求，他們不應像農民那樣專注於人自身的生存需求，專注於政治、經濟上的價值實現。因爲農民是社會結構的最底層，他們在追求中只會得到什麼而絕不會再失去什麼。所以，生存需求構成其反抗社會的基本境界。知識分子除了爲民眾獲得生存而獻身於政治鬥爭之外，更該有使農民獲得文化上的覺醒的歷史責任，而不應是放棄這種責任而去簡單適應民眾的需求。二者不應是取捨關係，而應是具有不同層次的共同追求中的互補關係。人的解放應該是全面的，尤其是精神上的解放。

馬克思說，「唯一實際可能的解放是從宣佈人的最高本質這個觀點出發的解放。」〔註9〕「任何一種解放都是把人的世界和人的關係還給人自己」，「努力在一個更高的階梯上把自己再現出來。」〔註10〕從馬克思主義建立的第一天起，就把人的解放作爲自己的最高目標。然而，我們把馬克思主義從蘇俄轉接過來，所接受的不是馬克思早期人本思想，而是後來的革命學說。並且被農民起義的暴力革命傳統所強化，而馬克思主義中寶貴的人本思想被忽略了。

中國社會在歷史上有兩種傳統：「順民」的傳統與「暴民」的傳統。在中國社會的變革中，「暴民」的傳統不僅是其變革過程中的主要力量，而且是變革過程中的價值導向。因此，對於革命的熱衷，是中國社會歷史構成的主要內

〔註 8〕 何其芳：《論本位文化》，見《何其芳文集二卷》，人民文學出版社 1982 年版。
〔註 9〕 馬克思：《1944 年經濟學哲學手稿》，《馬克思恩格斯選集》第 1 卷第 15 頁。
〔註 10〕 馬克思：《政治經濟學批判·導言》《馬克思恩格斯全集》第 2 卷，人民出版社 1972 年版，第 114 頁。

容。的確，在以暴力為特徵的革命實際鬥爭中，一般知識分子往往是蒼白無力的，這種事實被受純粹革命理性左右的作家經過主觀化處理，便有些「美諦克」化了。在這裏，人的價值尺度已由雙重變為單一，而且被嚴格地定型化。要實現個人的價值，必須符合這個唯一的價值尺度，只有這樣方能被社會所承認。

我們說，自我向群體、社會轉化，是人類社會發展的必由之路。但自我與社會不是對立的，其轉化動力也不應是強制性的外力作用，否則這種外力強制性否定反映在作品主題中，便呈現為一種思想假象或人格假面。在社會群體內，人的行為都具有非自發性，不是出於個人本然欲望而行事。社會群體的價值觀念極力賦予這些行為動機以合理的形式，來使行為者相信這些行為是出自於自我內心，但即使如此，也是一種社會集體無意識在個人身上的反映，個人的行為、思想在這裏不過是一種思想假象或人格假面而已。

人實現自由有兩種途徑：走向內心世界與走向群體行動。然而，太關注自我，孤芳自賞，最終只能走入末路；可是完全消滅自我而順應群體，又只能是一種「非人化」過程。應該在自我與群體之間恰到好處地進行選擇，這，也許就是我們通過對中日現代無產階級小說主題變異歷史的初步考察後，所得到的一種個人化的結論。

十一、《講話》的重新理解與當代批評品格的確立

　　毫無疑問，毛澤東的《在延安文藝座談會上的講話》作為半個世紀以來中國主流文藝思想、運動和批評的基本尺度，既是一種歷史事實，又是一種思想原則。而對這半個世紀以來文學發展的波峰浪谷的總結、對當下和未來文學態勢的把握，又必然與這一事實和原則的評價、認識相關。

1、批評邏輯的理解：歷史性與現代化

　　《講話》作為一種歷史事實的存在，對其批評便往往從文學史和文藝思想史的角度，進行歷史價值的確定；《講話》作為一種思想原則的認同，對其批評又多從當代文學的現實發展，進行當代意義的理解。無論歷史價值的評價還是當代意義的評價，都是從對象本身的內容構成出發所作出的一種有關思想內容的單純理解。其實，對於任何一種文本或思想的評價，都不能限於其內容本身價值的評價，而應將其納入到人類思想史的發展歷程中，在形而上的層面上，從一般思維邏輯上對其內容價值作出評價。

　　任何歷史產物都有其產生的必然性和存在的合理性，而且由於社會和歷史的某種重複性，其歷史價值會通過實踐主體的理解而轉化為當代意義。

　　產生的必然性是社會發展到一定階段的思想積纍和時代環境的作用的結果。這是一種歷史的需要，是客觀的存在。就《講話》的基本思想來說，是近代以來中外左翼文藝思想，特別是 1930 年代無產階級文藝理論的延續和實踐的總結。一種思想的提出，都必然有一個線性的思想過程。思想到達一個

點而發生，實質是有一個相當漫長的成長過程的。因此，對於歷史產物的評價首先必須遵循歷史性的原則，從一種縱向的思維邏輯來對其進行理解。

存在的合理性是歷史產物與存在環境之間的相適性的體現，是一種思想和對象之間的對應性關係的價值顯示。說到底，存在的合理性是即時的功利價值的判斷。一個文本或一種思想於當時社會現實需要相適應，具有現實的效用，於是便有了存在的合理性。即使有時其現實效用不是發生於具體的社會功利性的判斷上，而是作用於當時人的精神狀態，從而產生一種思想、心理的變化，但這也是一種存在的合理性的表現。新文學中大眾化的理論發展到 1940 年代，之所以能在《講話》中達到一個前所未有的高度，成為一種被文學界所普遍認同的思想和創作乃至生活原則，除了闡釋者所具有的政治權威和影響之外，更重要的是，這種理論與現實需要之間具有極大的適應性，於當時的政治鬥爭有十分顯著的效用。

1937 年，抗日戰爭全面爆發，民族和國家的命運使每一個人都可能產生一種危機感。時代和社會就賦予了作家一種歷史的使命：動員民眾，投身抗戰。毛澤東以政治家的身份和政治性的邏輯，對文藝大眾化的理論作了歷史的總結，以現實需要為目的，系統地提出了文藝為工農兵服務的思想主張。無論作為中國革命的主體還是作為中國抗戰的主體，工農兵在這種以力量改變中國政治、經濟的過程中，都具有不可懷疑的歷史決定作用。在這個歷史變革時期，文藝大眾化的主張就不僅有了文學史的總結性價值，更有了緊迫的現實社會價值，使精神的力量轉化為社會的物質力量。文藝從而就直接實現了功利的目的。而毛澤東並不迴避這一目的追求，他明確宣佈：「我們是無產階級的革命的功利主義者」。作為政治家，他如此來強調文藝的當前價值不僅是可以理解的，而且是需要的；而作為文藝家，如果在這樣一個歷史時代裏，不能表現出相近的意識和行為，則是令人遺憾的，至少他的個體人格應該受到懷疑。

作為後人，對一種歷史作出評價總是輕而易舉的，而就在這輕而易舉之中，往往對歷史誤解和曲解。評價的一種歷史主義原則這樣要求我們：必須把鳥兒放回山林，把魚兒放回大海，去觀察它們的生活原態。歷史性的原則就是要求評價者對歷史的產物進行還原性的理解。

幾乎對於每一個現在時代來說，任何歷史都是有缺憾的。而從每一個後人的視角來看，任何歷史產物都有局限性。這應該是歷史判斷的又一個基本原

則。無論在對其產生當時的歷史價值判斷上，還是在其後的當代意義的確定上，都應堅持這一認識。如果我們相信這一點，就可以以此作爲一種普遍的價值尺度，去評價中國主流文學的最高法則《講話》所可能具有的缺憾和局限。

從進化論歷史觀的線性思維邏輯來看，任何完美的事物都有其不完美的發展過程，而任何不完美的事物又都有其走向完美的可能。所以，缺憾和局限一方面表明了事物發展的不足，另一方面又表明其具有未來充分發展的空間。在這一意義上說，指出某一歷史產物所存在的缺憾和局限並不是對其的否定，而是一種符合一般事物存在與發展的普遍法則的判斷，並且是對這一歷史產物所可能具有的生命力的承認和未來發展空間的肯定。而一種歷史產物的當代意義也就發生在這裏。如果我們能平靜地讓《講話》也接受這一判斷，那麼也會同樣證明這一點。其實，不論我們願意還是不願意都必須如此，因爲《講話》也是一種歷史的產物。人類文明的進步不僅在於不斷把握或接近眞理，而且在於不斷被證明錯誤。證明錯誤也是一種歷史的進步。

一個時代的結束往往標誌著一種價值體系的弱化乃至解體。一般說來，一種事物產生和存在距離當下愈遠，其意義也就愈淡化。因爲時間的差異必將帶來性質的差異。而彼事物要在此時代獲得價值和意義，就必須被不斷地作出符合此時代的闡釋和理解。這就是歷史評價的現代化原則存在的邏輯基礎。

《講話》作爲1940年代中國無產階級意識形態在文藝思想上的體系性的確立，在其後半個世紀以來中國文藝的發展史上產生了巨大的影響。就社會主義的根本思想構造來說，《講話》的基本精神仍然具有重要的當代意義。然而，從邏輯和事實兩方面來說，《講話》的某些思想和觀點又確實存在著歷史的缺憾和當代意義的局限。

從邏輯上看，由於時間的間隔和空間的變換，《講話》的某些觀點和思想的對象與前提已發生變化，在一種新的時空條件下，其意義必然改變。例如，毛澤東對「文藝的基本出發點是愛，是人類之愛」的觀點的批判，在世界政治、文化格局發生了巨大變化的今天，「這種統一的愛」是確實存在而且是確實需要的，中國文學所缺少的就恰恰是這種人類性的主題。對於「流」的清理，還要根於對「源」的反思。一種理論在實踐我們必須勇於設問：幾十年來文藝發展中的失誤，是否僅是對《講話》的「誤讀」而不是對其中某些思想的「讀誤」一種理論在實踐中被屢試不中時，我們不僅要重新實踐，還要檢驗理論本身。

2、批評對象的理解：政治性與學術化

文學與政治的關係對於中國文學家來說，是一個難以說清楚而又難以擺脫的世紀性的問題。當毛澤東在《講話》中以政治性的思維和話語對這一問題作出歷史性的闡述之後，於是後人對《講話》的歷史價值和當代意義的理解，也就按照這一思路來運行。毫無疑問，這一思路相對於中國文學特別是近代以來的中國文學的本質來說，具有獨特而有效的解釋權。這種解釋權是中國社會的傳統和現實所賦於中國文學和中國作家的。

中國文學的政治功利性的價值觀，始終在文學觀念的歷史發展中佔據主導地位，它來自於中國社會的政治結構功能和作家即知識分子構成的歷史傳統。

在中國封建社會，知識分子不僅作為封建社會中官僚階層的後備力量而存在，而且其本身也就是官僚體制中人。進學達到一定的階段之後，便可以食朝廷俸祿而被「官養」而被「官養」必然被「官用」。我們還必須看到，中國傳統的知識結構和價值觀一直以道德學說為主要內容，這一方面決定了讀書人自身的知識結構與統治者的政治需要之間存在著必然的聯繫，決定了其被用的可能；另一方面又使讀書人不能參與具體的社會生產和科學實踐，不能創造實在的價值。當知識分子不能進入政治權力結構之中，德行和知識也就不能轉化為功利性的價值，人也就最終失去了一般的社會地位。

近代以來科舉仕途的中斷，使中國知識分子由權力集團變為思想集團，終於作為一種單純的精神力量而存在。而當中國社會的變革由觀念變革轉向物質和規範變革之際，作為一種精神力量形態的知識分子的存在意義似乎也被社會進一步淡化。因此，在具體的政治對抗之中，歸依某種政治實體正是知識分子原有仕途中斷之後的價值彌補或恢復方式。當然，這裏包含有中國知識分子極其自覺的社會使命感的存在。

上個世紀三四十年代，階級的和民族的激烈矛盾、劇烈的思想分化，使一切都政治化了。政治尺度成為一般社會存在的基本尺度，包括人們的生活行為和精神狀態。政治意識成為了當時社會的時代精神，即使不是從政治邏輯出發，作家要使自己的作品具有社會價值，爭取最廣大的讀者，也必須表現這時代精神。因此說，《講話》的政治本位意識和對《講話》的歷史價值的政治性理解，都是符合文本功能和歷史實際的。但是，文藝批評在本質上是一種科學研究，對於某一對象的研究不僅要作政治性的歷史評價，而且要將

其從一般事實和具體環境中剝離、抽象出來，進行一種形而上的學術研究。這是一種學術化的過程。對於《講話》來說，學術化包含有以下兩種意義。

第一，將《講話》及毛澤東文藝思想作為一種思想體系來加以認識。

多年來，許多人一直認為毛澤東文藝思想尚未形成體系。其實，即使不是把毛澤東文藝思想歸結為「包括早期共產黨人在內的黨的卓越的領導人把馬克思主義關於文藝的一般原理同中國無產階級文藝運動和社會主義文藝建設實踐相結合的產物」〔註1〕的話，單就毛澤東本人的文藝思想而言，也已形成了較完整的體系。從文學觀念、文學傳統、文學創作、文學批評乃至文藝政策等諸方面，毛澤東都有自己比較統一和固定的觀點。只有在這樣一個體系化的前提下，才能對《講話》在毛澤東文藝思想、在中國當代文學發展史中的重要地位，加以更為準確、完整的認識和理解。

第二，將《講話》及毛澤東文藝思想作為一種學術研究的對象來加以科學、客觀的理解，以確定和辨析其在學術史上的價值和影響。

應該說，政治性是學術研究和學術價值的內容，但不是唯一的內容。必須承認，毛澤東在《講話》中是以政治為本位的，這體現了毛澤東作為政治家所具有的思維特性和中國社會當時對於文學的歷史要求。他對於文學與政治的關係的判定，對於知識分子思想的政治判定，都表明了這一點。當毛澤東強調作家和知識分子要同工農大眾結合時，對於政治性的價值強調明顯要重於藝術性的要求，這從後來他對知識分子的思想否定中可以得到認證。他把對於知識分子的判斷由道德上的反感轉入政治上的否定，認為中國的知識分子大多數是屬於資產階級的，因此必須進行徹底的改造。而後來人們對於知識分子的政治肯定也仍然是從一般勞動民眾的尺度來進行的，不能進一步承認他們是一種獨立的精神力量，是社會中最尖端的知識集團和思想集團。

科學無論是作為一種精神存在還是作為一種方法存在，都與單純的信仰和權威有本質性的差異。如果把《講話》及毛澤東文藝思想不僅作為一種政治原則而是作為一種學術對象的話，那就不會只有一種評價視角和尺度，也可能由此獲得對其更全面和豐富的認識。例如，就中國知識分子與工農大眾的關係來說，如果從文化社會學的視角看，二者更多地應該表現為鄉村文明與都市文明、傳統文化與現代文化之間的差異和衝突。那麼，對於知識分子是否與工農大眾結合的判定也就不會只有「革命」和「反革命」兩種結論。

〔註 1〕 馮貴民：《毛澤東文藝思想體系論稿》，第 2 頁，武漢出版社 1992 年 8 月出版。

因為一個青年、一個作家即使在政治變革上與工農大眾存在著認識差距，但在文化變革上卻同樣表現出對中國社會進步的支持。甚至有時在文化觀念上恰恰與工農大眾保持了差異和距離，才更具有進步意義。政治對於一個人來說總是片面的，而文化則往往是完整的。

3、批評主體的理解：同一性與個性化

歷史是由事實和思想構成的統一體，它包括外部事件和內部思想兩個部分。這相對於後來的評價者來說，歷史就是史實和史觀的結合。但是，評價者的評價不是史實的簡單說明書，他的評價可以從發現一個外部的事件開始，但絕不能停留在那裏。必須把握事件背後的思想過程，並用自己的思想去評價，而評價的方式就是在自己的精神世界中重現並印證它。在這個意義上，評價者的思想才是積極的、有獨特價值的。歷史的思維就是批判性的思維，它表現在歷史價值和當代意義的兩方面的評價中。

歷史價值的批評可以是一種事實的評價。在一種固定化的時間裏，對於一種既定的歷史存在，其價值與意義都早已顯示出來。因此，一元化的理解不僅是可能的，而且也是應該的。因為評價對象本身就產生在一個需要同一性也具有同一性的思想環境之中。

在一個特殊的時代裏，要求思想的同一性是必要的。以戰爭形式所表現出來的極端化的階級和民族的對立，需要思想和行為的一致。戰爭是一個大的政治機器，它要把一切都納入自己的固有邏輯之中，要克一切個別、獨出的因素而強化整體功能以保持機器的運轉，這是一種政治的邏輯，政治的邏輯就不能用倫理的和情感的邏輯去判斷。犧牲不和諧的個體和個性是保持機器的正常運轉的必要代價。歷史是自在的，有時候是會把孩子和洗澡水一起倒掉的，這也許就是歷史發展的代價。

毛澤東在《講話》中從知識分子與工農大眾的思想情感的隔離狀態中得出結論，認為「他們的心靈深處還是一個小資產階級知識分子的獨立王國。……必須明確地徹底解決它。」無疑，這是一種在政治、思想的同一性之後又對情感的同一性提出的要求。知識分子與勞動民眾在具體生活中最明顯的精神差異是情感方式的差異。情感方式是由人的教養、職業和生活方式所形成的一種精神表現形態，它滲透於個人的所有生活行為之中，有著比理性的意識形態更為穩固的特性。知識分子與勞動民眾之間的情感方式差異是

群體性的普遍存在，在社會知識化程度較低的時代裏尤其如此。所以，要求知識分子與工農民眾在政治、思想保持同一是可能的，也是應該的。但是，要求他們在情感方式上達到同一則是對個人性情的取消。三四十年代，特別是在解放區發生的思想批判和文藝論爭很大程度上源自於鄉村文明與都市文明、傳統文化與現代文化的衝突。在文學世界裏，作爲都市文明和現代文化的體現者的知識分子在鄉村文化環境中，始終處於不斷被嘲諷和揶揄的尷尬境地，並且不得不改變原有的情感方式而向勞動民眾一般的粗俗化、簡單化的情感方式轉化、認同，以眞正實現「脫胎換骨」的改造。

當歷史研究以政治性爲唯一的思維和尺度進入評價者的判斷時，結論往往是既定的，或者是預先給定的，而批評的同一性於是發生。如果作爲一種思想和事實的存在，對於批評的主體來說，對《講話》的歷史價值與當代意義的理解應該並非是一元化的。特別是對其當代意義的理解上，更應該有多樣性的理解，這便是批評主體的個性化原則。

思想永遠應該是鮮活的，其活力便來自於社會思想的多樣性。因時代需要，社會思想暫時的高度同一，可以產生強大的凝聚力，而長期的同一則可能會出現僵化和迷狂。無論是歷史還是現實，只有存在悖論和異質，才更有生命力。對於《講話》的個性化、多樣性的理解其實是對毛澤東文藝思想構成內容的豐富和發展。當我們在毛澤東文藝思想體系中發現和印證這種原則時，才會感到它所具有的無限生命力。更何況思想是每個當代人的權利。

改革開放 20 年來，中國最尖端的經濟理論在政治權威的支持下，爲市場經濟的形成和繁榮，爲中國企業結構的調整，爲建設有中國特色的社會主義實踐，作出了巨大的貢獻。從 1970 年代到 1990 年代，中國的經濟理論已發生了本質性的、體系性的變化，而中國 1990 年代的文藝思想體系與 1950 年代相比，不過是一種同位橫移，時間在這裏似乎是毫無意義。文藝批評與創作的錯位，思想對於時代的滯後，作家和讀者對於批評和批評家的冷漠乃至嘲諷的現象必然發生。而作爲另外一種補償，當代西方文藝理論甚至以一種炒作的方式蜂擁而至。說正統的文藝思想體系被取而代之還言過其實，但不被認同已成爲私下裏一種相當普遍的個人認識。如果我們要眞正維護毛澤東文藝思想體系的權威性，就必須讓它不斷經受現代化、學術化和個性化的檢驗，以保持其內部強大的生命力量。

一部《講話》批評史絕不能成爲一部思想經典的注疏歷史。儒家「述而

不作」的注疏傳統實質上並不是一種學術價值觀，而是一種僵化的思想原則。
解放思想，實事求是，絕不是一種政治口號，而是一種思想路線、一種學術
精神。

十二、缺少同情與關懷的冷漠之作：
《潘先生在難中》的錯位批判

葉聖陶的短篇小說《潘先生在難中》是民國文學史上描寫知識分子的名篇，連續多年都被選入中學語文教材中，自從茅盾作出「把城市小資產階級的沒有社會意識，卑謙的利己主義，precaution，瑣屑，臨虛驚而失色，暫苟安而又喜，等等心理，描寫得很透徹」〔註1〕的判斷之後，文學史對這篇作品的評價似乎已經形成了定論。這不是對一篇作品或一個人物的評價，而是對整個知識分子群體人格和性格的批判。其實，潘先生的個人欲望和處境是否應該同情？其社會意識是否清醒？如何評價其行為與思想的矛盾？這一系列問題是有必要重新探討的。

1、卑微的生存狀態與「卑謙的利己主義」

這個問題是重新評價《潘先生在難中》這一作品的思想焦點。

從抽象的道德原則上看，潘先生的一切舉動是可笑可鄙的，但是一切又是無奈的，是人的生存的需要也是人的生存的權利。作為一個知識分子，潘先生有權利生活得更安定、更完整。潘先生的人生是「瑣屑」的，但是生活和家庭本身就是由瑣屑構成的。他所追求的不過就是家庭成員的「一個都不能少」，他的一字長蛇陣本身就是這一種期望的象徵，也是一種動盪和辛酸的象徵。他與妻兒的離散是人生的最大悲劇，求得家庭的完整是人最低的生活願望，而這些努力和巴結是不應該受到譴責的。他對妻兒千方百計的呵護之

〔註 1〕 方璧（茅盾）：《王魯彥論》，《小說月報》1928 年 1 月號。

心和萬般體貼之情，滲透著眞摯的愛。有愛的人的才可能是善良的人。當他在混亂的人群中見不到妻兒時，焦急地「禁不住浸出兩滴眼淚來」，這浸出的眼淚，是應該值得人們同情和令人相信的。沒有經歷過眞切體驗的人是不會體驗到其中的切膚之痛的。「無情未必眞豪傑」，能爲別人而流淚的人一定是可愛的人，從不流淚的人也許是堅強，但也許是可怕。

當潘先生從戰區率領全家逃出之後，經歷了短暫的分散而最終與妻子會合時，不禁感慨萬千：「現在好了！」其實這闔家團圓本身也是一種不幸，因爲這已經成了戰亂中的中國普通民眾的最高的理想。當他聽說火車眞的不通了，「心頭突然一沉，似乎覺得最親熱的一妻兩兒忽地乘風飄去，飄得很遠，幾乎至於渺茫。」大戰在即，獨處空曠的家中，「潘先生想起遠在上海的妻兒來了。他不知道他們可安好，不知道他們出了什麼亂子沒有，不知道他們此刻睡了不曾，抓既抓不到，想像也極模糊；因而想起自己的被累要算最深重了，悽然望著窗外的小院子默不作聲。」此時，潘先生可能想到了平日院子裏孩子們嬉戲的笑聲和充溢著的家庭的溫情。此情此景是催人淚下的，也是讓每一個父親和丈夫動容的。

潘先生是無奈的，其行爲也必定稱不上高尚。但是，面對那些「覺得最高的權威附靈在自己身上，什麼東西都不在眼裏，只要高興提起腳來踩，都可以踩做泥團踩做粉」的兵士們，面對即將成爲戰場的家鄉和可能遭遇到的屠城之虞，我不知道作爲一介書生的潘先生除了躲避和盡量保全家小的生命安全之外，還有什麼更高尚或更穩妥的方法？而作者卻在那裏冷漠地嘲諷，我不知道此情此景如果是作者自己該會怎樣？在那種境況下，難道還要求他拋棄家小或組織民眾或自己單幹，拿起武器與杜師長或其他什麼師長之類的軍閥進行抗爭嗎？

其實，潘先生的行爲和心理深刻地表現了軍閥混戰給底層人民帶來的動蕩和苦難，而作者嘲諷的對象卻錯位地轉移到了受害者身上。潘先生是受害者，在和平的環境裏，他肯定是一位盡職盡責的好教師。正如潘師母所說的那樣「到底性命要緊還是學堂要緊？」潘先生的全部矛盾和弱點其實就是既要「保家」又想「衛國」，實現「保家衛國」的理想是他當下最大的願望。當他暫時不能「衛國」時也只有盡力地「保家」了。在這混亂的生活狀況下，潘先生們本來已經夠不幸的了，所謂的「灰色人生」不過是在身不由己的戰亂環境中，既想盡到教師職責又想盡到父親和丈夫的職責而已。

在一個不能自主的社會裏，不能剝奪小人物的生存的權利和生存的方式。要知道，潘先生的行爲沒有對任何人構成傷害，只是求得對自己和家人的保護，他不是以損人利己爲目的就已經是好人了。對於他這樣一個小人物來說，他只能用比較卑微的方式使自己和家人避免傷害。潘先生繼承了中國傳統知識分子的根性，謹小愼微、巴結取巧，活得十分辛勞、卑瑣，也有些委曲求全。作者應該把批判的重點放在使潘先生一家處於危險、動蕩、艱辛的社會環境上，放在社會中的支配性的人物身上。個體人格的批判在這時並不重要，對於知識分子群體或個體人格的批判的價值是由所處的環境決定的。不能把人對最基本的生存需要的渴望和努力視爲一種墮落，更不能把戰爭中的責任歸罪於懦弱的知識分子。是誰製造的了這場災難？在善惡對峙的社會裏，是批判強者還是批判弱者？答案之間是存在著思想的差異和境界的差異的。這也是葉聖陶與魯迅在思想啓蒙和改造國民性文學主題意蘊上的差異之所在。

無論任何時候，不能保護弱者的社會，就不是一個健全的社會，一個健全的法制社會首先應該保護守法者。而在作家的立場上，批判弱者而不去批判強者，同樣也是不公平的。至少，弱者不應該承擔強者製造的悲劇的責任。《潘先生在難中》在藝術上一直被稱道的「冷靜地描寫」，實質上是作者以一種「不動聲色」的冷靜旁觀的角度，把一種社會災難中的受害者小丑化了，漫畫化了，人間悲劇於是也就成了生活喜劇，所謂的「冷靜」之中其實滲透了冷漠。而嘲諷不幸，戲謔悲劇，是不道德的行爲，最後必定使社會失去公正與愛。

2、職業道德的底線與「沒有社會意識」之說

毫無疑問，潘先生的思想與行爲充滿了矛盾，但是他返迴學校的決斷還是應該被肯定的。他重返戰場既有怕失去工作的生計之憂，也有怕被別人看輕的名譽之慮，而其中的職業道德和社會責任意識也是不能否定的。他懂得不能放棄一個教師應該承擔的責任，他盡量想將這責任體面地承擔起來。好容易逃離戰亂的家鄉，好容易經歷妻離子散才獲得闔家團圓，他本可以不從安全的上海回到大戰即將發生的家鄉，然而他反覆思忖，最終還是不聽夫人的苦心勸阻，覺得「回去終是天經地義」。能夠下這個決心並付諸於行動，即使算不得高尚，但也不能說是卑微吧？相反，我覺得這足以證明他精神深處還保留著一種職業的尊嚴和男人的豪氣。潘先生可能是堅守崗位到最後的教

師，「紅房子裏早已住滿了人，大都是十天前就搬來的」。連教育局長和其他同仁也早就在那裏佔據了一個不錯的位置。

潘先生為戰爭勝利的軍閥書寫那塊「功高岳穆」的牌匾，是他缺少骨氣和清醒社會意識的最大政治嫌疑和人格污點。但是，潘先生的思想還是清醒的，最後他在書寫牌匾之時，還能清醒地知道，正是這些軍閥造成了「拉夫，開炮，焚燒房屋，姦淫婦人，菜色的男女，腐爛的死屍」。除此之外，他沒有做任何傷害他人和社會的事。他的可笑可憐之外是不是還有些可愛可敬？

3、「永遠高尚」或「不許平庸」的社會評價問題

長期以來，人們對於知識分子有一種高懸的倫理要求，而知識分子也把過於沉重的社會使命肩於自身，把社會使命看得過於沉重，並在理論上自認了這一角色。「修身齊家治國平天下」的歷史承傳使中國知識分子的每一種行動和思想都有了特別的要求，而為人師表的信條更是教師做人的傳統戒律。因此，一旦知識分子超出這一道德規範而表現出一種常人應有的欲望時便被人譴責。人的社會存在包含社會義務和社會責任兩個層次的要求，社會義務本質上是一種起碼的公民意識，是社會規範的一般要求。職業道德便屬於社會義務範疇；而社會責任則是一種更高的道德要求，是超越於自己的利益需求而表現出來的崇高。作為社會的精英，知識分子應該具有「先天下之憂而憂，後天下之樂而樂」、慨當以慷的社會責任感，但是與天下同憂，和天下同樂也絕不是不崇高的狀態。令人感慨的是，在中國傳統的意識中，「永遠高尚」或「不許平庸」實際上已經成為全社會的評價尺度和知識分子自身的傳統角色。

知識分子的確在性格和行為方式上存在著弱點，性格具有二重性，行為優柔寡斷，這是因為長期以來中國文化和社會給知識分子限定了過多和過於沉重的道德重負。幾乎所有的知識分子都有一種兩重人格：形而上的道德自律和現實生活具體的需要與誘惑。分裂的人格是因為存在著一個更高的道德要求。這道德的要求其實也是人類的一種向善的要求，有這種要求總比沒有這種要求要好。而本能的欲望和道德要求之間總是存在著衝突的，虛偽不是中國知識分子先天的本性，平凡甚至平庸也不能看作是知識分子的人格缺陷，而應該反思的是被高懸和虛置的道德信條。柳下惠的高潔與定力之所以被歷代慨歎，就在於其人其事的空前絕後和絕無僅有。當絕大多數人都不能達到「坐懷不亂」的境

界時，那麼「坐懷不亂」的虛擬教論是否合理？是否還有意義？人是很難達到「坐懷不亂」的，只是儘量不給「坐懷」的機會而已。

中國知識分子一般沒有宗教信仰，來世觀念或神鬼意識的束縛較少，以儒學爲主體的入世觀念是其基本意識。儒教不是宗教，沒有嚴格的教規、教儀，因此沒有純正宗教傳播過程中的限定性。所以與純正宗教相比，儒家觀念系統具有一個明顯的優勢是，具備宗教的神聖性而不具備宗教的神秘性，是世俗化的準宗教。神聖性使其獲得了純正宗教的權威性，世俗化又使其獲得了純正宗教所沒有的廣泛性。所以，儒家道德觀念不僅高懸於殿堂之上，亦散佈於窮鄉僻壤之間，它滲透於中國人特別是中國知識分子世代承傳的生活細節和精神深處之中。它不僅是人們的知識價值標準，也是道德說教的價值體系。在倫理本位的社會之中，中國知識分子的道德感來得格外強烈，君子之風度、丈夫之氣節、文人之德性、教師之表率，始終是中國知識分子的爲人處事的信條。而社會上也形成了一種共識：知識分子或「讀書人」特別是教書的讀書人，就應該不食人間煙火，就一定總要比別人高尚。

所以，潘先生的行爲並不是因爲比別人卑劣，而是因爲人們包括作者對其有著更高的人格要求。如果潘先生是一個農民，我們甚至可以說他是偉大的。因此說，社會是不公正的，因爲它制定了不公平的道德層次。一個行爲並不比潘先生高尚的工農民眾或者其他的什麼人，也可以憑藉歷史和社會對知識分子預設的不公正的標準，對其進行不公正的指責。作爲社會中的普通個體，潘先生爲什麼一定要比別人活得更高尚亦或更堅苦？所以，首先應該懷疑和譴責的是既定的道德規範，而不是潘先生個人。如果說他應該受到所謂虛偽的指責的話，那麼也正是這種超越於人的正常需要的道德規範製造了他的虛偽。

中國傳統社會的知識分子是不幸的。因爲人的本能欲望是不可遏止的，而被高懸的道德戒律和人格風範還必須遵守。因此，無論是思想還是行爲之中，知識分子身上都始終有兩個「我」存在：「人」和「神」或「鬼」的較量與並存。既要滿足欲望又要適應規範，於是造就了知識分子人格的分裂甚至虛偽，「表面上道貌岸然，一肚子男盜女娼」的現象也就必然出現。通過潘先生的形象，反思傳統道德的公正性和合理性，恰恰是急需的，是有普遍意義的。知識分子有比別人更豐富的知識，有更高的道德欲求，因此也有資格有權利比別人生活得更好。處於戰亂中的潘先生們尤其如此。

十三、再論《潘先生在難中》：寬容的 道德哲學與知識分子的職業化

　　我的那篇關於重讀《潘先生在難中》的短文將招致「批駁」是我意料之中的，這是從一開始就有的一種預感。看過賀仲明先生與我商討的文章（見《文藝爭鳴》2004 年第 6 期《弱者的批判與知識分子的道德要求》），其中至少有兩點我是認同的。第一，他所指出的「弱者能否被批判」問題，雖然我所說的批判強者還是批判弱者有一個「在善惡對峙的社會裏」的前提，但是毫無疑問，弱者也是應該被批判的；第二，賀先生認為我應該針砭的是批評界對於《潘先生在難中》的誤讀，而主要不應該是作品本身，也是比較有道理的。除此之外，我和賀仲明先生還明顯有著另外一種命題上的共識：我們所言說的都不只是如何看待潘先生的「弱點」的問題，而是由此發生的關於知識分子道德設定問題的討論。進一步講，就是為知識分子也為整個社會確立一種什麼樣的道德哲學的問題。很明顯，我與賀先生的主要分歧也就在這裏。

　　為了避免產生歧義，我試著把自己的思想作如下表述：第一，我並不主張知識分子整體放棄作為社會良心和正義的責任，這是知識分子的基本道德自律（我也抱有賀先生可能意識不到的一種共識，那就是對於當代知識分子責任擔當的堅持。我曾對「知識分子」做過這樣一種界定：「是一種獨立的精神力量，是社會中最尖端的知識集團和最前沿的思想集團」〔註 1〕）；第二，

〔註 1〕　《「灰色化」：新文學中知識分子向民眾認同的三種過程》，《中國現代文學研究叢刊》1998 年 2 期。

現代社會應該建立一種寬容的道德哲學，在道德實踐過程中每個人都有自我選擇和設定的權利；第三，以無害於他人和社會為底線，平凡甚或平庸應該屬於被允許的道德層次。

1、道德的多層次性：無私的崇高和無害的平庸

毫無疑問，個人的自然權利必須受社會公共道德的約束，這是道德的底線。道德建構好比是一座樓房，可以選擇不同的樓層入住，但是不允許在地下室之下再開鑿使用空間。關於個人權利的獲取原則問題一直是人類所探討的問題。洛克所言佔有不損害他人利益，並給其他人留下足夠的好處；諾齊克進一步延伸了這一原則，提出一個人獲取所有權，不能損害他人佔有這一權利的機會。無論是洛克也好，還是諾齊克也好，對於個人權利的界定都是以他人，也就是以公共利益為底線的。十分明顯，無私的崇高和無害的平凡甚或平庸屬於不同的道德層次。無私的崇高是至上的道德境界，無害的平凡甚或平庸是最低的道德底線；無私的崇高是一種最高的道德理想，而無害的平凡甚或平庸更是一種普遍的道德現實。道德是理想的，也應該是現實的。超越現實的道德要求，是社會的崇高期待，也是以個人的自我選擇為主要途徑來實現的。在強調崇高的責任時，崇高更應該是一種道德的自律。也就是說，我們渴望崇高，自己一定要崇高時，並不一定就要求別人也必須崇高，就不允許別人無害的平凡甚至是平庸的存在。我們常常見到這樣一種道德假設：「假如我們每一個人都像某某一樣如何如何，那麼我們的社會將會多麼地如何如何啊！」沒有道德理想國，在不同或者相同的人群中，永遠存在著道德差異。崇高的道德永遠屬於極少數人。我們不能因為大多數人沒有達到至善的道德要求，就否認其生活的權利。潘先生雖說算不上是「獨善其身」，但確實是「安分守己」的。

一種無法實現而又被作為社會的普遍要求的道德，在相當多的時候必然製造虛偽。「文革」期間「狠鬥『私』字一閃念」、「靈魂深處爆發革命」之類的思想道德原則，最終造成了社會成員思想上的迷狂和道德上「假大空」的盛行。我們在批判「假大空」的人生行為的同時，是否也應該反思作為社會普遍要求的道德理想主義本身。這不僅僅是對於具體的人和事的道德評價，而且應該是一種社會的一般的道德哲學問題。從一般的道德哲學來說，整個社會應該建立一種寬容的道德尺度，對道德崇高者給予崇高的評價，對於不

崇高者給予不崇高的權利。其實，賀先生在文中一再使用的「我承認……但是」的表述邏輯本身，也說明了多種道德層次存在的可能性和合理性。

一個社會可以存在不同的道德層次，一個人可以有自定的道德選擇。社會要鼓勵道德的崇高行為，但是崇高的個人選擇不能成為社會的絕對同一律，關鍵是認不認同或允不允許這種差異的存在，能不能確立一種寬容的道德哲學。在強調道德他律的同時更要強調道德的自律，道德他律賦予知識分子批判社會的權利，而道德自律也賦予了知識分子不批判的權利。其實道德的他律所形成的批判性，本身包含有道德自崇的因素。誰都不應該成為道德的裁判者，知識分子不是也不能當善的化身和真理的代表。如果說，任何平庸都最終可能構成對社會的傷害的話，那許多崇高有時對社會和他人構成的傷害更大。「文革」時期的高度的政治關心和參與，何嘗不是以「崇高」的名義，而最終所帶來的結果並不是道德的崇高，而恰恰是人性的墮落。對於社會過多的越界的關懷，並不一定都會帶來積極的效果。

知識分子要預防和反思角色的普遍錯位與越界。在防止政治角色中心再現之後，是否也要反思道德角色中心的普遍化問題。

2、社會責任與知識分子的職業化

在現代社會中，我們對於知識分子的角色應該做多層次或多角度的理解而事實上任何時代都有著不同類型知識分子的存在。知識分子可以是一種道德理想主義者（也可將其看作是當下所謂公共知識分子的一種），甚至是殉道者，也可以是一種職業化了的知識分子。無論是哪一種知識分子首先必須是現代知識分子——具有寬容度、敬業精神和理性意識。社會轉型、人類發展急需道德理想主義者和公共知識分子的「越界關懷」，但是具有現代意識的職業知識分子對於當下中國和人類社會的發展也是有著久遠的意義的。完成了職責，就是完成了義務，一個人們能夠各盡其職、愛崗敬業的社會也就是一個理想的規範社會了。我甚至期待一種充分職業化社會的出現：政治的職業化、法律的職業化、媒體的職業化、軍人的職業化、教師的職業化等等。所謂職業化，既是一種身份，又是一種意識。就是對於通過正常的社會分工而獲得的工作崗位，懷有一種崇敬心理，嚴守職業道德，完成公民義務。

應該允許知識分子的道德情感由社會使命感（往往是政治使命感）向職業責任感轉化。這是源自於知識分子心態變化——承受由中心向邊緣過渡的

心理失落──所必然出現的一種社會意識。之所以過去一切知識分子在政治強權的要求下，都被要求超越職業身份而表現出強烈的政治關懷，除了中國知識分子自古而然的精神傳統之外，一個重要的原因就是因為中國現代社會機制的不成熟，沒有被真正職業化，造成了可以越界關懷也必須越界關懷的現實。長期以來，中國社會幾乎所有的職業或身份都被做了一種倫理性和政治性的劃分和認定，出現了倫理與現實錯位的邏輯：官員硬被叫做「勤務員」或者「人民公僕」；硬說清潔工「光榮」（在人們的眼裏，凡是被稱為「光榮」的工作一般都不是好的職業，相反，被人們認為是好的職業的也從不用說是「光榮」的）；工人已經下崗、失業，開不出工資來了，還說是工廠的「主人」；凡作家就是「人類靈魂的工程師」；記者必須是「黨和人民的喉舌」等等。與此相反，當職業被格外的倫理化、政治化之後，「社會閒散人員」、「無業游民」、「盲流」等便從負面的劃分上有了歧視性、預定性的含義，已經極其接近「不法之徒」了。而中國的知識分子則一直在不同時代被視為各種各樣思想的「代言人」，於是，知識分子的越界關懷便成為普遍的原則和習慣。

知識分子既不要自我崇大，也不要被人崇大。社會不應該對知識分子制定強迫性的超越性的社會角色和道德任務，至少不應將此作為唯一的規定。一個充分職業化的社會，將是一個安分而規範的社會。在這樣一種社會中，人文關懷不再是單純來自於外在的政治權力要求，而是源自於內在的職業道德自律。

僅就教師的職業道德來說，潘先生是盡了最大的義務的。他好容易逃離戰亂的家鄉，好容易經歷妻離子散才獲得闔家團圓，他本可以不從安全的上海回到大戰即將發生的家鄉，正如潘師母所說的那樣「到底性命要緊還是學堂要緊？」然而他最終還是不聽夫人的苦心勸阻，覺得「回去終是天經地義」。這「天經地義」便是一種知識分子的責任和教師職業道德的認定。小說中，潘先生可能是堅守崗位到最後的教師了，「紅房子裏早已住滿了人，大都是十天前就搬來的」，連教育局長和其他同仁也早就在那裏佔據了一個不錯的位置。教師必須對學生負責，因為學生是教師的客戶，教師的位置最終是由學生確認的，沒有學生，何談老師？因此老師必須時刻對學生懷有感激，必須對自己的職業懷有敬畏心理，以此來實現教師的義務，以完成知識與社會地位、身份、利益的公平交換。就此而言，我們是否可以把潘先生看作是一個努力把自己職業化的過渡性的知識分子？

　　我說過，人的社會存在包含社會義務和社會責任兩個層次的要求。社會義務本質上是一種起碼的公民意識，是社會規範的一般要求，職業道德便屬於社會義務範疇；而社會責任則是一種更高的道德要求，是超越於自己的利益需求而表現出來的崇高。作為社會的精英，知識分子應該具有「先天下之憂而憂，後天下之樂而樂」、慨當以慷的社會責任感，但是與天下同憂，和天下同樂也絕不是不崇高的狀態。然而在中國傳統的意識中，「永遠高尚」或「不許平庸」實際上已經成為全社會的評價尺度和知識分子自身的傳統角色。

　　無私的崇高與無害的平庸之間的道德評價無疑是不同的。我在文章中也明確無誤地指出，潘先生的「行為也必定稱不上高尚。」關鍵是我們自己渴望崇高或者實踐崇高時允不允許別人無害的平庸的存在？怎樣才算是「精神墮落」？在多元化的時代和社會，寬容應該成為一種普遍的價值觀，在此價值觀的基礎上，我們應該建立一種寬容的道德哲學。在無害的前提下，對於別人意志和權利應表現出足夠的尊重，這便是寬容。當然，我們可以寬容個性、弱點和錯誤，但是不寬容罪惡。賀先生稱，「知識分子有文化，應該比普通人有更高的道德行為規範。在無數知識分子喪失道德自律的當下社會，尤其應該如此」。對此我深有同感，「亂世用重典」有其必要性和有效性，但是並不能因此放棄寬容和寬容的道德哲學。寬容作為人類的一般價值觀應該具有超越性。

　　潘先生的假裝「衛國」而實質「保家」的行為是虛偽的，我在文中認為，「如果說他應該受到所謂虛偽的指責的話，那麼也正是這種超越於人的正常需要的道德規範製造了他的虛偽。」因為既要滿足欲望又要適應規範，於是造就了知識分子人格的分裂甚至虛偽，「表面上道貌岸然，一肚子男盜女娼」的現象也就必然出現。對此，賀先生在文中明顯不認同，並且對於「人的正常的需要」作了一番自己的理解：「道德應該是對欲望和限制和約束，如果道德以「人的正常的需要」為前提，那麼就無所謂道德制約了，因為有什麼行為不可以用「正常需要」這麼一個含意曖昧的名詞來解釋呢？」而我恰恰認為，如果所謂的道德規範不以人的「正常需要」為前提，甚至是以扼殺人的正常需要為前提的話，那麼這樣的道德不僅是虛偽和製造虛偽的，而且是可怕並且不會長久的。至於什麼是正常什麼是不正常，本身就已經包含了一種道德判斷在內。我認為，「正常需要」並不是一個曖昧的名詞。所謂正常，就是符合多數倫理和邏輯。正常需要是應該建立在社會道德底線之上的人的要

求，而超出這一底線的要求就不是正常的需要。而最明顯的底線就是個人的需要不能傷害他人和社會的利益。而潘先生除了為勝利的軍閥書寫那塊「功高岳穆」的牌匾之外，他沒有做任何傷害他人和社會的事，所以潘先生的行為屬於「人的正常需要」。「不能把人對最基本的生存需要的渴望和努力視為一種墮落」。對此，賀先生擔心在「人的正常需要」的前提下，「即使是貪贓枉法的官吏，殺人越貨的強盜，都無可譴責」。其實如果真的是這樣，不僅道德上而且連法律上都會明確無誤做出是否是「人的正常需要」的判斷。很明顯，「貪贓枉法」已經不是人的「正常需要」了。而且，退一步講，即使是出於「人的正常需要」，一旦構成對他人或社會的傷害，也決不會成為道德所允許的行為。無論怎樣說，道德的底線是不能被突破的。至於什麼是人的「正常的需要」，賀先生和我們大家是應該有基本的辨別能力的。賀先生文中所舉證的「貪污腐敗，殺人搶劫」決不會是「正常」的範圍內。而我說的「知識分子有比別人更豐富的知識，有更高的道德要求，因此也有資格有權利比別人生活得更好。」對此，賀先生經過自己的推論後也十分擔憂：「因為那樣的話，那些有權者、有錢者更可以要求自己比他人生活得更好，社會還有什麼公正和平等可言？」我的理解是這樣的：有知識和道德之所以可以構成生活的權利，而一般不承認有權者和某些有錢者擁有這樣的權利，就是因為知識和道德是一種自我努力的結果，而權力並不能等同於知識與道德，它主要是基於外在機遇或他者所賦予的（即使自己再努力，而沒有被賦予也是不能獲得權力的）。而且法律和規則上（注意，不只是道德上的規約）已經規定擁有權力者比別人更多了一種義務，理論上應該要比別人放棄更多的生活的權利；而有錢者是否應該比別人生活得更好，主要應該看其錢的來歷。

我在文中認為，因為人的本能欲望是不可遏止的，而被高懸的道德戒律和人格風範還必須遵守，因此，無論是思想還是行為之中，知識分子身上都始終有兩個「我」存在：「人」和「神」或「鬼」的較量與並存。既要滿足欲望又要適應規範，於是造就了知識分子人格的分裂甚至虛偽，前面說過的「表面上道貌岸然，一肚子男盜女娼」的現象也就必然出現。而賀先生認為，「即使人格有適度的分裂也不是壞事，因為如果將欲望放縱，人格倒是不分裂了，但人也同時失去了文明的精神，淪為了欲望的奴隸。」我不明白，為什麼質疑「傳統文化對知識分子精神有不合理的束縛和扭曲，」就必然會「成為現代知識分子擺脫道德要求的理由」？為什麼知識分子從高懸而虛幻的「道德

戒律和人格規範」下解放出來，就一定會走向「人欲放縱」？寬容的道德並不是無道德，正像五四時期人的解放和個性自由是一種新道德而不是非道德一樣。由虛偽的「神」成為真實的「人」，並不一定要成為墮落的「鬼」。

崇高不應該成為一種社會義務，而是一種社會的責任。義務是公民道德的底線，是不違法、不違背社會的公約；責任比義務更高一層，義務是社會的他律，建立在義務之上的責任是一種自律。寬容不只是根據具體事件和具體對象所採取的「寬大處理」，更應該成為一種普遍社會的道德哲學和人生價值觀。在寬容的社會環境中構成的道德自律才是至真的道德境界。相反，在不寬容的社會中依靠他律而建立的道德人格則不僅具有強迫性，而且包含有虛假的成分。無論是知識分子還是其他階層，都應該由道德的他律時代而進入自律時代。我以為，無論怎樣的善，都不能通過道德強迫來完成，強迫本身不能實現善，也不是真正的善。這是對個人權利和選擇的尊重，也就是說，道德應該從一個單一的、強迫性的整體化時代，進入一個自主選擇的個體化的時代。

最後說一句，無論如何我倒感謝賀先生對我文章的批評，使我得以進一步思考一些問題並表達自己的觀點。

十四、人性弱點與文化罪惡的範本：
《原野》中仇虎形象批判

如果說曹禺的《雷雨》表現的是一種道德悲劇，《日出》表現的是一種社會悲劇的話，那麼，他於 1937 年發表的三幕劇《原野》則是一種生命的悲劇與文化的悲劇。而這種雙重的悲劇是通過對人性的弱點和文化的罪惡的剖析所展示的。

無論是過去還是現在，文藝界和學術界對於《原野》的主題與價值的理解，都有不同的觀點。過去，人們一般認為劇作所表達的是一個階級復仇的主題。其實，這並不是一個簡單的階級復仇的主題。而且復仇只是一個表層故事，深層裏，作品表述的是一個生命和文化命題。單純從階級分析的角度來看，仇虎家和焦閻王家似乎也不屬於不同的兩個階級。仇虎的父親與焦閻王曾是好友，焦閻王和焦母曾認仇虎為乾兒子，仇虎家亦擁有大片良田。如果我們用習慣的而且是後來的社會分析的模式來分析《原野》的話，就會淡化作品的思想價值，也會失去歷史的真實。

對於《原野》的理解，應該有更多的文化關注。應該從中國戲劇史和中國思想史的角度去把握它的價值。《原野》不是詩，不是一種純粹的藝術創造，而是作者對於生命和文化價值的一種思考。

1、私仇的殘酷：「暴民」的傳統與人性的弱點

生命創造了文化，而一旦文化構成一種體系，便具有了一種自在的功能，反過來它要制約著人類，使人類不斷克服自身的原始生命力而適應文化的系

統功能需要。因此，生命又成為文化的組成部分。《原野》所展示的是人的原始生命力與社會宗法觀念的衝突，這種衝突不是發生在人生的外部，而是發生在人生的內部。即作品不是重在表現人與環境的衝突，而是人的行為與內心世界的矛盾衝突，甚至是人的精神世界內部的衝突。環境描寫不過是人的主觀世界的外化。

《原野》的戲劇衝突實質上有兩個層面：外在的衝突與內在的衝突。外在的衝突也許可以用社會矛盾來解釋，是仇虎與焦家、與社會環境的衝突。這是表層的衝突；內在的衝突是發生於人的內心的心理矛盾，是宗法觀念與因果輪迴觀念的衝突。這是深層的衝突。如果局限於對外在層面的表述，《原野》主題的思想價值就會淡化，就不能真正把握人物性格的精神本質。

在中國社會中，始終存在著兩種國民傳統：「暴民」的傳統與「順民」的傳統。「暴民」的形成在相當程度上是一種社會的政治鬥爭和階級鬥爭，是「官逼民反」的結果。從仇虎的直接行為的現實評價來看，他的反抗無疑首先是屬於不占主流的「暴民」的傳統的。正如劇中花金子所說的那樣：

> 虎子，你走這條路不是人逼的麼？我走這條路，不也是人逼的麼？
> 誰叫你殺了人，不是閻王（指焦閻王）逼你殺的麼？誰叫我跟著你
> 走，不也是閻王逼我做的麼？我從前沒有想嫁焦家，你從前也沒有
> 想害焦家，我們是一對可憐蟲，誰也不能做了自己的主，我們現在
> 就是都錯了，叫老天爺替我們想想，難道這些事都得由我們擔戴麼？

很明顯，作者在作品內容的第一層次上提出的是一個普遍性社會矛盾問題，也是現實世界不可迴避的根本問題。這種壓迫是仇虎復仇行為的公開依據。但是，也必須看到，其實中國「暴民」的反抗幾乎都不是以「天下為公」開始的，而是以個人恩怨的尺度為目的的；幾乎都不是以思想為動力的，而是以生存或者利益為動力的，「替天行道」從來就是一種聚眾的口號而不是真正的思想綱領和倫理目的。思想的專制是最徹底的專制，思想的反抗才是真正的反抗。

仇虎的復仇與一般利益性的復仇有所不同。他與焦家的利益衝突已經過去，他在焦家的復仇行為已經不是以利益追求為目的的了。他的反抗和復仇是以一種傳統觀念的實現為目的的。從作品的深層次上看，仇虎的反抗並不是真正的反抗，他的反抗從本質上說來體現為生命的悲劇和文化的悲劇。

從生命意義來說，仇虎的復仇首先表現出人的本能的強悍和殘忍，他的

反抗不是針對社會制度和整個統治階級的，而是針對仇家的「私仇」對象焦家的。這種「殺父之仇」和「奪妻之恨」是個人仇恨的極至，它構成了復仇者最充分的情感力量和倫理邏輯。中國傳統民間思想講求「復仇」，在千百年來的歷史中，一直認為「殺父之仇」是不共戴天的仇恨，報仇的責任要世代相傳。而對於仇人的家族來說，父債子還是天經地義的；甚至主張可以報九代之內的仇——「雖九世可報也」。而官方文化從道德到法律上也都規定可以復仇。

中國的道德，多是一種「私德」——家族和擴大化了的家族倫理。這使中國傳統社會的道德基礎缺少一種人類的公理性。中國傳統社會道德體系的「群體本位」原則本質上並不是以多數為尺度的，而是一種以家長和君王意志為尺度的超個人本位。「父為子隱，子為父隱」違背了社會公正的法理原則，而為追求自我形象而通過「讓天下人負我」的善行所構成的「崇高的自私」。例如，歷史上許多軍事長官在戰敗甚至可能戰敗之際，不是去思考如何收拾殘局、保護下屬，而是「殺身成仁」，只顧自己個人道德的實現，就是傳統「私德」的典型表現。相對於這種「私德」，中國傳統社會中人們的仇恨也往往是「私仇」。這種「私仇」使仇恨對象具體化，復仇者由於切身的感受和傷害，其報復的程度就往往強烈於「公憤」。

殺戮是人的天性，當這一行為被賦予道義上的倫理依據時，殺戮便成為一種正義。於是，殺戮也就愈加瘋狂和殘酷。怎樣最殘酷地虐殺對手甚至無辜，最後竟成為一種智慧。殺戮成性是一種殘酷的習慣，在本是作惡的習慣中，殺戮最後卻又成為一種快樂。當殺戮成為正義、智慧和快樂時，殘酷與罪惡也就成了美麗的詩，成了政治上的榮譽。在這種意識之下，「聞雞起舞」、「十步殺百人」、「苦練殺敵本領」之類的行為，便成為歷代英雄志士的存在價值和生活內容，成為歷史的光榮和後世的楷模。

中國古典文學「四大名著」中有三部是有關殺戮和暴力描寫的。《三國演義》所演繹的不過是一部關於如何最多、最快地殺人的權謀史；而《水滸》在一種極其傳統的觀念下歌唱的好漢的英雄行為，也不過是打家劫舍、殺人越貨。而且，應該指出的是，英雄義士們的反抗，多是出自於私仇而很少公憤。他們以殺人為樂，在殺戮中有一種快意。李逵在救宋江哥哥時，掄起板斧，不管男女老少一併砍去，直殺得屍橫遍地，血流成河；武松為兄長復仇，大開殺戒，濫殺無辜，而且富有詩意頗為自豪地用死者的血寫下自己的美名；

孫二娘開人肉包子店，完全把人當成了日常的食物；而梁山的好漢們要入夥，往往必須殺一個無辜的過路人以示能力和意志的證明。然而，無論是在作者那裏，還是在後來的評論者那裏，這些人的行為都被賦予了相當可愛的色彩。當前些年同名電視劇主題歌《好漢歌》在九州大地響起，聽到「該出手時就出手，風風火火闖九州，你有我有全都有」的吼叫時，使人感到一種血腥的殺氣，令善良本分之人不寒而慄，令強悍不法之徒躍躍欲試。試想一下，如果把《水滸》的故事放置於當下社會，又該作出如何評價？本來是一個孱弱、卑怯的民族，卻願意欣賞暴力和殘酷，歷史上的中國人便成了一個嗜血的族群。因此，我們當代的戰爭文學只有描寫戰鬥英雄的《烈火金剛》、《保衛延安》、《紅日》，而沒有表現人類意識的《永別了，武器》，甚至也沒有表現戰爭與人性的複雜的《第四十一個》。

必須看到，中國社會傳統的復仇往往並不是以強者為對象的，而多是以弱者為對象的。只有是在仇家已經由盛轉衰，或者是復仇者由弱轉強，具有與仇家對抗、復仇的能量時，復仇才成為可能。因此，傳統的復仇往往是向弱者的復仇。向強者的復仇和向弱者的復仇是具有不同的人格境界和思想意義的，壓迫與反抗在本質上是力量的對比。在現實世界裏，仇虎與焦家的力量對比已經發生了強弱轉換。由於焦閻王的死去，焦家的地位和勢力已經衰退，焦母雖然敏感、狠毒，但是畢竟是一個女流之輩，而且還是一個盲眼人。焦家已經無力直接與仇虎對抗，只能借助於社會的法律力量。而仇虎從一出場，其行為就是一個法律的破壞者，砸斷的鐐銬和手中的槍就是一個最好的證明。於是，仇虎面對失去了威嚴和強力的焦家，像貓戲弄老鼠一樣，把玩著焦家一個個人的生命。仇虎反客為主地進入焦家，公然地與舊日情人花金子同居。對於焦母的恐懼，他有一種惡意的快感；懦弱善良的焦大星作為仇虎的幼年好友，把自己的苦惱和困惑向仇虎訴說，並請求仇虎幫助自己。但是即使如此，仇虎仍然要殺死焦大星，雖然知道焦大星是無辜的；小黑子尚在襁褓中，仇虎為了報復焦母，便快慰地將計就計，把自己的鋪位與小黑子掉包，讓狠毒的焦母錯把自己的孫子打死。「父債子還」按照預謀，仇虎終於實現了自己的復仇計劃。

向強者復仇和向弱者報復在現實倫理上是會得到不同的道德評價的。向弱者復仇，是一種心理和人格上的卑怯。這不僅是暴力的罪惡，更是復仇行為背後的觀念和人格的罪惡。這是一種「後復仇」行為：在真正的仇人已經

不存在時而向其親屬的復仇，而且這些親屬當下多處於弱者地位。如果我們僅僅從政治學的角度，對其「後復仇」行為進行類似於「階級壓迫」或「階級鬥爭」的類比，就會對仇虎的復仇做完全合理的解釋，甚至大加讚揚。因為政治的邏輯和人性的邏輯是不同的。政治對於人的理解往往是片面的，而人性和文化的理解則往往是整體的，不能用單一的尺度來代替多元的尺度。

人性的評價不僅關聯復仇者自身，還要關聯復仇對象。向強者復仇是具有合理性的，無論是個人復仇還是整體性復仇，復仇者可以不承擔任何道德和心理上的負擔，是義無返顧的。而且從道德人格上來說，也應該給予肯定。相反，在向弱者復仇的過程中，沒有泯滅人性良知的復仇者的內心感受並不是平衡的，包含有複雜的情感。而人們對於這種復仇行為的外在評價中，也同樣是複雜的。單純從政治學的角度來看，具有階級的正義性；從人性倫理來看，則具有人性的殘忍和人格的卑怯。中國人的復仇大多屬於這種對於弱者的復仇。《晉書》中就記載了這類的復仇：桓溫在仇人死後，殺死了仇人的正在服喪的三個兒子。向弱者復仇，表明了傳統中國人民族性格的卑怯。

2、慣性的觀念：「順民」的傳統與文化的罪惡

從文化意義來說，仇虎的反抗在思想上也不能說是與社會根本對抗的。相反，他反抗的動力恰恰是來自傳統的道德觀念。而且傳統的道德觀念在仇虎的內心世界中的影響並不是一元的，而是多元的。正是由於這多元的觀念影響，才使他和花金子成為徹底的悲劇性人物，使他們的人生時刻處於一種殘酷和絞殺之中。這種殘酷和絞殺不僅僅來自現實的困境，更來自其內心深處。

「順民」的傳統是中國社會的生活和思想的主流。人的社會存在和自然存在一樣，既要適應環境又要改造環境，而首先要適應環境。在這樣一種社會存在中，人們並不一定像毛澤東所說的那樣，「哪裏有壓迫哪裏就有反抗，壓迫愈深反抗愈烈。」一時的壓迫可以產生叛逆，長期的壓迫必然製造奴隸。奴隸包括兩種：生活的奴隸和思想的奴隸。相對於前者來說，思想的奴隸才是真正的奴隸、徹底的奴隸。從行為來看，仇虎屬於「暴民」的傳統。也許，他不是生活的奴隸，但深層裏卻可能是思想的奴隸。由此才構成人物的內外雙重矛盾。

仇虎和花金子的復仇，充滿了原始生命力的熱烈和殘暴，這是對被奴役

命運的掙扎和反抗。但是，在這反抗中，我們發現了統治中國農村幾千年的封建宗法觀念對主人公的深刻影響。仇虎的復仇是中國社會鬥爭中最爲典型的家族復仇。家族復仇是以血親利害爲尺度的，有時甚至違背普通的社會倫理法則而表現出一種非人性的殘忍。在仇虎充滿生命強力的行爲之下，潛藏著一系列封建傳統法則，支配著他的實際行動：「欠債還錢，殺人償命」的古老法則是仇虎行爲的邏輯前提；他必須爲父報仇，履行傳統的道德義務，因爲「子不報父仇，大逆不道」；他必須殺死善良無辜而無助的焦大星，因爲「父債子還」是天經地義的道德邏輯；他必須謀害年幼無知的小黑子，因爲復仇就要「斬草除根」；在完成復仇的計劃之後，他與花金子在半夜逃入了黑森林。但是，「冤有頭，債有主」、「因果報應」的傳統觀念，又使仇虎在內心承受著巨大的壓力。他一會自我懺悔，認爲自己不該殺死焦大星：「我們倆是一小的好朋友」；一會又自我安慰：「我現在殺他焦家一個算什麼？殺他兩個算什麼？就是殺了他全家算什麼？對！對！大星死了，我爲什麼要擔戴？」自責與自解死死糾纏著他，最後終於在精神上徹底崩潰。

由此可見，仇虎的激烈的復仇行動最後成爲封建傳統思想的外化，生命的意義因此而明顯淡化。所以說，仇虎反抗得愈激烈、愈徹底，只能說明受傳統觀念束縛得愈深重，從而表現爲一種文化的罪惡與悲劇。這是中國傳統的道義法則，據孫光憲《北夢瑣言》中記載，唐宣宗時，某人不爲父報仇，有狀和解，宣宗竟然下令將此人處死。恩怨相報成爲中國傳統社會中官方和民間共有的一種普遍價值觀念。在這種觀念的支配下，焦閻王留下的老妻弱子便成了仇虎的復仇對象。說到底，焦大星和小黑子實質上是被傳統文化所謀殺的。

相對於仇虎來說，花金子更接近人的特別是女性的普遍常性和弱點。她是無助的，自己是一棵藤，注定要纏繞到某一棵樹上。她既是男人的一個情感對象，又是男人的一種復仇工具。仇虎與她已經不僅僅是一種個人化的情感關係，而是包含有惡意的社會意義。仇虎與花金子公開在焦家同居、在焦母面前親熱，意圖以此來戲弄、侮辱焦家。花金子面對仇虎的復仇，實質上也是面對自己與兩個男人之間關係的選擇。她與仇虎的關係主要是情感上的，而與焦大星的關係主要是道義上的。出於情感的關係，她與仇虎一起出逃；出於道義的關係，她反對仇虎殺死軟弱善良的焦大星。最後，兩個男人她一個也沒有得到，一個人走向那沒有明確目的的人生之路。最終，她也只不過是一個附屬性的價值存在。

　　從作品的內在意蘊來看，作者審視的目光從《雷雨》的家庭批判、《日出》的社會批判更進一步深入到思想批判，即對被壓迫者自身所受封建思想腐蝕的批判。作者的思考開始從各種外在悲劇衝突而深入到人與自身的內在悲劇衝突，顯示了作者對中國社會與歷史認識的深入，而不是一般人所認爲的那樣是一種退步。因爲我們不能用一種政治的方法來分析和評價複雜的文化現象和人性本身。

　　作者意在探求人性靈魂的深處，揭示傳統觀念的慣性存在。適應這種精神悲劇的需要，作者吸收了西方劇作家奧尼爾表現主義的藝術方法：注重對人的主觀世界的探索、將人的內在靈魂和潛意識外部化、戲劇化。奧尼爾於1936 年獲得了諾貝爾文學獎，中國文學界因此而掀起了一場不大不小的「奧尼爾熱」。奧尼爾的劇作被稱之爲「靈魂的戲劇」，這一戲劇風格深深地影響了當時的一些作家。奧尼爾獲獎的第二年，曹禺發表了《原野》。很明顯，《原野》受到奧尼爾的劇作《瓊斯王》的影響。所以他往往運用象徵的方式來表達這種深處的靈魂戰慄，人的幻覺和潛意識也成爲表現人物性格的內容之一。

　　眾所周知，《原野》中仇虎與花金子在黑森林中的狀態，與《瓊斯王》中黑人首領瓊斯王爲了逃避土人的追殺，而在黑森林中精神崩潰一樣，都屬於人類本性中所共有的普遍弱點。曹禺常常用自然景物、環境氣氛和生活細節來表現人的精神世界的複雜變化。保留了奧尼爾劇作的象徵性特徵，但同時又減少了其劇作的神秘感。

　　《原野》的第三幕按照生活的邏輯和思想的邏輯，敘述仇虎的人生經歷和內心狀態的變化過程。大幕拉開，仇虎在幕後驚呼：「燈！紅燈！」從一開始，就給人一種恐懼、神秘之感，對人物複雜、錯亂的精神世界的表述提供了一個現場背景。對於主人公特別是仇虎來說，紅燈是一種神秘、恐怖力量的象徵。它既代表著現實世界的危險（偵緝隊的追捕），又代表著觀念世界的威脅（因果輪迴的報應）。一切景物和氣氛都是從主人公的恐懼心理來設計的。

　　仇虎無論是從身份上還是從思想上來說，都是一個傳統中國的農民，是一個行爲上的「暴民」與思想上的「順民」的組合。復仇的行爲本身雖然也包含有兩種傳統，但是從行爲過程和思想狀態的具體階段說來，「暴民」的傳統支配著仇虎的前期行爲，使他決然復仇；「順民」的傳統則支配著仇虎的後期思想，使他自責、恐懼。

　　在「順民」的傳統中，仇虎的恐懼和自責除了一般人性的愧疚和自責之

外，更多的是來自於傳統的「懼復仇」心理。著名青年學者王立把這稱之為「懼復仇之心理恐慌症」。他認為，「懼復仇心理恐慌症就如同隱藏在古人內心深處的一種流行病，一般人帶有此種病原，並不輕易發病，而一旦主體真的做了虧心事或犯下命案，等到身心處於一種非正常狀態時，這種潛伏已久的恐慌症就會驟然表露出來，迅速加重病痛導致起死亡，或促使其精神崩潰吐出真言。」〔註1〕從表現形式來看，懼復仇是對神靈世界法則的恐懼，而從根本上來看，實質上是對傳統道德法則的恐懼。仇虎是一個生命之體，更是一個文化之人──一個被傳統文化教化了的人。

紅燈是焦母為小黑子招魂時打的燈籠，它已經不再是一種簡單的照明工具，而是一種具有明確含義的意象，象徵著神秘的恐怖力量。在黑黑的森林裏，恍惚閃爍的紅燈，焦母陰森絕望的顫音，伴隨著遠處隱隱傳來的僧人為小黑子超度靈魂的沉沉廟鼓，這一切都構成了仇虎存在的環境。而且應該看到，這已經不是一個具體的環境，而是一個意義的世界：威脅與恐怖。於是，仇虎和花金子在黑森林中左突右衝，但是最後發現仍然在原地打轉，一直沒有找到出路。也許，曹禺不是一個思想家和哲學家，不是在做形而上思索，但是作為接受者來說，又完全可以做這樣一種理解：人生的存在就是這樣一種困境。如果在這一意義上去理解曹禺和奧尼爾的戲劇的精神聯繫的話，可能更為準確。

「火車」和「鐐銬」是劇中一再出現的兩個象徵性的意象，作者用這兩個意象表示人的生存境遇與人的追求之間的矛盾。那列在「林外迅速地奔馳，一直通向天邊的火車」，象徵著受迫害最深的人，心中對遠方那「黃金鋪地的地方」的熱烈嚮往；而那沉重的鐐銬則象徵著永遠難以掙脫的被奴役的現實命運。其實，這是一種普遍的人生悲劇，「火車」與「鐐銬」這兩種意象實質上具有雙重的象徵意義。除了人與環境的矛盾之外，同時還表現了人自身精神世界的雙重狀態：向善的努力與做惡的慣性之間的衝突。人在對理想和自由生活追求時，總是被一種無形的力量束縛著，於是，這種追求與束縛在個人內心形成了一種殘酷的衝突，絞殺著人的靈魂。

曹禺的《原野》與其前後的劇作一樣，都屬於一種徹底的悲劇。這些劇作與中國傳統戲劇不同，作者沒有為劇中人物設計一個光明的未來，作品沒

〔註1〕 王立：《中國古代復仇文學主題》，第93頁。東北師範大學出版社1998年11月出版。

有一個大團圓的結局。仇虎和花金子嚮往「黃金鋪地的地方」，但是最終仇虎沒能與飛馳的火車一起奔向那裏，而是死在沒有出路的黑森林中。中國傳統戲劇的大團圓結局是一種審美價值觀，但在本質上更是中國人一種善惡相報的道德觀。曹禺在戲劇創作中打破了這種思想和藝術的循環，從根本上為中國戲劇增加了現代性的素質。他所揭示的是一種文化的罪惡，從而使自己的創作主旨與五四時代的人文精神達成了一致。

民國文學是一種時間性的概念，也還包括著一種意義性的概念。現代化是一種意義，現代化的核心是人的現代化，人的現代化的根本是思想觀念的現代化。所以說，包括曹禺的劇作在內，其創作主旨都屬於一種思想啟蒙。曹禺通過《原野》展示了自己的思考：仇虎是沒有出路的，因為傳統的中國也是沒有出路的。

十五、靈與肉的糾葛：張資平小說性愛主題論

　　張資平是創造社的發起人之一，是民國文學史上第一部長篇白話小說《沖積期化石》的作者。從 1920 年的短篇處女作《約檀河之水》到 1945 年 7 月出版的長篇小說《新紅 A 字》，他一生中創作了 400 餘萬字的作品，翻譯了幾十萬字的日本文學作品。從其創作的量和影響來看，對於張資平作品特別是其性愛小說的再認識是民國文學史研究中一項不可或缺的內容。

　　對於張資平整個小說創作的評價，人們往往習慣採用中國「現代文學」研究中前後分期的一般模式，即前期作品「還帶著人道主義的色彩」，而後期則由於「性生活的觀察漸漸地引他入了歧路，他寫了不少的戀愛遊戲小說，他也發表了不少的變態性欲的作品」。〔註 1〕這種按照線性的歷史觀，根據作家的政治思想立場的現時變化而確認其創作價值的傾向，已經成為對民國作家評價的一種既定模式。這種因人論文的傳統價值觀作為文學批評的基本前提，對於許多作家來說具有很大程度上的真實性，但是將作家生活道路與藝術價值一元化的評價模式，嚴格說來不是一種整體性的亦即歷史性的評價。因此，我們把張資平二十年左右的小說創作生涯作為一個連貫的思想整體，探討其性愛主題的價值形態。

1、性愛悲劇：以思想的名義進行的生命反叛

　　當年創造社同人鄭伯奇在談及張資平的性愛小說時稱，「描寫兩性的糾

〔註 1〕鄭伯奇《中國新文學大系・小說三集・導言》，北新書局 1927 年出版。

葛，是他最擅長的地方」。〔註2〕而後期創造社成員馮乃超在 1928 年 1 期的《文化批判》上發表文章，批判張資平的小說《飛絮》、《苔莉》等，認為其作品將來一定會落在反動的陣營裏，而魯迅對其小說本質的否定更是眾所周知的了。某種批評總是依據於特定時代的價值觀和現實需要的，如果把張資平的性愛小說作為一個複雜的人生世界，而不只是一個簡單藝術模式來看待的話，那麼也許會有另外一種較為積極的評價。

在張資平的性愛小說中，包容了各種各樣的性愛形態。有師生之戀（《約伯之淚》、《性的等分線》、《cura coa》），有叔侄之戀（《梅嶺之春》），有叔嫂、姐姐與妹夫之戀（《性的屈服者》、《愛力圈外》、《最後的幸福》）。而且，在這紛雜的性愛故事中往往包含多個性愛關係者，形成一個或幾個三角形。就人物的性愛糾葛的最後結局來說，往往都是悲劇性的，形成了某種共同的發展邏輯：男女相互吸引或相互愛戀，而後遇到來自社會環境或個人自身的障礙，最後以人物的病死（多為肺病）或分手而告終。這種性愛類型的多樣化與戀愛結局的單一化本身，表現出了作家對人性與社會關係認識的深刻性和全面性。

在張資平的小說中，多角性愛關係的形成與普遍悲劇結局的發生，源自於社會的外在環境和個人的內心世界及其相互關係。

首先，個體的自然生命與社會的群體道德特別是封建禮教的衝突，構成性愛關係的普遍性的悲劇結局，表現出張資平小說與「五四」文學精神的同步。

「△」（三角）戀愛從人類一般的社會倫理規範來說，無疑屬於一種不正常的戀愛關係，但其存在本身又往往在某種程度上，反映出人類對理想性愛的追求及其難以實現的事實。當作家把它納入整體的社會分析中時，便表現出對封建禮教的深刻批判。可以說，這一事實反映了性愛理想與外在的社會環境的矛盾衝突。

真正理想的性愛關係應是「靈與肉」的統一，這在「五四」時期曾是一個最為觸動青年男女心魄的人生命題。但在公開的封建道德體系中，真正的「靈」的相通或本能的「肉」的欲望都處於被輕視乃至被扼殺的位置。性關係成為某種倫理道德的表現過程，男女雙方亦不過是實現特定禮法觀念的工具。既排斥性愛雙方的情感因素，又輕視夫妻之間自然欲望的合理性，而單

〔註 2〕鄭伯奇《中國新文學大系‧小說三集‧導言》，北新書局 1927 年出版。

純追求傳宗接代、祭祀先祖的倫理目的便成為中國傳統婚姻的實質。「婚姻者合二姓之好，上以事宗廟，下以繼後世也」，〔註 3〕至於這種不正常婚姻之中或之外的自然欲望和情感需求則不被重視乃至被否定。

張資平的《梅嶺之春》中，女主人公方保瑛嚮往外面的世界，不滿意於一般農婦的生活處境，在教會中學讀書時與遠房親戚吉叔之間互相萌生了美好的情愛，並在吉叔被學校解職之後兩人終於實現了「靈與肉」的結合。但是，在強大的封建禮法力量面前，這種自然之愛由於被塗上一層「亂倫」的陰影而自行毀損。兩人都帶著身心的深深創傷而最終要回歸於既定的社會關係之中。從兩人的性愛悲劇中可以看到，童養媳的身份和叔姪的名份本身便構成了理想性愛的巨大障礙，這種愛從一開始便決定了其必然的結局。在以封建禮法為第一要義的社會環境之中，自然的欲望與情感的需求是沒有價值可言的。這篇作品雖然明顯是模仿日本「私小說」作家島崎藤村的小說《新生》，但是對於中國的讀者來說，其思想變革的價值和意義仍然是存在的。

在《雙曲線與漸近線》、《愛之焦點》等作品中，作家通過人物之口宣佈：「義理面前無真愛」，為了求得理想性愛的實現，就必須「把愚昧的義理鏟去，把迂腐社會的束縛解了去」。愛情的悲劇由封建禮教造成，而三角或多角戀愛的形成也與此有著直接的關係。《最後的幸福》中，女主人公美瑛美麗溫柔，中學畢業後既渴望繼續求學，又按照鄉間一般習慣而渴望出嫁成親，以完成傳統女性的社會角色。在錯過一個個訂親的機會之後，她已成為受人譏笑的老處女，當她愛上最後一個求婚者時，母親卻把她嫁給了又賭又嫖而且吸食鴉片的表哥做填房。這種不平等而且不真實的婚姻本身即構成了美瑛日後尋找情人的基礎。於是，在婚後的生活裏，她先與原先的求婚者現在的妹夫偷情有孕，後又與原來的情人同居，最後因性病而早卒。主人公行為的最重要的意義在於人的自然需求對舊有「名義」和「公式」的破壞和反抗。當她與妹夫同樓一夜之後，將面對內在與外在強大的壓力時仍認定自己的選擇：「因為他（丈夫）並不當我是真的妻室看待，我也不過機械地和他結合，一點愛情都沒有的。」「所謂結婚，現在想來的確是個方式——呆板的公式，夫婦也是個空虛的名義。用這個呆板的公式和空虛的名義，去解決變幻無窮的戀愛，的確是不可能的。」當封建婚姻制度限制了以愛為基礎的婚姻理想的時候，就釀造了以後婚外情甚至亂倫的悲劇。因此，當人們對於這種不符合社會倫

〔註 3〕 《禮記・婚義》。

理與血緣關係規定的性愛行為時，也要反思傳統的婚姻制度和兩性觀念的合理性問題。從某種意義上來說，強制性的婚姻關係是性愛自由的溫床，因為生命是鮮活的，它要為自己尋找出路。

張資平筆下的性愛糾葛表現出既定的婚姻與自然的愛情之間的矛盾，而深層則是封建倫理規範與本能的自由天性的矛盾，規範與本能的衝突構成了張資平性愛小說的基本模式。應該看到，這種藝術表現的模式是中外文學史上共有的現象。這種現象不僅是來自於作家構思的雷同，更重要的是來自於人類生活本身普遍矛盾的存在。在中國傳統社會中，這種規範與本能的衝突來得比其他社會都更為深重和普遍。以儒教為主體的封建倫理道德作為一種「治人之道」，很少關注和思索人的自然生命價值，而注重禮教綱常對人之自然生命的限制，「人」的學說成了專門的「做人」的學說，把活生生的人作為抽象倫理的單純表現物。在與「天理」、「天道」等值的道德規範面前，人的情感和本能已經並不重要。在這種嚴密而恒定的封建倫理體系中，人的自然本性被扼殺，婚愛悲劇的發生也就是極為普遍而長久的了。在短暫的人生過程中，是扼殺生命還是改變道德，理想的答案不言自明。

張資平的小說緊緊地抓住了這一生活本質，不厭其煩地運用相近的模式和邏輯來上演著一齣齣婚愛悲劇，其本身就表明了作家對封建傳統和現實人生認識的深刻性。在他的後期作品《愛力圈外》中，作者就通過人物之口表明了自己的這一認識：「戀愛是人類最自然的靈的發動，這本是很平凡的話。但平凡就是真理，違背了這個真理，悲劇就要發生了。」最後他認定「不自然的道德確是罪惡」，「不尊重他人的戀愛是今日最壞的一種社會病」。在《聖誕節前夜》中，蔚生與靜仙互相愛慕已久，情趣相投。雖然蔚生認為「她就是我的生命！」靜仙宣稱「我是屬於你的，我是你的人！」但女方家庭卻早已認定女兒當然要嫁給表哥吳萍初的，「無庸多事討論，只要吳萍初答應一句，他們就馬上可以把靜仙擡到吳家去。」人們看到，靜仙們在舊式的婚姻關係中只不過是體現家長意志的工具，所謂個人意願和情感需要都是被忽略不計甚至被認為是傷風敗俗的。在這樣一種環境中，生命終於被浪費了。

從總體意義來說，張資平的性愛小說強烈的批判鋒芒直指封建倫理道德和陳腐婚姻觀，是五四文學主題的積極延伸。以思想激烈而著稱的文藝批評家錢杏邨就明確指出：「張資平先生的戀愛小說的產生是與他的時代有密切的關係的，他的創作確實是時代的產兒。我們只要了然於五四運動以後的情況，

我們就可以不假思索地指將出來，張資平先生的戀愛小說完全是五四期間女子解放運動起後必然地要產生出來的創作。張資平先生的創作的內容完全是五四時期兩性解放運動的事件對於文學上的反映。因此，張資平先生的戀愛小說裏的人物，也完全是五四運動初期的人物。」〔註4〕值得注意的是，張資平小說中這種五四文學精神主要是通過一系列多情而大膽的女性形象來完成的，強烈的女性意識使張資平與同時代作家特別是創造社作家區別開來，而其小說的文化批判意識也主要表現在女性解放這一時代主題上。

2、被本質化而又被局限化的女性意識：與男性平等的性愛權利要求

中國女性在傳統道德體系中處於最受壓抑的底層，她們個性價值的實現要遠比一般男性更為艱難。因此，女性觀變革和女性意識的覺醒是五四時期最具意義的思想革命的成就。選擇女性的人生追求作為小說的主題，亦最能充分地表現五四時代精神。張資平敏銳的意識到了這一點並有意識的去實現自己的思想意圖。當茅盾讀過張資平的《她悵望著祖國的天野》之後說：「我是對於作者表敬意的，因為他肯費筆墨為一個平常的不幸的女子鳴不平。」〔註5〕

中國女性在社會關係中往往只承擔著兩個固定的角色：妻子與兒媳（而母親則更多的時候只是一種自然的角色），而其中無論哪一種角色都不曾具有真正的獨立的人生位置。對於中國女性來說，出嫁是實現其社會價值、獲得社會角色的唯一機會，而這一機會又並非是通過自我選擇來完成的，要由父母和族群的意願來決定，而這種決定由往往帶有家族的功利性目的。所以說，中國女性無論婚前還是婚後都不能獨立地支配自己的命運，獲得獨立的社會角色：「幼從父兄，既嫁從夫，夫死從子。」在這樣一種生命的循環中，中國女性始終沒有屬於自己的機會。封建倫理道德對女性壓迫最深，而女性的覺醒對於封建倫理道德衝擊也最大。正如馬克思主義經典作家所說的那樣，「在時代的社會中，婦女解放的程度是衡量普遍解放的天然尺度。」〔註6〕也就是說，婦女解放的程度標誌著社會的進步程度。

〔註4〕 錢可？《張資平的戀愛小說》，見史秉慧編《張資平評傳》，上海現代書局 1934年版。

〔註5〕 茅盾《創造給我的印象》，《時事新報》1922 年 5 月 21 日。

〔註6〕 恩格斯《社會主義從空想到科學的發展》，《馬克思恩格斯選集》第三卷第 411~412 頁，人民出版社 1975 年 5 月出版。

　　張資平小說中的女性們力圖打破封建倫理秩序，在「妻子」和「兒媳」之間爭得一個與男性平等的「人」的價值。在對傳統道德的反叛中，她們往往比男性更爲大膽和堅決。《愛力圈外》中的女主人公菊筠在自己的丈夫與自己的姐姐私通事發之後，拒絕按照「家醜不可外揚」的家長的勸誘，不肯爲「維持家裏多數的圓滿而犧牲自我」，「永遠處於被害者的地位」。她認爲所謂女人「犧牲」，不過是和牛一樣爲造惡者獻身。「受害者要爲害人者犧牲受更重的損害。是不是要這樣犧牲才配稱善人，才算是美德？現代的宗教家和道德家都獎勵人們要能夠犧牲，都主張人們應該有此種美德；不過由我看來，那些橫暴的神明是該打倒的，對那些惡人也無犧牲的必要。」女主人公菊筠的認識是極其深刻而明確的，她已經建立了一整套自我評判的價值體系：「按字面解釋，讚美那個女人的偉大，說她能夠犧牲去成全丈夫的事業，我看世間不少聰明的男人決不是沒有注意到這樣的男女間的不平等，不過他們還是故意去極力讚美那個女人的犧牲之德以便保持他們男性的特權——多妻主義的特權。可憐的就是我們的女性，一點兒不加研究，也就跟那班自私自利的男性讚美那種不近人情的女性的犧牲，以爲是一種美德。」菊筠的命運是中國封建社會女性的普遍命運，但她畢竟是新時代的女性，是被五四文化精神所喚醒了的新女性，她至少能夠對自己的命運進行叛逆性的反思，已經有了明確的自我意識。不覺悟其實就是用外在於自己的價值尺度，評判自己和社會，而菊筠已經開始覺悟，身上已有了新的文化素質。

　　從人類學的角度而言，男女兩性有著生理和心理的天然差異。一般情況下，女性較男性更具順從性、適應性和自制性，情感內向，性格柔順。應該看到，女性這一精神特徵除去自身的生理因素外，更重要的成因是男權社會按照既定的價值原則運用種種手段，壓制女性自身可能有的自然本能和創造力，最終完成對男權中心社會的理想女性的塑造的結果。「婦道之常，順爲厥正」，這便是中國封建倫理體系爲女性所規定的思想性格。「乃生女子，載寢之地，載衣之裼，載弄之瓦，無非無儀，惟酒食是議，無父母詒罹。」〔註7〕從女子的衣食住行到精神品格都做了十分明確的規定。男尊女卑，自古而然。「陰卑不得自專，就陽而成之」；「陽倡陰和，男行女隨」；在女性成長的整個過程中，無論家庭還是社會，給她的教育均是男尊女卑，女從於男。這種教育的宗旨在於讓女性銘記：女性生來即是卑弱的，不應有也從未有過獨立的

〔註7〕《詩·小雅·斯干》。

人格。〔註8〕中國女性只有家庭角色，而沒有社會的角色，唯一可作為社會角色而存在並產生重要價值的，便只有做犧牲自己的精神生命和肉體生命從而受到國家旌表的「節婦烈女」。這種傳統的陳腐觀念在「五四」新文化運動中，受到了文化先驅者們最猛烈的批判。毫無疑問，張資平用他的小說參與和繼續了這一文化批判主題。

同時，也必須看到，張資平小說中的女性意識是主要通過女性爭取與男子平等的性愛權利而表現出來的，亦是被本質化而又被局限化了的女權意識。始於自然的性愛的衝動而又終於自然性愛的毀滅，成為小說中女主人公們的普遍人生追求和普遍精神歷程。與同時代的其他小說相比（如後期「革命小說」），張資平小說屬於逝去了但又未終結的「五四」時代的精神境界（雖然這種時代精神已經被世俗化、市民化了），從而使其保持了與當時小說潮流不同的文化特質，並因此受到左翼文學界的批判。

在三十年代前後，以對早期「革命小說」的否定為標誌，中國女性解放意識在階級解放的主題下被悄悄融解，不再作為一個具有獨特文化意義的命題而像「五四」時期那樣受到作家和社會的普遍關注，甚至得到了「落後於時代」的判定。1928 年，張資平與文學發展的主潮相一致，寫下了幾部「革命加戀愛」的新進小說，如《青春》、《柘榴花》、《時代與愛的歧路》等，作品中的人物或是因戀愛無望、或是因愛情厭倦而參加了革命。此時期張資平的準「革命小說」也一直是後人不屑一顧的反面教材。然而，無論蔣光慈等人的作品也好，張資平的作品也好，其中所包蘊的文化史價值是應該給予合適的評價的。這些作品的主要內容是被人賦以否定性評價的「革命加戀愛」，人們認為這些小說過於注重愛情在人生選擇和思想轉變中的作用，有著過多的「小資產階級」的浪漫情調和古代文學作品中「英雄加美人」的模式。我以為，這一內容恰恰是「五四」小說個性解放（特別是女性解放）的道德主題向階級解放的政治主題開始轉換時的必然形態。

張資平稱，「從事革命，不一定要否定戀愛，尤不必去否定三角戀愛、四角戀愛、⋯⋯許多革命人才是從三角戀愛、四角戀愛關係造成功的。」〔註9〕他的表述帶有明顯的思想偏頗，但往往又是一種符合人類情感而又符合中國社會進程的事實存在。無論個性自由還是社會解放都是以對現實環境的變革

〔註 8〕 宋瑞芝《略論中國古代婦女文化的特點》，《光明日報》1995 年 11 月 27 日。
〔註 9〕 張資平《青春》。

或反抗爲前提的，個人因爲自己理想的破滅而反抗那應該承擔責任的環境時，自然就使自我與社會發生了聯繫。因此，這種個人愛情的悲劇是促使人走向社會革命的一個動力。正像人們常常肯定窘迫的勞動者最初爲個人仇怨或困苦生計而參加革命一樣，這類小說也把握住了個性解放轉化爲社會解放過程中這一契機。異性的引力實則更增加了人物思想轉化的現實依據，顯示出個人自然需求向社會需求過渡的內在邏輯。

當然，這種主題傾向並不是張資平小說的一貫追求，只不過是一種文學的時尚而已，表現以男女平等特別是性愛權利爲主要內容的女性意識，才是其小說創作的恒定主題。應該說，這一主題不屬於當時中國社會最尖端的問題，但卻是中國文化史、思想史上最具特色的問題。而作家把女性意識限於性愛權利的爭取亦是具有本質意義的追求，是女性整體意識確立的基礎。

長久以來，人的性愛意識很少被視爲人類文化的本質構成，甚至將其與獸性相提並論。性，在中國傳統的文化心理中往往不具有個體生命意義，而只承擔傳宗接代的生產工具義務和負面的罪與淫的倫理色彩。在這種文化歷史和社會環境中，女性以公開或不公開的言行來爭取那種屬於一個個體生命價值的性愛權利，實在是一種極爲艱難亦極爲大膽的挑戰。

《愛力圈外》中的菊筠以一個中國女性最爲切身的感受來向丈夫、母親和社會發起了決然的挑戰。「男女爲什麼要不平等？」「人類是希望完美的動物，要男女雙方完美才能造成神聖的幸福的家庭。」然而，嚴酷的現實是，「無論哪一個男人都以不平等待他的妻子，不單不能視夫妻爲一體，並且沒有男人以待自己的半價去待遇他的妻子的。」可悲的是，這種悖邏輯、反人性的傳統觀念不僅被男子視爲天經地義，而且也被傳統女性或所謂的「開明女性」奉爲必守的婦道。當菊筠爲了報復自己的丈夫和家庭，大膽地與僕人結合、私奔後，丈夫卓民前來規勸。在受到妻子的反詰時，卓民對於自己的私通行爲辯解說：「男人和女子不能同一啊！」「當然！天下的男子盡是這樣的，不單或一個人！」長期的不合理、不平等之觀念反而成爲維持不合理、不平等現實本身的依據，這是一種思想與生活的惡性循環。菊筠的姑媽號稱「教育家」，嫁給了一個小軍閥，自己成爲男性的依附品，反而以此來「教育」別的女性。當別人「稱讚她是名將夫人，她便微笑著；稱讚她是女教育家，她便張口笑了；再稱讚她的德望高，她就笑響聲了。」然而她對於受害者——菊筠的教育是：「男子和女子不同，這是講理不盡的。」菊筠在對母親、家庭和

社會都失去希望之後，便決定單槍匹馬採取行動向社會挑戰：「處於現在的世界只有自己起來保障自己，什麼名義都是靠不住的。」宣佈「我對於沒有做丈夫的資格的人決不尊敬，也不盡做妻子的義務和責任。就是說，我現在是沒有丈夫的身體了，任我屬於誰人。只要有愛，就是夫妻。節操不是單責一方面守的，要雙方互守。」

傳統女性身處中國社會之中，當遇到菊筠式的婚變時只能做「棄婦」或「怨婦」，但菊筠卻從女性最具生命力的性愛角度反抗著強大的男權社會。她認為「從前的道德是男人家規定下的，今後的道德要在男女雙方合意之上規定才可。譬如丈夫如果放蕩，那做妻子的也可以另找男人。要這樣地規定才對了。」可以說，這是最為具體亦最為本質的對女性解放的理解。張資平筆下少有忍辱負重、逆來順受的舊式女子，有的多是時代的「蕩婦」。這些女性對於性愛的追求是大膽的、主動的，具有進攻性。相反，諸多男性與她們相比，顯得怯懦、自私、更缺少陽剛之氣。性愛觀以及與之相聯繫的婚姻、家庭觀上男權對女性的歧視是女性人生體驗中最為強烈而普遍的，因為這也是傳統社會為女性所派定的主要角色。因此，性愛觀、婚姻觀是一個人基本生命價值的顯示，它的不平等是最根本的不平等，而女性在性愛觀、婚姻觀上的解放不僅是一種社會解放的重要內容與途徑，同時更是一種人類自然本能自然生命的解放。

3、「三角戀愛」：人性多重需要與兩性關係的變異形態

張資平小說中人物複雜的性愛關係描寫，成為人們對其關注和否定的焦點，其實這是基於單一的道德尺度所作出的評價。在此之外，還應該從人性的多重需的角度進行再評價，結論並不應該只有一個。換一種角度說，人的內心世界多種欲望的需要成為構成人物多角性愛關係的內在因緣，從而表現出作家對人性現實存在複雜性的深刻認識。

三角或多角戀愛本質上是人生多種需要在性愛世界中的表現形態，是人類內心世界複雜性及其糾葛的顯示。

現實中的人生存在是由多種需要、多種關係支撐的。人生需要大致包括性、物、情、名等幾大層次，而這些需要並非總是能並存、同時實現的，有時甚至是有取捨、選擇的。在婚愛不能自主選擇的包辦婚姻中，幾種需要都可以實現的兩性結合亦是不多見的。一種選擇必然以另外一種選擇的犧牲為

代價，兩全其美的願望往往是難以實現的。因此，在對於幾種人生需要都想圓滿實現而不甘心做出單一的選擇的男女那裏，多角關係或悲劇人生總要發生。張資平小說中這種最受世人所詬病的多角性愛關係模式的營造，其實也就是這種人生存在和矛盾狀態的反映。

《紅霧》中的女明星潘梨花處於物欲與情欲矛盾之間，一方面貪戀楊師長給自己提供的奢侈豪華的物質生活，另一方面又渴望李梅苓所給予的情感的滿足。在兩方之間，她不斷周旋，患得患失，最終在李梅苓失勢之後而把身體專屬了楊師長，物質的需要終於戰勝了情感的需要。從表面上看，潘梨花居高臨下，讓兩個男人都拜倒於自己的石榴裙下，但實際上是把自己作為男人的泄欲工具和情感玩物而不自知。

多種欲望在現實生活中的矛盾衝突，實質是人類內心世界的複雜性的表現。物欲與性欲、名譽與情感之間的不平衡現實構成人物理想性愛追求的內在障礙，人物最後在種種失落感中沉浮、毀滅。其中，性欲的厭倦或刺激是形成人物多種性愛關係的重要動力。

《最後的幸福》中，美瑛在嫁給五毒俱全的表哥之後，他的臭氣、惡習雖令她厭惡但卻能在較充實的生活中滿足自己的物欲，因此短期內她還是屬於守「婦道」的那類女性。她的「一部分的希望達到了目的，一部分的欲望得到了滿足；但還有一部分的希望或欲望受了道德的制限或受了夫妻的名義的束縛」，這便是她對從表哥身上難以得到的性欲滿足的苦悶。表哥食鴉片成性，只剩下一副「殘骸」，新婚之夜她便「感著說不出來的痛苦」。丈夫那「粘滯的，但又缺少氣力的行動陡然使她發生一種厭悶。快滿十年間的渴望著的安慰，結果不過這個樣子；美瑛不免大失所望。」正是在這樣性欲的不滿中，她在自己的丈夫士雄和昔日求愛者松卿之間已經又做了重新的選擇：「她後悔，後悔不該給松卿太失望了。」在物欲得到了滿足之後，性欲與情欲便又發生了饑渴。美瑛在失去松卿之後開始追逐著自己的妹夫、昔日的求婚者廣勳的靈肉。她貪婪地嗅著廣勳掛在衣架上的外套，這種「強烈的男性的香氣，她久渴望的也是這種香氣。單嗅了這件外套，她已經像喝醉了酒般的。」陌生的異性的肉體使她衝動，「她自己承認戀著他達到了狂熱的程度了。她看見他來了時，早就想鑽進他的懷裏去，最好能夠把他的衣裳撕成一片一片的，看得見他胸口時，她就把他的胸口咬破，咬至流血，她的熱烈的情焰才會冷息下去。」長期的性饑渴在她體內已積聚了強大的能量，見了他的面，便有

一種「不在裏面完全溶解下去就不能解脫的苦悶。」她雖然還盡力抵抗著這種誘惑，嘗試著做最後的掙扎，但最終還是屈從了對方和自己的性愛需求。經過一夜風流之後，而且「昨晚上由他得來的經驗和自己的丈夫比較起來，就有天淵之別。」因為「這種強烈的壓迫決不能在無力的士雄身上領略的。他的有活氣的一種力可以說是戀愛的暴力吧。她禁不住羨慕起日夜在受這種暴力的壓迫的妹妹來了。」終於她覺得「現在不單精神上，連生理上，自己也是屬於他的人了。」我們看到，張資平小說中的主人公常常在性的需求與物的需求不能統一於一人時，便用兩個性伴侶來彌補，生命的本能的需求成為主宰人物行為的唯一動力。是生命價值的體現還是道德倫理的墮落，答案並不是十分簡單的。

《青年的愛》中的男主人公海泉雖然是未曾有性經驗的青年，但通過與他身邊的幾個女性的交往，亦暗暗按照他內心的不同需要而排定了她們的順序。從道德境界和精神氣質上講，純潔善良的佩珠為第一人，她是「最崇高緊要的女性」；她的姐姐佩珍為第二人，因為「她有了一缺點」——與一個軍閥在舞場跳過舞；他的大學同學卓淑華為第三人；房東太太——美麗多情的日本女人鶴子夫人為第四人，因為她身為人妾；至於那位粗俗、大膽的朋友之妻曹世光夫人則屬於「最劣等的了」。然而從「女性的引誘力」即性欲的滿足上來說，這些女性排序又恰恰與以上「理想的女性」排序相反。於是，主人公感到自己處於一種矛盾之中。然而，他對於這一矛盾立即加以「一個客觀地辨別」。「他對佩珠似乎只是有崇仰、思慕，而缺少愛欲的念頭」。但對於鶴子夫人及曹也光夫人一類的女性，則「只感著她們的魅力異常的強烈，容易為她們所煽動，而對她們做肉的追求」。靈與肉的滿足都是自己的渴望，靈肉一致的性愛觀不平衡地體現於不同的性愛對象。「最後他找到了一個結論，即是能以佩珠一類的女性為正式的妻，而另與鶴子夫子一類的女性結單純的愛欲的交際。」而就目前來說，他「不能放棄像佩珠那樣的崇高和清麗。但同時又覺得欲療治自己目前的寂寞的情懷，唯有向鶴子夫人一類的女性追求些不可思議的安慰。」這種以多個對象來滿足多種需求的性愛心理是人類社會共有的不正常的現象，亦是古人所謂「娶妻取德，娶妾取色」的傳統兩性價值模式的體現。

在傳統的婚姻關係中，妻子在生活中既承擔生兒育女的本性角色，又承負著封建綱常的倫理責任，她是既定的社會關係和秩序的體現者。因此，對於妻的選擇，品德性情便成為最重要的標準，選擇過程也是人的需求的社會

化、倫理化和家庭化的過程。因此，說到底，妻子是一種倫理角色、社會角色。由於處於這一正統而莊嚴的關係之中，性的角色便被淡化、乃至被否定了，夫妻之間的性欲望亦被視爲「不潔」和「淫穢」的。於是由於有了這一層倫理重負，夫妻間的強烈的性欲望往往難以從對方身上得以滿足。特別是對於女性來說，追求強烈的刺激、主動的性要求都會被丈夫視爲「淫蕩」、「不守婦道」，甚至從中產生某種品行和經歷上的懷疑。相反，在妾與妓那裏則缺少這一道德心理障礙，性的要求和行爲都變得更爲赤裸和強烈，從而在丈夫們的性生活中產生了「妻不知妾，妾不知妓」的感受。因爲妾、妓或情人不同於妻子，不從屬於某種特定的社會關係，是一種個人化、生理性的角色。因此，從這意義上講，張資平小說中的多角戀愛關係亦不過是封建傳統性愛觀的承繼，是一種長期難以解決的人類社會的共同難題的顯示。

　　不斷尋求新的、強烈的性刺激，是張資平小說人物性愛對象增加和變換的生理和心理動力，作者有意無意地強調了這種原始本能。性愛對象之間的精神、情感需求以相知、熟識爲基礎，而性欲的滿足，刺激則往往以陌生、新奇爲基礎。兩性之間長久的廝守，性的欲望必然淡化、平凡化，尋求新的性愛對象，獲得新刺激和滿足的欲望便由此產生。當道德和責任不能制約生理的欲望時，外遇便會發生。《紅霧》裏的麗君雖說與丈夫已有了三個孩子，但在性愛上彼此都難以滿足。還在新婚燕爾之際，這種平淡就有所感受了。

> 麗君和梅苓的所謂新生活過了兩個多月了。在未同棲之前，以爲將
> 來的共同生活定有不少的幸福和快感。但過了一個月這後，彼此都
> 覺得所謂性愛生活也不過如此如此，平凡得沒有一點奇趣。他們都
> 在想：世間的鹽米夫妻所過的生活也是這樣的吧。怎麼我們的熱烈
> 的戀愛不能發生一點影響？不見得比平凡人有更高的幸福和快感
> 呢？過了兩個月後，他倆不單感著日夜無停歇的性生活平常，也實
> 在有幾分嫌厭了。

與此相似，她的丈夫梅苓同樣「經過了性的接觸之後」，新鮮的情欲「早冷息了。」雙雙後來的婚變的深層動因便是這樣性的厭倦。相反，當他們各自尋找到新的性對象之後，性欲便立即變得強烈起來。麗君與至中經過了一夜的偷情之後，第二天再見到至中時，「又覺得有無限的情熱沒有瀉泄般的，比新婚的夫妻更有意味。」雖然「在學問上，人格上及外貌上，至中不見得高於梅苓，但是在性的一點，她像做了他的奴隸了。至中對她的蹂躪，實在比梅

苛刻溥，比梅苓殘酷，這反轉使她不能離開至中了。」於是，「在數年間潛伏著的她的情熱因他的撩拔，像火山般地爆發出來了。」然而，新奇總是短暫的，稔熟如果不伴隨較執著的情感之後，厭倦終又要發生。至中首先「感著疲倦了，」「他確實有些厭倦她的素體了」。而麗君也「沒有日前那樣的興趣了」。但對於離開了丈夫而又拋棄了三個孩子的女性來說，麗君是沒有退路的，這一方面固然是她已經被原屬社會所拋棄，不可能再回到原來的生活中去重新獲得原有的角色，另一方面也是因她內心情感的不平感：「我為你犧牲了梅苓，犧牲了……」。這和過去女子以明媒正娶為由而拒絕夫家的迫害、休棄有所不同：前者依據一種生命價值損耗結果而要求獲得自己的利益、價值，實質爭取的是個人的權利；而後者依據一種社會關係即封建規範而要獲得夫家對自己正統的婚姻地位的承認，保護的是封建倫理秩序和婚姻制度。也就是說，前者要求維護的是女性的一種權利，而後者則是要求回到封建婚姻制度為女性所規定的位置，是對舊有觀念和角色的認同和維護。

從張資平的小說中可以看到，女性對於自己的性衝動亦是懷有恐懼乃至罪惡感的。因此，當她們做出「不倫」的選擇之後便有一種把自身託付給對方、企盼對方為自己的犧牲做出回報或保證。《苔莉》中主人公苔莉先是在不合理的婚姻之中對克歐有了欲望：

> 苔莉近來感到性的寂寞了，由性的寂寞就生出許多煩悶來。受了這
> 次克歐給她的刺激後，她的性的煩悶更深也更難受了。她幾次都想
> 自動的向克歐求性的安慰，但恐怕遭了他的意外的輕視。並且翻想
> 一回又覺得女性是不該有此種無責任的享樂。一句話，她是渴望著
> 克歐給她一個保證——以後對她的身體完全負責任的保證。她得了
> 這個保證時，她的身體也就可以一任他的自由。

克歐那強烈的肉的刺激在她身上終於引起了比丈夫更強更美滿的快感，「她不單精神全受著他的支配，現在生理上她也是他的奴隸了。」

想——說——做是一種貫穿性的思路，但是否應該成為連續性的行為，人類自身應該有自己的尺度。

4、道德感與名利欲：親緣社會對性愛的壓抑與刺激

前面說過，人有著多種欲望：物、性、名、情等等。人的性愛行為是受人自身的自然欲望驅使的，是一種內在的選擇；而人的名利行為則來自於外

在社會對於人的潛在要求，這實質上又是倫理道德由外向內對人物自然本能的壓抑和制約。在傳統社會的現實生活之中，封建倫理的種種規範更多是以「虛構的價值來誘惑人的意志，使人喪失自我的主體性而臣服在它那虛幻的光環之下」的。〔註10〕特別是對於中國女性來說，男性對女性的全面壓抑造成了女性被奴化的現實，而這種現實又造成了女性自身的自我奴化或自我壓抑，從而把一種外在的社會壓力變成了一種內在的自我約束力，以至成為一種認同的心理模式和行為模式，婚愛悲劇由此發生。

《愛之焦點》中的N順應內心自然生命的欲求，與最初的戀人真誠相愛。最初這種愛是人的生命本體意義的顯示，不帶有靈與肉之外的社會欲求。「我恨不得把我的心挖出來給你看」，一種赤誠的表白便是心心相印的血氣之聲。然而在面臨婚姻的最後決擇時，「社會上的名譽和位置」，物質的欲望最終戰勝了「精神的愛」。《聖誕節前夜》中的劉靜仙雖然堅信「沒有愛的結婚是罪惡！受金力支配的結婚是墮落！」但最後還是為親情和物欲切斷了自己與戀人用真誠紡織的情感紐帶。應該看到，主人公們的這種選擇雖然具有情愛理想上的不合理性，但卻又是現實生活中比較理性的決斷。就婚愛來說，情感具有線性發展的階段性差異，婚前的新奇和浪漫與婚後的稔熟和世俗是兩個相連相接的情感環節，情感在婚姻生活中往往具有不穩定性，是易變的因素。而婚愛生活不僅以兩性間的現時愉悅為起點，還要以物質欲、名譽欲的實現為過程，而且物質欲、名譽欲往往與情感欲望相矛盾。說到底，名譽欲是一種事先被規定了的社會需要，而物欲和情欲則是一種自發的個人需要。同時，二者之間又往往是相異的選擇。小說《密約》裏的教授夫人感受著物欲與情欲的矛盾和分離，只好在丈夫那裏尋求物欲的滿足，而把情欲的滿足寄託於情人C：「我這身體半屬給他，半屬給你了。物質的方面歸他所有，精神的方面歸你所有了。」教授夫人的表白還限於愛的靈與肉的選擇，而靜仙、N等人則確實是情欲與物欲的取捨。

名譽欲是社會外在壓力內化為人自我約束力的最理性的表現形態。它不僅是個人形象的顯示，亦是為適應多種社會關係的需要而存在的一種被動性的心理狀態。對於個人來說，人總要存在某種社會關係之中，而這些關係有些是固定的、親緣性的，有些是暫時的、陌生化的。前者是一種所屬社會即親緣社會，人在這一社會中受到極強的約束，個人行為必須對家庭、團體負

〔註10〕顏敏《張資平的前期愛情小說論》，《江西師範大學學報》1993年第2期。

責，必須把個人的利益與家庭、團體利益聯繫起來考慮。出於名譽欲的需要，人不得不服從這一社會。後者則是一種非所屬社會即陌生社會，沒有既定的責任與義務，沒有親緣關係，因此，這一社會對其不具有大的約束力，在這一社會中人的本能欲望表現也要比社會欲望（如名譽）強烈。張資平小說中的人物多屬於親緣社會人，他們往往被錯綜複雜的社會關係所制約，不能按照自己本能的欲望做出自由的選擇，最後不得不爲親緣關係而犧牲那些順應自己內心本能欲望的追求。因爲在這種親情社會中，人已不單屬於他自己，包括那種個體化的性欲追求在內，人的追求只有符合所屬社會的規定性方能被承認，人不僅存在於自己的自然生命旅途之中，更存在於一種既定的社會關係之中。張資平小說性愛悲劇主要是由這一親緣社會以及人物對這一社會的屈從所造成的。而且更可悲的是，這種親情社會的需要是以名譽欲的方式而內化爲人物和自身需要而完成的。社會名譽表面是犧牲個人意願而維護他人與社會的利益，是一種奉獻，但究其實質則是一種個人的道德功利欲，是爲了樹立一個個人的美好倫理形象而進行的道德完善的「苦行」，而苦行的最後目的仍不過是爲了求得「正果」，獲得道義成功的滿足和親情社會肯定的評價，而這種成功和肯定往往會帶來具體的物質利益。這不僅扼殺自己內心的真正欲求，而且作爲一種道德規範影響和制約其他人，最後建立一整套違背人之本能的社會倫理價值體系。

　　《愛力圈外》的菊筠深深感受到了這一體系的虛假和痛苦。她認爲「道德的功利欲使女性虛僞地想博一個賢妻良母的美名，硬著心腸去忍受那種精神上的痛苦，她決不是真心忍受的」。「沉默，忍耐而成偶像。」這種通過道德的「苦行」來完成人格的自我完善，都是以社會的需要、外在的需要爲價值尺度的。而當這外在的價值尺度不是以人爲本位甚或以扼殺人性爲本位時，其價值尺度（道德體系）便成爲人生悲劇的思想根源。張資平小說中許多戀愛的悲劇便是由於人物在親緣社會中，不得不扼殺自然的愛欲以求得某種社會榮譽而發生的。《苔莉》中，克歐對身爲表嫂的苔莉有著一種真摯的愛戀，如果不依據親緣社會規範的話，他們憑著內心的衝動可以自由的相愛。但是，苔莉是已婚有子的人妻，又是自己的表嫂，這種親緣關係使他清楚地意識到自己「沒有思念她的權利」，「假定她真的對你有相當的表示時，不是小則鬧笑話，大則犯罪了麼？你還是對她斷念的好。這樣的變態的戀愛是得不到好結果的。」這是一種親緣社會對其成員提出的道德規範，這種道德規

範促使克歐不斷做一種「理性的反省」，雖然這種反省是「很勉強的」。他知道，「假定自己和苔莉一個人對一個人的戀愛成立時，那我們就馬上變爲萬目所視萬手所指的罪人了。」傳統的習俗使他害怕「鄉里人」的「譏笑」，他的思考是極爲理智而又極爲沉重的：

> 名譽是不能爲戀愛而犧牲的。戀愛固然神聖，但社會上的聲譽比戀愛更神聖！換句話說，男人爲自己的將來事業計，就是犧牲他的心愛的女性也有所不惜的。誰也不能否定我們倆人間的戀愛。但是她背後的確有一個暗影禁止著我和她正式的結婚。她是霞兒的母親！
> 她是白國淳的第三姨太太！她不是個處女了！

當他與苔莉渡過一段如火如漆的同居生活之後，受表兄的委託陪苔莉回到丈夫的家鄉亦即一種親情社會中，最初就一直縈繞於心中的那種「理性的反省」便愈加強烈，終於欲演變爲一種具體行動了。因爲克歐與苔莉衝破禁忌而實現靈與肉的結合時，所處的是一個非所屬的陌生化社會，沒有既定的親緣關係，不必爲所處社會承擔道德情感的過多責任，因此，社會對其約束力也較爲鬆緩。然而一旦進入故鄉，便進入了一個以親緣爲紐帶的所屬社會，曾被性欲與愛欲一度征服的傳統道德的功利欲和名譽欲，伴隨著深深的負罪感而復蘇、強化，克歐承受不了親情和輿論的壓力，決意做出符合社會需要的決擇了：

> 爲自己的前程計，爲自己的社會地位計，不能不犧牲她了。爲避免社會的惡評計，爲滿足父母的希望計，更不能不犧牲她了。若把自己的像旭日初升的前途犧牲，喪失了社會上的地位，那就等於自殺！想來想去，得了一個結論就是犧牲她，否則自殺。

> 父母只生我一個人，因爲我求學，幾年來花了不少的金錢，變賣了不少的產業了，父母在夢想，等我畢業後把這些產業恢復，不管他們老人的夢想如何，總不該叫他們老人失望，我若對社會承認她爲妻時，我此生就難再回故里去了。那麼老人們所受的打擊就不僅是失望，恐怕還要傷心而死吧。

> 讓她一路回 N 縣去吧。讓她回國淳那去吧。功利主義者的克歐對苔莉雖不無戀戀，但爲保持自己在社會上的聲譽，爲愛護自己的前程，也只好割愛了。

克歐是愛苔莉的，像愛「自己的生命一樣的愛她。」然而強大的親緣社會的

各種力量終於使他「陷於不能不和她離開的命運」。抉擇是痛苦的，然而又是必須的。克歐們屈於親緣社會的壓力表現出一股男性在名譽面前的軟弱，但正如他們所言，這「並不是我個人的缺陷，完全是社會的缺陷！」人們創立了道德，把人從獸中拔出，但道德本身又使人喪失了許多美好的天性。而真正以人為本位的道德體系是應該允許人保留某些獸性的。

《愛力圈外》中菊筠曾慨歎這一點：「人們不會知道人情的機微。他們只就事實的外表加以批評，對於人情是不稍加探究的。他們所根據的標準只是道德。他們以為道德是千古不變的。」「不自然的道德確是罪惡。」親緣社會造就了人的名譽欲，名譽欲反轉過來又壓抑、扼殺人自然本性的愛欲。在親緣社會中名譽欲是人的第一選擇，要實現表現本能欲望的愛欲一般只有兩種途徑。第一種途徑便是逃離親緣社會而進入一個陌生社會，也就是文學作品中戀人們常常說到的「逃到無人的荒島」。「荒島」即為陌生化、非所屬社會，「逃到荒島」的普遍意識表現出人們對親緣社會的逃避。

《聖誕節前夜》中韓蔚生與劉靜仙相愛受到親緣社會——雙方家長的反對，靜仙的父親作為一個「老腐敗」「死守著孔孟之道，不懂時勢、不順潮流」，「以吳家之富足敵劉家之貴」，因此認定靜仙與表哥吳萍初的婚姻是「門戶相當」。而韓父身為一個受西方文明洗禮的牧師亦認為靜仙「雖好但以余觀之究非福相，此可以其平日舉動略窺得之。」而當劉吳兩家結親時他竟然不顧兒子的痛苦去為之證婚！而且在信中勸慰兒子：「本教主博愛之義，吾輩宜為彼兩家祝福也。」兩種文化培養出的家長們，共同構成了一種以家族利益和社會名譽為尚的親緣社會之價值尺度。韓蔚生面對這一親緣社會的壓力，曾鼓勵劉靜仙與自己一起逃到「受不著中國的惡劣的習俗支配的地方去，就算我們到海外同當乞丐，我們都是很情願的，都是幸福。」逃離親緣社會之後的狀態是否一定就會幸福美滿先不必說，但僅就人物的這種「逃離意識」而言，已表明了對親緣社會的反叛，對既定道德的反叛。張資平小說中人物愛戀的實現常常是以這種「逃離」來實現的，雖然他亦深刻地描寫到逃離之後的不美滿和失落感。而「逃離」往往是在人物的社會的道德功利欲——名譽欲不能在親緣社會中實現之後才發生的。

實現本能愛欲的第二種途徑是「死」。《苔莉》中，當克歐與苔莉的隱情被昭然於親緣社會之後，克歐感到「我不單是個罪人，也是個狂人了！」「無論在精神上體力上，道德上，社交上我都失了我的存在了！」於是他決定與

苔莉一起逃離這一親緣社會,「先到南洋群島去。假使我們的健康有恢復的希望,我們就在海外別創一個世界吧。」「最後終於按照原定的計劃在乘船出洋的途中雙雙投入大海。」「逃」和「死」是擺脫親緣社會、實現本能愛欲的最後手段。「逃」的選擇使人物仍受著負罪於親緣社會的良心譴責,而「死」則是對這一社會的最後解脫。

《紅霧》中的麗君和至中對於自己的婚外性愛雖然是「極安閒的、大膽的」,但是由於麗君背棄了自己的丈夫和孩子,是不能夠重新回到「梅苓的懷裏」——所屬的親緣社會中去的,於是她「只要求他早日帶她離開上海,不論到日本去亦好,到香港去亦好,她實在不願意再和梅苓見面,她實在不好意思再和梅苓見面了。」她與至中離開故土,熾熱的性愛持續了一段日子後雙方便厭倦了。親緣社會中的偷情加大了雙方性愛的熱情和刺激,進入陌生社會,束縛消退之後原有的熱情和刺激也反倒消失,僅憑稔熟的肉體接觸是難以維繫雙方的了。於是在這陌生化的社會中,麗君又與自己的同鄉嚴子璋發生了性愛關係,然而,當他們回到故土——親緣社會之後,子璋從麗君過去生活的經歷中「才覺得自己的負擔太重大了。他雖然在貪戀著她,同時覺得實在難和麗君成為夫婦,」而麗君一回到這裏,對孩子的思念和對丈夫的愧疚「更時常促動她的悲情。」在這種道德與親情的壓力下,他們的性愛生活也終於因子璋的一去不歸而宣告結束。麗君至死都未能擺脫親緣社會所給予自己的道德情感的重負,它化為人物內心的道德懺悔力量而最終將人物自身毀滅。

從以上的分析中我們看到,張資平對男女雙方性愛生活在親緣社會中痛苦歷程的展示,表明了作者對這一親緣社會所確立的道德倫理體系的批判。同時,從人物自然欲求而最終由熱烈而趨於平淡乃至消褪過程,又感到作者思想傾向和價值判斷的矛盾感。這實質上是人類生活中情與理、現實與理想、願望與行為的普遍矛盾形態的顯示。張資平是一個地地道道的凡夫俗子,他自然也沒有能力解決這個歷史性的難題。而且在對這一歷史難題的思想認識和藝術表現過程中,出現了明顯的偏頗和俗套。

1930 年代,當無產階級文學高潮期到來之時,魯迅曾對張資平小說的這一偏頗和俗套做過深刻而形象的批評:「現在我將《張資平全集》和「小說學」的精華,提煉在下面,遙獻這些崇拜家,算是「望梅止渴」云,那就是——

△」。〔註11〕張資平在對人的性愛本能認識中，過分強調了人的自然屬性，或過分遷就人的自然屬性。因為人畢竟不同於動物，文明的發達及其標誌便是人具有道德規範即自控能力。如果人總難以控制自己的欲望，那麼人也就不為其人了。張資平的小說不同於鴛鴦蝴蝶派的言情小說，屬於新言情小說範疇，或者說是社會言情小說，具有時代性思想價值；他的小說又不同於郁達夫等人的小說，不追求感官刺激，也不要求讀者做更深入的思考，他僅是表現人們的一般本能欲望，僅是為了適應人們的性愛心理以求得本性的解放。因此，局限於性愛，專注於本能，便徹底成為張資平小說內容中最重要的部分了。

還應該看到，張資平小說內容的單一化導致了小說藝術表現的模式化。從人物關係到人物命運都是既定的、相近的，漸漸成為一種寫作俗套。張資平並不是一個在藝術上很精到的作家，從他的作品中我們可以看到他對藝術自身並不刻意追求，多是隨意而寫，有感而發。而且構思乃整個作品的重複也並不少見，這種重複在一定程度上表現出他對於藝術創作的漫不經心。從審美的角度來說，雖然他的作品整體上影響較大，但缺少藝術精品。這大概是其作品被歷史湮滅的原因之一。

歷史上的張資平有光彩更有污垢，由留學期間為反對「日中軍事協定」而罷課歸國，到抗戰期間投敵附逆而出任偽職，無論其間有多麼大的反差，但都是勿庸置疑的歷史事實。1945 年，當日本侵略者末日來臨之際，張資平出版了他的最後一部小說《新紅 A 字》，以無可奈何的心態預感到自己恥辱的結局，他在小說中哀婉動情，力圖盡力為自己掩飾、辯解，但為時晚矣，他早已被定格於那歷史的一瞬。因為這是他個人亦即歷史的必然選擇。

〔註11〕魯迅《張資平氏的「小說學」》，《魯迅全集》第 4 卷 230 頁。

結語　新世紀文學的哀歎：回不去的「八十年代」

　　懷舊，作為人生暮年的個人情懷是人類一種普遍的精神現象，往往具有一種超越性的真誠感動；而當懷舊成為一種普遍的社會情緒時，則意味著社會發展的回歸與復古的渴望。其中，也包含有對於當下現實的失望與拒絕。作為一個過來人，當我們述說「八十年代」時，心底裏的那份感動和憂傷是後來人所很難體味和理解的。

　　今天，是一個集體懷舊的時代。有人說，回憶不單純是一代過來人的年老懷舊情感追憶，而是一種「必要的激情補充」〔註1〕。而我再補充一句，懷舊是兩個時代對比反差後形成的一種價值追求。而且我認為，一個普遍懷舊的時代和全民娛樂的時代一樣，都不可能是一個昂揚向上的時代。

　　新世紀之初，中國文學界對於「新時期文學」亦即上個世紀八十年代文學的關注，本身就成為一種令人關注的現象。以查建英的《八十年代訪談錄》〔註2〕、程光煒的「重返八十年代文學史」系列論文以及陳曉明等人的評論為重要標誌，「重返」或「追尋」滿載「光榮與夢想」的八十年代，成為了一種不大不小的思想潮流。這如同八十年代所提出的「一切從五四開始」一樣，可能標誌著一個時代的結束和一個時代的開始。人們回憶童年回憶青春回憶愛情，很多時候是因為被回憶的時光和情境是永遠回不去找不回的緣故，所以說回憶總是美好的。我相信，我們對於八十年代的懷念絕不僅僅是因為我

〔註1〕 饒翔：《重回八十年代：必要的激情補充》，《當代文壇》2007年第2期。
〔註2〕 查建英：《八十年代訪談錄》，三聯書店2006年版。

們老了，很可能恰恰是相反。在當下中國文化發展觀上，正處於一個人類思想史上罕見的時代：年輕一代指責年老一代太激進，年老一代批評年輕一代太保守！這是一種極其反常奇怪的文化現象。本來「父子衝突」是人類思想史和文學史上恒定性的母題，是保守與叛逆的一般表述，而這一思想關係在當下中國卻被顛倒了過來。如果硬要作出某種解釋的話，那就是兩代人成長的思想環境不一樣了。

當代文學的發展就是那麼不留情面，在 1980 年代最後的歷史節點上，文學與社會一同發生了根本的改變，重金屬般的轟響宣告了「八十年代」的終結，社會心理由激昂和深刻而走向平靜和平庸。像魯迅當年一樣，嚴酷的事實徹底轟毀了我過去一直堅信的線性的歷史觀。雖說偉人們一直告訴我們社會發展是不斷進化的，但是我終於明白，社會思想文化領域比生物界更容易出現返祖退化現象。我一直覺得，歷史時代的變化和轉換其實就是一種心境，當這種個人心境成為當下人們的一種普遍心境時，就可能進入了一個新的時代。或者說，是社會現實的變化影響到了人們的心境，一個時代的變化才真正完成。只不過面對變化，有時候我們是欣喜，有時候是哀傷而已。過去我們在判斷時代變化時，總是以某些重大的政治或社會事件作為標準，其實，更應該注重整體性的社會心理變化，這才是時代變化最深層也最真實的表徵。本來是一個復興的開始，但是沒有想到八十年代的思想資源和情感動力這麼快的就被消耗殆盡。

這種普遍的社會心態直接為這個時代的文學塗抹上了相似的色彩，打下了相似的基調，構成了新時代文學發生和發展的思想環境，甚至直接形成了文學的基本主題。從 1990 年代初熱播的電視連續劇《渴望》到近年的電視連續劇《老大的幸福》的走紅，中國文藝的思想基調越來越趨向於與世俗現實合流。我們可以把余華的小說《活著》和《老大的幸福》做一種互文性閱讀，二者之間存在的差異明顯不是時間性的，而是思想性的。後者沒有了前者那種透過「苟活」人生的反思而顯示出的莊嚴和沉重，只有精神麻醉和自我欺騙——面對不幸和不公總是通過「調一調」來獲得自我心理平衡。《活著》的作者是跳出苟活人生之外去看人生的悲涼和蒙昧，而《老大的幸福》的編導者則是沉浸於麻木人生當中，自我欣賞著那種麻木，並且擴散著思想麻木。同一種人生而不同的作家立場，成為《老大的幸福》編導者對於無奈人生的功利主義理解。從文化源流來看，這種藝術態度和人生解釋是東北喜劇小品

泛娛樂化的一種折射，表現了娛樂化時代裏苦難和沉重是如何被自我消解的
蒙昧過程。老大和老大促成的人的幸福，最多就是一種阿 Q 式的生存策略，
無爲和忍讓的最後結果就是到地獄裏去做一個「好鬼」。於是，一個走紅的「偽
喜劇」也成了當下勞苦大眾的一劑精神鴉片。我們無意譴責老大們的弱者邏
輯，但是人對於不合理環境的抗爭，維護的不只是個人的權利，而且是在維
護社會的公平正義。從個體人格來說，小人物的善良是最爲高尚的，但是從
其行爲和人生原則的最終社會效果來說，卻往往是消極性的。社會人並不都
是善者，社會也並不都是公正和公平的。公正社會和非公正社會的最大差別，
就是對於善惡是否實施不同的獎懲機制。公正社會爲善者之善提供了一種善
的回報、期待，至少是對自己善行的一種無害的保障，這樣社會才會形成被
廣泛認同的善惡評價尺度。說到底，所以善行是需要有一個利於善行的環境
的。檢驗一個社會的健全程度最簡單的方式，就是看弱者和守法者的境遇如
何。由此而言，弱者的悲劇本質上是社會的悲劇，社會不保護弱者和善者，
就是社會的不公。就像劇中反覆出現的金鴛鴦一樣，外表閃亮，內部灰暗。
一旦老大們的個人道德不能夠支撐社會環境的腐蝕和委屈時，就可能使一個
好人變成了一個壞人，這是非公正社會最大的負面效應。當然，這裏首先應
該反思的是社會自身，因爲人性的變化往往是社會變化的產物。

八十年代文學具有社會改良時期特有的精神氣質：「傷痕文學」對於人性
戕害的控訴，「反思文學」對於極左政治的詰難，「改革文學」對於社會經濟
變革的設計，「尋根文學」對於歷史的追尋與質疑等等，都體現出一種直面現
實的正義，即使是王朔式的「痞子文學」也直接彙入了思想解放的大潮，威
權的大廈在戲謔和鬨笑中轟然倒塌。回顧整個八十年代文學，發展的思想脈
絡是那麼清晰明確，對於政治、經濟的變革是那樣的先知先覺，也正是由此
才產生了社會的轟動效應。

八十年代是一個社會的整體性的精神風貌，是思想與現實、政治與歷史、
領導與民眾在人類理性和激情的基礎上，實現少有一致的時代。八十年代文
學的消退並不單單是因爲時間的流逝，更是一種時代精神消亡所致。八十年
代文學的特徵是對於重大社會問題的關注、人類的終極關懷、是非分明的道
德價值觀、昂揚向上的民族精神，直接參與了社會政治、經濟和道德變革的
歷史進程，因此也沒有被歷史所遺忘，從而成爲歷史本身。面對剛剛過去的
錯誤和荒誕，領導者的否定是那麼堅決，顯示出政治的自信和眞誠。平心而

論，政治化時代的文學價值觀的慣性影響，對於八十年代文學的中心地位的
確立，具有很重要的作用。文學思潮相互交替的清晰路向也是社會發展的預
言和直接反應，體現出領導者決策的整體設計思路。而且應該指出的是，這
種思路是與廣大民眾的心理期待是基本一致的。八十年代文學是文學與政治
的關係、文學的社會功能，在歷史變革中體現得最為適合的時代。我們不能
一概地否定文學的政治功能，如果文學的參與能對社會的文明進程起到積極
作用，我們為何不能肯定和張揚？我們不指望文學成為大多數人的最愛，但
至少不能被大多數人所蔑視和拒絕。

　　雷達和任東華指出，「新世紀文學」的審美特徵呈現為「文學都市」的成
形，亦即文學場景、生活方式、人物的精神狀態等「都市化」轉變；民族靈
魂重鑄；文學價值取向的「類多元化」；想像力的轉換等〔註3〕，還有人列出
了新世紀文學的「八大趨向」〔註4〕。有的學者「在這紛繁複雜的文學事實中
發現了許多反覆出現的或持久穩定的文學現象，它們體現在如下一些出現頻
率較高的語詞之中：新媒體、網絡文學、短信文學、底層寫作（底層文學）、
打工文學、「80 後」寫作（青春文學、青春作家、青春小說）、簽約作家、作
家簽約制、重點扶持作品等等。」〔註5〕對於新世紀文學的特質，人們羅列出
諸多文學現象，但是特點越多也就越沒有真正的特點。而某些所謂的特徵其
實 1990 年代文學都已具備，在新世紀只是一個程度的發展。

　　與八十年代文學相比，新世紀文學確實不只是個時間概念，至少是一個
文學批評的概念。但是我們很難判定其是否會成為一個文學史的概念，因為
其中的紛雜存在使其缺少了進一步闡釋的思想空間和社會價值。於可訓認
為，「作為一個文學時段的標誌，「新世紀文學」又不僅僅是一個時間的概念，
而是同時也伴隨有一種文學新質的發生。因此，「新世紀文學的起點」，就不
應該是一個新的世紀的時間的起點，而應該是它的新質開始發生的時間。」〔註
6〕按照這一思路深入探討，這種文學的新質是在理想主義消退和不規範的市
場經濟條件下形成的，可能附著什麼樣的色調我們是可以想像的。對於文學

〔註3〕 雷達、任東華：《「新世紀文學」概念生成、關聯性及審美特徵》，《文藝爭鳴》
　　　 2006 年第 4 期。
〔註4〕 龔舉善：《新世紀文學的「八大趨向」》，《甘肅社會科學》2007 年第 1 期。
〔註5〕 趙勇：《文學生產與消費活動的轉型之旅——新世紀文學十年的抽樣分析》，
　　　 貴州社會科學 2010 年 1 期。
〔註6〕 於可訓：《從「新時期文學」到「新世紀文學」》，《文藝爭鳴》2007 年第 2 期。

史的評價應該以主流文學或「主旋律文學」爲基本對象，當下主流文學觀和
文學理論與 1990 年代並無大的變化，而且與經濟理論、法學理論相比，幾乎
是停滯不前的。所以新世紀文學最多只是一個描述性的概念，而且消極性的
性質更爲明顯。新世紀文學並沒有新氣象，反倒看出來許多舊意識形態的氣
息。

　　作家和批評家是無力改變文學的生存環境的，唯一能做的就是改變自
己。你能言讀者難言之隱，寫社會變革之急，文學還是會引起社會的關注和
歷史的記憶的。在當下中國，任何藝術的專注都沒有比思想的關注更有意義，
現在不是談美的時代。

　　如果說，八十年代文學是一個理想主義和英雄主義的群體話語時代的
話，那麼新世紀文學創作則出現了一種極端個人化的私語現象，陳曉明稱之
爲「當代自戀主義文化」〔註7〕。「清宮戲」、「本能」故事、穿越劇、「口水詩」、
「小女人散文」等不斷沉浮翻滾。受韓劇的影響，當代中國文藝長期盛行「灰
姑娘」模式，遍地都是灰姑娘，不知道哪來那麼多的白馬王子。以《杜拉拉
升職記》爲標誌的青春成長文學，成功靠個人的機遇和身體條件，欺騙了無
數的小女生。特別是都市文學的奢華和虛假，成爲欺騙年輕讀者的金色夢想。
中國式的勵志故事和成功學，本質上就是教人如何做白日夢。從小學教育開
始，過去動輒就是瓦特、牛頓、愛迪生，現在則是比爾·蓋茨、李嘉誠、馬
雲之類，這些所謂的理想教育最後注定使人成爲理想的破滅者。搞傳銷的眨
眼之間變成了國學大師，從來沒有職場經歷的書生旋即變成了「十大」或者
「幾大」管理專家。當下都市文學配合了這種急功近利的社會風潮，成爲一
種浮誇的職場秀。

　　此外，歷史劇特別是戲說歷史的盛行、經典的重拍，都不是偶然的現象。
影視劇平庸的繁華本身，就是一個精英文化消退的標誌。回顧中國文學發展
史，歷史題材的盛行往往是社會消沉時代的產物。經典的重拍也不單是藝術
的匱乏，而是意識形態的立場選擇，同時，表明思想選擇的有限性和方法的
重複性。文學做市場的奴隸不可怕，可怕的是做政治的奴隸甚至幫兇。對於
嚴峻現實的失語是文學失去人們關注的根本原因，失語的背後是失職，而造
成這一切的並不單純是作家和文學本身的責任。

〔註 7〕陳曉明：《2006 年文學關鍵詞：導引：世界歷史之中的文壇何爲》，《當代文壇》
　　　　2007 年第 2 期。

　　新時期與新世紀的最大差異是社會思想環境的變化，觀念社會向利益社會轉換是價值觀的轉換。這是一個「無根」而「無序」的時代，從一個激蕩的社會走向另一個動蕩的社會，其根本區別是在於社會心理的失衡，失衡導致社會高度情緒化，這可能決定了中國文學的困境，也增加了文學家的責任。如果中國文學要找回八十年代，我們就必須關注現實，呼喚正義，為人類增加思想容量，為民族提升思想質量。

後　記

　　編選這個文集的起因主要是關於「民國文學」概念的討論。2000 年 6 月在中國現代文學研究會理事會上，我提出用「民國文學」代替現代文學的命名問題，其後又在海外學術刊物上發表了相關論文，至今已有十年多了。在這個期間裏，我在多個學術會議和數十所高校講座中對這個問題做了進一步的闡述，現場反響是比較強烈的。近年來，這個話題在張中良、丁帆、李怡、陳國恩、趙學勇等著名學者的參與下，已經成爲中國現代文學研究中一個熱點問題。其中，李怡及其「李家軍」的工作最爲給力。這次在李怡的積極策劃和熱情督促下，我把原來的文稿加以整理、修改，草成此書，作爲自己文學史研究的一段總結，也是作爲對「民國文學」問題討論的又一次呼應。

　　「中國現當代文學」研究在半個多世紀的社會波動中，始終是政治運動的晴雨錶和思想批判的「重災區」。其主要原因除了當局對於文學功能格外的重視之外，就是因爲現當代文學與當下社會、政治的天然聯繫，而且中國作家和文學超強的政治敏感性，使文學與政治高度一體化，進而成爲關注的焦點和衝擊的「重災區」。近年來幾乎所有關於文學史問題的學術探討，都與確立文學史的學術品格的努力相關。而有關「民國文學」問題的討論可能給學科變革帶來的影響是難以預料的。當然，要走的路很長，無論如何我們還得一步步走下去。

　　感謝諸位師友的參與和指點，感謝出版社的編輯們的辛勞。

2013 年 1 月 20 日　　長春吉林大學校園